剑指新三板

操作实务+案例分析+税务筹划

麦绮敏 △ 著

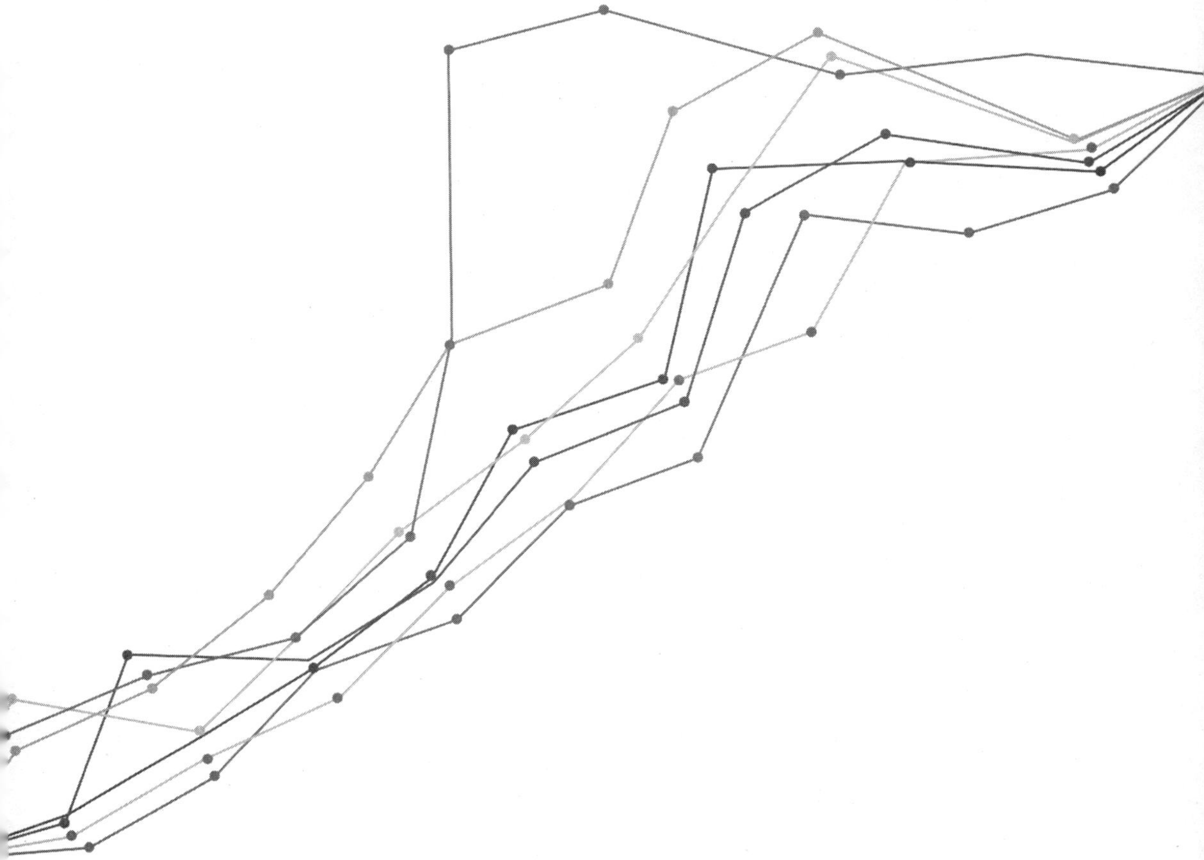

人 民 邮 电 出 版 社
北 京

图书在版编目（CIP）数据

剑指新三板 ：操作实务+案例分析+税务筹划 / 麦绮敏著. -- 北京 ：人民邮电出版社，2016.9
ISBN 978-7-115-42875-2

Ⅰ. ①剑… Ⅱ. ①麦… Ⅲ. ①中小企业－企业融资－研究－中国 Ⅳ. ①F279.243

中国版本图书馆CIP数据核字(2016)第155404号

内 容 提 要

本书是一部解决拟挂牌新三板企业上市操作和税务筹划的实务指南，从新三板的基础知识开始讲解，透过50多个已成功挂牌新三板的成功案例，深度分析新三板挂牌上市疑难问题并提供解决方案。还针对企业在成功挂牌新三板后如何延伸发展和利用新三板的税收优惠政策的问题，单独用一章内容对新三板的税务架构和税务筹划进行了专门讲解，并提供多个税务架构供读者参考，具有很强的实操性和可借鉴性。

本书适合准备在新三板上市的股东、企业高级管理人员、符合投资新三板的法人投资者、新三板保荐券商及其从业人员、会计师事务所和律师事务所的相关人员、财经或其他相关专业的大中专院校师生阅读参考。

◆ 著　　　　麦绮敏
责任编辑　恭竟平
责任印制　周昇亮

◆ 人民邮电出版社出版发行　北京市丰台区成寿寺路 11 号
邮编　100164　电子邮件　315@ptpress.com.cn
网址　http://www.ptpress.com.cn
大厂聚鑫印刷有限责任公司印刷

◆ 开本：700×1000　1/16
印张：18　　　　2016 年 9 月第 1 版
字数：274 千字　　　　2016 年 9 月河北第 1 次印刷

定价：49.80 元

读者服务热线：(010)81055296　印装质量热线：(010)81055316
反盗版热线：(010)81055315
广告经营许可证：京东工商广字第 8052 号

前言

写作目的

2015 年，不仅是新三板规模迅速扩大的一年，也是新三板在服务、管理和政策方面全方位持续完善的一年。一年来，新三板变得更加透明、更加规范、更加高效，而且政策红利不断。2015 年 10 月 21 日，股转系统修订“挂牌操作指南”，进一步简化了流程，方便主办券商办理股票挂牌手续；同时还修订了“挂牌企业与主办券商持续督导协议操作指南”。2015 年，股转系统挂牌审查的平均时间是 38 个工作日，而股票发行的备案时间平均仅 10 个工作日左右。2015 年 9 月 22 日，股转系统发布“优先股业务指南”，为挂牌企业提供了另外一个融资渠道。

为此，本书编者产生了对新三板企业如何上市操作及税务筹划进行系统梳理的想法，并著成此书。

本书特色

1. 内容从零基础入手，兼顾实用性和可操作性，让读者快速入门

本书从零基础学新三板开始，介绍了新三板的历史、演变及发展阶段，让读者对新三板有一个基本认识。本书在内容结构上非常注重知识的实用性和可操作性。这种由浅入深、循序渐进的讲授方法有利于初学者快速理解。

2. 以一家公司挂牌新三板的全程为例进行分析讲解，并提供多个有价值范本

本书在讲解新三板的挂牌实务程序时，以人人乐股份有限公司为例，用简明的实务表进行讲解，其间还提供了多个有价值范本，供读者借鉴。

3. 实用性强，讲解和分析了 50 多个已成功挂牌新三板的企业案例

本书通过 50 多个已成功挂牌新三板的企业的典型案例，分析新三板挂牌上市时会遇到的疑难问题并提供解决方案。对设立及存续期的出资和资产相关

问题、持续经营能力问题和公司治理机制的经营规范问题等进行了详细分析，并提供了解决方案。这样能让读者将所学知识直接应用到实务工作中，并从真实的已成功挂牌新三板的企业案例中获得有益的借鉴。

4．独有的特殊行业的企业挂牌问题分析及解决方案

本书针对特殊行业——农业企业挂牌新三板所遇到的问题进行了专门的分析和解决方案讲解，这是本书的一大特色。

5．对挂牌后企业如何利用新三板独特的税收优惠政策进行发展作了讲解

本书单独用一章的内容对新三板的税务架构和税务筹划问题进行了专门讲解，介绍企业在成功挂牌新三板后应如何延伸发展和利用新三板的税收优惠政策，并提供了多个税务架构供读者参考，具有很强的实操性和可借鉴性。

本书内容及体系结构

第 1 章　零基础学新三板

本章主要介绍新三板的历史、新三板的演变及发展阶段等，让读者对其有一个基本认识。

第 2 章　新三板的法律制度

本章对新三板的交易制度、交易规则、做市商制度以及新三板的监管法律制度进行详细讲解，让读者了解和熟悉新三板的相关法律法规，为挂牌奠定法律基础。

第 3 章　新三板挂牌操作实务

本章详细讲解了新三板的操作程序：企业改制、挂牌、定向增发等，并以人人乐股份有限公司挂牌新三板的全程为例，用简明的实务图进行讲解，其间还提供了多个范本，如《推荐挂牌并持续督导协议书》《全国中小企业股份转让系统挂牌申请文件目录》《证券简称及证券代码申请书》等，具有很强的实操性和可借鉴性。

第 4 章　设立及存续期出资和资产相关问题与解决方案

本章对已经成功挂牌新三板的股份公司在挂牌过程中所遇到的设立及存续期出资和资产的相关问题或障碍，以及如何解决这些问题或克服这些障碍进行

了详尽的分析和梳理。

第 5 章 持续经营能力问题及解决方案

本章对已经成功挂牌新三板的股份公司在挂牌过程中所遇到的持续经营能力方面的相关问题或障碍，以及如何解决这些问题或克服这些障碍进行了详尽的分析和梳理。

第 6 章 公司治理机制与经营规范问题及解决方案

本章对已经成功挂牌新三板的股份公司在挂牌过程中所遇到的公司治理机制与经营规范方面的相关问题或障碍，以及如何解决这些问题或克服这些障碍进行了详尽的分析和梳理。

第 7 章 农业企业挂牌问题及解决方案

本章针对特殊行业——农业企业挂牌新三板所遇到的问题及解决方案进行了专门的分析和讲解。

第 8 章 新三板的税务架构与筹划

本章对新三板的税务架构和税务筹划进行了专门讲解，介绍了企业在成功挂牌新三板后应如何延伸发展和利用新三板的税收优惠政策，并提供了多个税务架构供读者参考，具有很强的实操性和可借鉴性。

读者对象

- 拟挂牌新三板公司的管理人员
- 拟投资新三板的机构的管理人员或个人投资者
- 参与新三板上市的主办券商、会计师事务所和律师事务所等相关人员
- 财经或其他相关专业的大中专院校学生
- 其他对新三板有兴趣爱好的各类人员

目录 CONTENTS

第1篇 新三板基础篇

第1章 零基础学新三板

第3章 新三板挂牌操作实务

第2篇

新三板挂牌上市疑难问题及解决方案篇

第4章 设立及存续期出资和资产相关问题与解决方案

第1篇

新三板基础篇

2015 年，不仅是新三板规模迅速扩大的一年，也是新三板在服务、管理和政策方面全方位持续完善的一年。一年来，新三板变得更加透明、更加规范、更加高效，而且政策红利不断。本篇主要介绍新三板的历史、演变及发展阶段，让读者对其有一个基本认识。

第1章

零基础学新三板

什么是新三板？新三板（即全国中小企业股份转让系统）又名“北京证券交易场所”，是帮助中小型企业融资的平台，2013 年由国务院批准成立，主要目的是为了打通中小型企业的融资渠道。本章将详细地介绍新三板的相关内容，让读者对其有一个总体认识。

1.1 为什么会有新三板

新三板，即全国中小企业股份转让系统，是经国务院批准设立的全国性证券交易场所，为非上市股份有限公司的股份公开转让、融资、并购、重组等相关业务提供专业的服务。作为我国多层次资本市场体系建设的重要组成部分，新三板市场的成立是建设我国场外市场、完善我国多层次资本市场体系的重要举措。全国中小企业股份转让系统有限公司是新三板的运营管理机构，是经国务院批准设立的中国证监会直属机构。

2006 年，我国进入了“十一五”时期，科技部发布的《国家中长期科学和技术发展规划纲要（2006—2020 年）》明确将“实施促进创新创业的金融政策”和“加速高新技术产业化”纳入重要政策和措施。紧接着，国务院发布的《关于实施〈国家中长期科学和技术发展规划纲要（2006—2020 年）〉若干配套政策的通知》明确规定：“推进高新企业股份转让工作。在总结试点经验的基础上，逐步允许具备条件的国家高新技术产业开发区内未上市高新技术企业进入代办系统进行股份转让。”2011 年 6 月，国务院批转了发改委的《关于 2011 年深化经济体制改革重点工作的意见》，该《意见》重点谈到了围绕加快转变经济发展方式的深化改革，其中，“推进场外交易市场建设，研究建立国际板市场，进一步完善多层次资本市场体系”是一项重要的内容。

在此背景下，2006 年 1 月 3 日，经国务院批准，在原中国证券业协会主办的证券公司代办股份转让系统的基础上，正式启动中关村科技园区非上市股份有限公司报价转让系统，进行股份报价转让试点。2006 年 1 月 23 日，世纪瑞尔和北京中科软进入代办系统挂牌交易，成为三板市场继 2002 年以来首次出现的非沪、深交易所退市公司。自此，中关村科技园区非上市股份有限公司股份报价转让正式成为三板市场的一部分，为了与原先的三板市场相区分，业界称为“新三板”。

2012 年 7 月，国务院同意扩大非上市股份公司股份转让试点，在中关村园区基础上，新增上海张江、武汉东湖、天津滨海高新区进入试点范围；同意设立全国中小企业股份转让系统（新三板），组建运营管理机构。

2012 年 9 月 20 日，全国中小企业股份转让系统有限责任公司在国家工商总局完成登记注册。

2013 年 1 月 16 日，全国中小企业股份转让系统揭牌仪式举行。这标志着非上市公司股份转让从小范围、区域性试点走向全国范围内规范运行。

2013 年 12 月 14 日，国务院正式发布了《关于全国中小企业股份转让系统有关问题的决定》，标志着新三板从试点阶段正式进入全国扩容实施阶段。至此，新三板历时 7 年之久，于代办股份转让系统的基础上，演进成继上海证券交易所、深圳证券交易所之后的第三家全国性证券交易场所。

1.2 新三板与主板、中小板和创业板

证券市场按证券进入市场的顺序分为发行市场和交易市场。发行市场为一级市场，交易市场为二级市场。

不过，一级市场和二级市场与主板市场、中小板市场、创业板市场以及新三板市场是不同的概念。

1.2.1 主板市场

主板市场即传统意义上的证券市场，是指一个国家或者地区证券发行、上市及交易的主要场所，一般发行量在 1 亿股以上。主板市场对发行人的营业期限、股本大小、盈利水平、最低市值等方面的要求较高，上市企业也多为大型、成熟、进入稳定成长期的企业，具有较大的资本规模及稳定的盈利能力。

一般而言，各国主要的证券交易所代表着各国国内的主板市场。例如，美

国证券交易所（AMEX）即为美国主板市场；我国的上海证券交易所和深圳证券交易所是中国内地主板市场。

主板市场也是资本市场中最为重要的部分，在很大程度上能够反映各国经济的发展状况，被称为“国民经济的晴雨表”。

1.2.2 中小板市场

中小板即中小企业板，是指流通盘在 1 亿元以下的创业板，这是相对于主板市场而言的。有些企业的条件在达不到主板市场的要求时，只能在中小板市场上市。中小板是主板和创业板的过渡，中小板的建立是构筑多层次资本市场的重要举措。

1.2.3 创业板市场

创业板是定位于专门协助高成长的新兴创新型公司特别是高科技公司筹资并进行资本运作的市场。在创业板上市的公司需要满足“五新”“三高”的标准，即“新经济、新技术、新材料、新能源、新服务”和“高技术、高成长、高增值”。

创业板市场和主板市场不同，主板市场内的上市公司多为成熟的大公司，而创业板市场则是一个前瞻性市场，更加注重公司的发展前景和增长潜力，其上市的标准要低于主板市场。由于创业板市场是一个高风险的市场，因此也更加注重公司的信息披露。

1.2.4 新三板市场

新三板是第一家公司制证券交易所，其定位于非上市股份公司的股票公开转让和发行融资，为公司提供股票交易、发行融资、并购重组等相关服务，为市场参与人提供信息、技术和培训服务。

在这个平台上，具有代办系统主办券商业务资格的证券公司采用电子交易方式，为非上市股份有限公司提供规范的股份转让服务。

新三板与创业板、主板在主体资格、经营年限、盈利要求、资产要求和主营业务等方面的比较，如表 1.1 所示。

表1.1 新三板与创业板、主板的比较

序号	项目	新三板	创业板	主板
1	主体资格	非上市股份公司	依法设立且合法存续的股份有限公司	依法设立且合法存续的股份有限公司
2	经营年限	存续满两年	持续经营3年以上	持续经营3年以上
3	盈利要求	具有持续经营能力	最近两年连续盈利，最近两年的净利润累计不少于1,000万元；或者最近一年的盈利不少于500万元，营业收入不少于5,000万元。净利润以扣除非经常性损益前后孰低者为计算依据	最近3个会计年度的净利润均为正数且累计超过3,000万元，净利润以扣除非经常性损益前后孰低者为计算依据；最近3个会计年度的经营活动产生的现金流量净额累计超过5,000万元，或者最近3个会计年度的营业收入累计超过3亿元
4	资产要求	无限制	最近一期的期末净资产不少于2,000万元，且不存在未弥补的亏损	最近一期的期末无形资产（扣除土地使用权、水面养殖权和采矿权等后）占净资产的比例不高于20%；最近一期的期末不存在未弥补的亏损
5	股本要求	无限制	发行后的股本总额不少于3,000万元	发行前的股本总额不少于3,000万元
6	主营业务	业务明确	应当主要经营一种业务，且最近两年内未发生重大变化	最近3年内未发生重大变化
7	实际控制人	无限制	最近两年内未发生变更	最近3年内未发生变更
8	董事及管理层	无限制	最近两年内未发生重大变化	最近3年内未发生重大变化
9	成长性及创新能力	无限制	无限制	无限制
10	投资人	具备相应风险识别和承担能力的特定投资者	原则上有两年投资经验的投资者	无限制
11	信息披露的定期报告	年报和半年报	年报、半年报和季报	年报、半年报和季报
12	备案或审核	备案制	审核制向注册制过渡	审核制向注册制过渡

1.2.5 新三板的市场定位及与其他板的关系

新三板的市场定位及与其他板的关系，如图 1.1 所示。

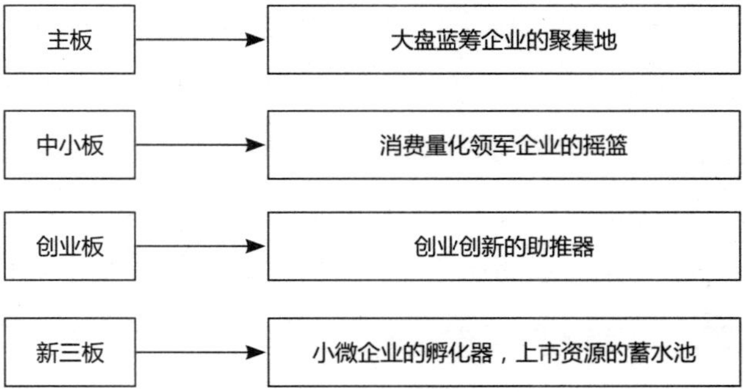

图 1.1 新三板的市场定位及与其他板的关系

1.3 新三板的演变和发展阶段

从时间上看，新三板分为试点阶段、全国扩容阶段和未来可能实行的分层发展阶段。如图 1.2 所示。

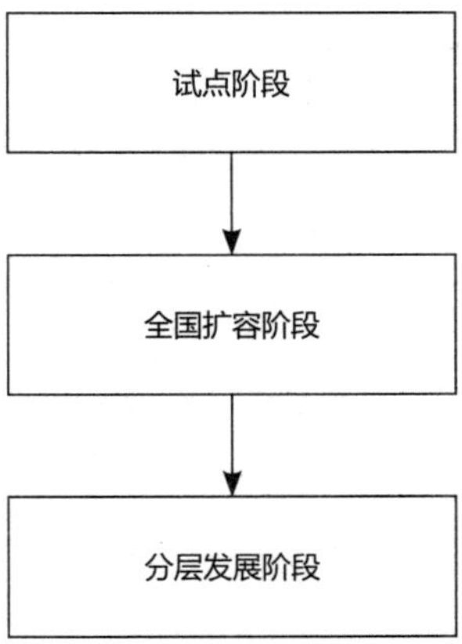

图 1.2 新三板的发展阶段

1.3.1 试点阶段

为改变“老三板”留下的种种弊端，从 2003 年年底开始，北京市政府与科技部联合向国务院上报《关于中关村科技园区非上市股份有限公司进入证券公司代办股份转让系统进行股份转让试点的请示》，经过两年多时间，紧锣密鼓地策划和筹备，2006 年 1 月 16 日正式推出新三板。

新三板的学名非常冗长，全称为“中关村科技园区非上市股份有限公司进入证券公司代办股份转让系统进行股份转让试点”（以下简称“中关村股份转让试点”）。

新三板推出后的第 7 天，即 2006 年 1 月 23 日，两家中关村高新技术企业“世纪瑞尔”（300150）和“北京中科软”（430002）进入代办股份转让系统挂牌交易，标志着新三板市场的正式形成。

由于科技园区、企业性质、融资功能以及投资者身份的限制，再加上宣传力度不足、覆盖面仅于中关村科技园区一个特定区域等原因，导致市场对新三板的认识不足。新三板成立后，未能得到市场的热烈追捧，主要表现为挂牌企业数量相对较少、融资交易不够活跃。

为进一步提升新三板服务中小企业直接融资的功能，响应国家关于加快发展和完善多层次资本市场体系的号召，2012 年 8 月 3 日，中国证监会宣布扩大非上市股份公司股份转让试点。2012 年 9 月 7 日，中国证监会与北京市、上海市、天津市、湖北省四地政府分别签署了新三板扩大试点合作备忘录。至此，北京中关村科技园区、上海张江高科技园区、天津滨海高新技术产业开发区、武汉东湖新技术开发区 4 个高新技术园区的企业均可以在新三板挂牌报价转让。

虽然只有 4 个省或直辖市的园区可以挂牌，但这一动作已经引起市场的关注，一部分原本对此项业务不看好的证券公司也于 2012 年向中国证券业协会申请了代办股份转让系统和报价股份转让系统的业务资质。

全国中小企业股份转让系统网站载入的数据显示，在试点阶段，2012 年是新三板最活跃的一年。截至 2012 年 12 月 31 日，共有 207 家中小企业挂牌新三板（其中 7 家已转至中小板或创业板）。在 207 家中，仅 2012 年一年就有 105 家挂牌，比 2006—2011 年 6 年间累计挂牌的公司数量总和还要多。因此，市场的逐步沸腾预示着新三板市场将迎来爆发式的增长。

1.3.2 全国扩容阶段

如前所述，新三板市场形势一片大好。2012 年 9 月 20 日，在证券市场没有言明的情况下，全国中小企业股份转让系统有限责任公司（以下简称“系统公司”）在国家工商总局注册登记。一周后，中国证监会发布了《非上市公众公司监督管理办法》（以下简称《办法》），《办法》中明确了其规范的公司对象为非上市公众公司。《办法》中规定的公众公司是指“有下列情况之一且其股票未在证券交易所上市的股份有限公司：（一）股票向特定对象发行或者转让导致股东累计超过 200 人；（二）股票以公开方式向社会公众公开转让”。

从以上规定可以看出，新三板的挂牌公司未在证券交易所上市，但其股票却以公开的方式向社会公众公开转让。基于此，很多行业人士认为，该《办法》是为在新三板挂牌的公司正名以及对接《公司法》和《证券法》的最重要的文件。

2013 年 1 月 16 日，系统公司正式揭牌运营，这是全国场外市场建设的标志性事件，也是全国场外市场从试点走向规范性运行的重要转折。从此，新三板的学名由“中关村股份转让试点”变更为“全国中小企业股份转让系统”，全国性场外市场的运作管理机构也从原来的中国证券业协会变为了系统公司，先前在新三板挂牌的公司也全部由系统公司承接。

同时，在 2012 年 1 月 21 日，系统公司发布了 5 个通知、4 个细则、4 个暂行办法及 4 个指引。其中的《全国中小企业股份转让系统业务规则（试行）》规定：股份有限公司申请股票在全国股份系统挂牌，不受股东所有制性质的限制，不限于高新技术企业。

另一方面，国务院加快了新三板试点向全国扩容的步伐。2013 年 6 月 19 日，国务院常务会议研究部署金融支持经济结构调整和转型升级的政策措施。会议决定，加快发展多层次资本市场，将中小企业股份转让系统试点扩大至全国，鼓励创新型、创业型中小企业的融资发展。会议指出，在稳增长、调结构、促转型、惠民生方面，金融发挥着重要作用。在当前经济运行总体平稳，但也面临不少困难和挑战的情况下，要逐步有序、不停顿地推进改革、优化金融资源配置，更有力地支持经济转型升级，更好地服务实体经济发展，更扎实地做好金融风险防范。

2013 年 12 月 14 日，国务院正式发布了《关于全国中小企业股份转让系统有关问题的决定》（以下简称《国务院决定》），标志着新三板从试点阶段正式进入全国扩容实施阶段。

紧接着，为贯彻落实《国务院决定》和修改后的《非上市公众公司监督管理办法》，2013 年 12 月 30 日，经中国证监会批准，系统公司对《全国中小企业股份转让系统业务规则（试行）》的部分条款进行了修改。同日，股份转让系统连续颁布了关于修改《全国中小企业股份转让系统公开转让说明书内容和格式指引（试行）》等一系列业务操作规则。

继 2013 年 12 月 30 日股份转让系统发布一系列新的业务规则之后的第二天，也就是从 2013 年 12 月 31 日起，股份转让系统开始面向全国受理企业挂牌申请。这表明，全国股份转让系统正式结束了在国家高新园区的小规模、区域性试点，市场服务范围覆盖全国，已进入实质性操作阶段。

新三板面向全国受理挂牌申请后，在短短一个多月的时间内，挂牌企业产生了井喷式的发展。2014 年 1 月 24 日，股份转让系统首批全国企业集体挂牌仪式在北京举行。 这是系《国务院决定》之后，全国股份转让系统举办的首场集体挂牌仪式，就在当天，来自全国 28 个省、市、自治区的 285 家企业闪亮登场，集体挂牌。这标志着新三板在未来 10—15 年蓬勃发展的春天真正拉开序幕。

1.3.3 分层发展阶段

截至 2013 年 11 月 20 日，在新三板挂牌的企业达到 4,239 家，总股本达到 2,351 亿元，总市值达到 1.98 万亿元，新三板已初步形成具有特点和特色的体系，市场规格体系逐步完善。挂牌公司覆盖面广泛，科技型和创意型企业日益突出，其中高科技技术企业占比 65%。

2015 年 11 月 24 日，为进一步落实《国务院关于全国中小企业股份转让系统有关问题的决定》和《中国证监会关于进一步推进全国中小企业股份转让系统发展的若干意见》的精神，加快完善市场制度体系和服务功能，审慎推进市场创新，提高风险控制水平，全国中小企业股份转让系统有限责任公司根据市场发展的现状和需求，在官网挂出《全国股转系统挂牌公司分层方案（征求意见稿）》，公开征求意见。

1. 差异化制度

根据分层方案，挂牌公司分层的本质是挂牌公司风险的分层管理，其实现方式是制度的差异化安排。通过分层，对不同层级的挂牌公司实施差异化的服务和监管，具体内容如表 1.2 所示。

表1.2 差异化制度的服务和监管

序号	差异化制度	服务方面	监管方面
1	创新层公司	创新层市场将以提高市场效率为核心，持续推进制度创新，优先进行融资制度、交易制度的创新试点。对创新层挂牌公司建立一次审批、分期实施的储架发行制度和挂牌公司股东大会一次审议、董事会分期实施的授权发行机制，加强融资定价指导、限售管理与募集资金使用的管理；探索并购贷款和并购基金的可行性	一是从信息披露的时效性和强度上适度提高要求，要求该层公司披露业绩快报或业绩预告，并提高定期报告、临时报告披露及时性的要求，鼓励在披露季度报告中，加强对公司承诺事项的管理；二是要求进一步完善治理结构和建立相关制度，要求设置专职董秘，强化对公司董监高敏感期股票买卖、短线交易的管理；三是实施严格的违规记分制度和公开披露制度，并与责任人员强制培训制度相衔接，研究引入自愿限售制度
2	基础层公司	探索运用大数据方式进行公司个体诊断和横向比对，提高市场透明度、投融资对接效率，并强化非标准的个性化服务	在执行现有监管规则的同时，适度降低定期报告和临时报告的披露要求

2. 分层标准

根据分层方案，新三板制定了 3 个分层标准，只需在满足任意一个分层标准的基础上，再满足共同标准，且最近 3 个月内实际成交天数占可成交天数的比例不低于 50%，或者挂牌以来（包括挂牌同时）完成过融资的要求，并符合公司治理、公司运营规范性等共同标准，就可以进入创新层。具体标准如表 1.3 所示。

表1.3 分层标准

分层标准	指标	内容	新挂牌公司
标准一	净利润+净资产收益率+股东人数	1.最近两年连续盈利，且平均净利润不少于2,000万元（净利润以扣除非经常性损益前后孰低者为计算依据）； 2.最近两年的平均净资产收益率不低于10%（以扣除非经常性损益前后孰低者为计算依据）； 3.最近3个月的日均股东人数不少于200人	新挂牌公司还须取得中国证监会核准其在全国股转系统公开转让的批复
标准二	营业收入复合增长率+营业收入+股本	1.最近两年的营业收入连续增长，且复合增长率不低于50%； 2.最近两年的平均营业收入不低于4,000万元； 3.股本不少于2,000万元	新挂牌公司还应补充提交一年期审计报告

续表

分层标准	指标	内容	新挂牌公司
标准三	市值+股东权益+做市商家数	1.最近3个月的日均市值不少于6亿元； 2.最近一年的年末股东权益不少于5,000万元； 3.做市商家数不少于6家	新挂牌公司还应当在挂牌前一次性向6家（含）以上的做市商发行股票或者在挂牌的同时发行股票，以本次发行价格作为市值的计算标准
共同标准		最近3个月内实际成交天数占可成交天数的比例不低于 50%，或者挂牌以来（包括挂牌同时）完成过融资的要求，并符合公司治理、公司运营规范性等共同标准	

小结：只需满足新三板分层标准的任意一个标准和共同标准，就可以进入创新层。

3. 层级调整和维持

对于每年 4 月 30 日之后的层级调整，全国股份转让系统会根据维持标准，从创新层挂牌公司中自动筛选出不符合维持标准的挂牌公司，第一年不符合的，公司应当及时发布风险揭示公告；第二年仍不符合的，则将其调整到基础层。同时，全国股份转让系统根据分层标准，从基础层挂牌公司中自动筛选出符合创新层标准的挂牌公司，并确定创新层的最终名单。具体维持标准如表 1.4 所示。

表1.4 维持标准

维持标准	内容
针对标准一	1.最近两年连续盈利，且平均净利润不少于1,200万元（净利润以扣除非经常性损益前后孰低者为计算依据）； 2.最近两年的平均净资产收益率不低于6%（以扣除非经常性损益前后孰低者为计算依据）； 3.最近3个月的日均股东人数不少于200人； 4.最近3个月内，实际成交天数占可成交天数的比例不低于50%； 5.公司治理合规； 6.无违规记录
针对标准二	1.最近两年的营业收入连续增长，且复合增长率不低于30%； 2.最近两年的平均营业收入不低于4,000万元； 3.股本不少于2,000万元； 4.最近3个月内，实际成交天数占可成交天数的比例不低于50%； 5.公司治理合规； 6.无违规记录
针对标准三	1.最近3个月的日均市值不少于3.6亿元； 2.最近一年的年末股东权益不少于5,000万元； 3.做市商家数不少于6家； 4.最近3个月内，实际成交天数占可成交天数的比例不低于50%； 5.公司治理合规； 6.无违规记录

小结：维持标准针对不同的分层标准进行评价。

1.4 企业在新三板挂牌的其他作用

企业在新三板挂牌后，除了上述可以直接获取的政府优惠政策和补贴外，对企业来说还有其他作用，具体如下所示。

1.4.1 有利于提高企业融资能力

1. 公司在挂牌前可以引进私募基金；

2. 在新三板挂牌的同时可以定向发行股票增资；

3. 公司在新三板挂牌后，可以定向发行股票增资；

4. 新三板挂牌公司可以通过公司债、可转债、中小公司私募债等方式发行债券融资；

5. 公司挂牌以后，公司的信用增加，股份估值显著提升，银行对公司的认知度和重视度明显提高，公司更容易以较低利率获得商业银行贷款；

6. 通过股权质押从金融机构获得贷款。

以挂牌最早的九鼎投资为例，其自 2014 年挂牌新三板以来已完成了两轮定向增发，募资规模达 57 亿元，且正在进行第三轮定向增发，募资 75 亿~ 125 亿元。九鼎投资在国内创新性地推出“基金有限合伙人”变为“挂牌公司股东”这一模式，其旗下一百余支基金的收益权由此转换为挂牌公司的股份权益，募资直接通过股份公司的层面进行，大大地改善了传统私募基金募资的压力。同时，由股份公司层面进入的投资者仅受制于新三板系统的转让限制，相比合伙协议中的转让限制，他们由此获得了更为灵活的退出方式。

此外，中科招商（832168）在短短 3 个月内进行了 3 次定增、接连融资 95.42 亿元就是最好的例子。

相关链接：新三板实行储架发行制度，一次核准、分期发行，另外发行后股东不超过 200 人或者一年内发行的股票融资总额低于净资产 20% 的企业可豁免向中国证监会申请核准。

1.4.2 有利于提升公司股份价值

公司在新三板挂牌后，通过市场化的股份转让定价机制反映公司股份的价值，股份的流动性得以大大增加。在新三板引入做市商制度的情况下，将通过券商专业的投资价值判断提升公司的整体估值水平。随着新三板挂牌公司数量的增加，由于新三板的制度保障，更多的风投将新三板列入拟投资的数据库，甚至有专门的新三板投资基金、并购基金出现。股份的价值被放大，股东的身价不断增加。

据东方财富数据显示，新三板协议转让企业市盈率为 69.7 倍，做市转让企业平均市盈率为 46.93 倍，全市场平均市盈率为 56.13 倍。“手上原本有几个企业打算被并购的，听说新三板的融资功能后，就转身准备挂牌新三板了。”深圳一家券商并购部门的工作人员透露，火热的新三板让不少企业改变了被并购的主意，转而投身新三板。对于参与并购的上市公司而言，挂牌新三板的企业由于信息披露透明、企业运作规范，成为他们追逐的目标。

如联讯证券（830899）在 2015 年 6 月 18 日由协议转让变更为做市转让，截至 2015 年 6 月 24 日，其收盘价为 3.76 元，体现了新三板市场的定价功能。

小结：新三板市场为企业提供了独有的做市商制度，企业登陆新三板后可选择以做市转让的方式交易。做市商为企业提供连续报价，股票供需决定企业最终价格，新三板市场发挥了挂牌企业股权价格发现的作用。

1.4.3 有利于提高企业品牌知名度

公司在挂牌前属非公众公司，通过新三板挂牌转型为公众公司。公司在挂牌后提高了引进投资者的议价能力，做市商制度也有效提高了公司股票的流动性。同时，连续的交易形成公允价格，更好地体现了挂牌公司的价值。

公司在新三板挂牌后，能够吸引全国优秀私募股权投资基金、风险投资基金等投资机构以及优质供应商和客户的关注，从而让公司在资金、管理、人才、品牌、渠道和经营理念等方面全面提升，拓展公司的发展空间。企业一旦成功登陆新三板，将会拥有一个很好的宣传平台。

明显受益的企业有 3D 打印第一股先临三维（830978）、PE 第一股九鼎投资（430719）、金融第一股湘财证券（430399）等。

小结：新三板作为全国性的证券交易场所，为挂牌企业提供了一个全国性的展示平台。另外，企业成功登陆新三板意味着企业同时获得了主办券商、会计师事务所、律师事务所和其他投资机构（如果有的话）的信誉背书，对其提升知名度有潜在利好。

1.4.4 有利于提升企业的管理经营能力

公司在新三板挂牌，必须有中介机构券商、律师事务所、会计师事务所等专业机构的参与，以使公司在企业管理方面达到新三板的挂牌条件。在达到挂牌标准的过程中，公司可以初步建立起现代公司的治理结构和管理机制，从而为公司提供管理、技术、销售等方面的支持，大大提高企业的经营能力。

1.4.5 股权激励，留住核心员工

新三板企业以中小微企业为主，人才对企业发展的重要性远远大于大型企业，企业登陆新三板后可以通过股权激励的方式留住核心员工。另外，新三板市场的交易和定价功能也为股权流通变现提供了便利，强化了员工持股的激励作用。

如先临三维（830978）于 2015 年 4 月 2 日通过股东大会决议，向激励对象授予 460 万份股票期权，激励对象包括公司董事、监事、高级管理人员、中层管理人员以及公司核心业务人员等共计 113 人；联讯证券（830899）于 2015 年 1 月 23 日公告首期员工持股计划，参与该计划的包括公司董事、高级管理人员和其他员工等合计不超过 1,025 人，开启了券商股权激励的先河。

小结：企业挂牌新三板后，可以通过股权激励的方式留住核心员工。

1.4.6 有利于企业快速进入主板市场

作为多层次资本市场的一部分，新三板本身具有对接主板、中小板、创业板市场的功能定位，是通往更高层次资本市场的绿色通道。

按照发行与上市分离的理念，证监会负责股票发行审核，交易所负责上市审核。已经通过证监会公开转让核准的企业，如果具备任何一个交易所的上市

条件，无须重新发行审核，就可以直接向该交易所递交上市申请。

抛开 IPO 的财务门槛不提，企业要想上市至少需要 3 年的规范经营，企业挂牌新三板的过程其实就是公司逐步规范的过程，未来无论新三板与创业板的转板机制是否通畅，只要新三板企业通过主办券商的持续督导，做到规范经营、信披合规，以后再进行 IPO 就会很容易。

小结：通过主办券商后续的持续督导，公司会逐渐了解资本市场的运作规则和监管法规，对公司今后进入中小板、创业板、主板上市起到了热身作用，这将大大缩短公司的上市进程。

1.4.7 新三板转型创业板上市公司的成功案例

新三板的优势之一就是有利于新三板企业转板，并能树立企业品牌，从而提高企业的知名度。公开信息显示，最初在新三板挂牌的 108 家公司中，已有 20 家公司先后表达了冲击创业板或中小板的意向。其中，紫光华宇、佳讯飞鸿、世纪瑞尔、北陆药业、双杰电气、康斯特、合众科技、久其软件等共计 11 家公司已实现华丽转身，成功登陆创业板。

如北陆药业（300016）是首家“新三板”企业“转型”创业板上市公司的成功案例。北陆药业长期专注于对比剂系列产品的研发、生产和销售，是我国对比剂行业的领先者，具有核心竞争优势，在我国放射界及相关领域拥有较高知名度和市场影响力。

公司所处的对比剂市场，在 2006—2008 年的销售额年复合增长率达 18.32%，增长势头强劲。而北陆药业的对比剂产品钆喷酸葡胺注射液在 2006—2008 年的市场占有率始终保持在 40% 以上，排名第一；而另一个产品碘海醇注射液在 2009 年时的销量和市场占有率也已跃居市场第三位。

北陆药业募集了 3.04 亿元的资金，用于对比剂生产线的技术改造与营销网络建设、九味镇心颗粒生产线的扩建改造与营销网络建设等项目的开展。

1.5 企业在新三板挂牌可享受的优惠政策

从 2013 年 12 月 31 日，全国中小企业股份转让系统首日接收 145 家企业的挂牌申请，到现如今的数千家企业正式挂牌，新三板的火爆程度出人意料。新挂牌的企业除了可以获得融资等便利外，还可以得到各地 10 万 ~ 1,000 万元的政府补贴，宁波北仑区的补贴高达 1,000 万元。以下整理了上海地区公司挂牌新三板的财政补贴，如表 1.5 所示。

此外，本书还整理了全国各地对新三板挂牌公司的补贴情况，详见附录——《全国挂牌新三板企业的财政补贴一览表》。

表1.5 上海地区挂牌新三板企业的财政补贴一览表

省份	地区	补贴金额	政策依据
上海	张江高科技园区	（一）改制补助最高不超过60万元; （二）挂牌补助最高不超过100万元	《上海市张江高科技园区科技孵化及加速发展扶持办法》
	浦东新区	（一）在新三板挂牌的，给予50万元补贴; （二）挂牌后IPO上市，在上海证监局备案后，给予30万元补贴; （三）收到证监会受理函后给予70万元补贴; （四）申请提交证监会审核后，给予50万元补贴; （五）新迁入浦东并在两年内上市，奖励50万元	《浦东新区促进金融业发展财政扶持办法实施细则》
	闵行区	成功挂牌的，奖励最高不超过50万元	《闵行区人民政府关于批转闵行区加快现代服务业发展扶持政策实施细则的通知》
	嘉定区	（一）补贴挂牌公司总额不超过200万元; （二）对于新落户嘉定区的企业，额外补贴50万元	《上海市嘉定区人民政府关于鼓励企业进入代办股份转让系统和开展股权托管交易的实施意见》
	徐汇区	（一）对进入新三板挂牌的企业，由市区两级按照1: 1的比例给予补贴; （二）对在股交中心挂牌的企业可由市区两级给予最高100万元补贴。如成功转板上市，可按累计给予不超过200万元的差额补贴; （三）成功挂牌再给予100万元的补贴; （四）转板上市的，给予不超过200万元的差额补贴; （五）区外企业迁至区内并挂牌的，再奖励50万元	《上海市徐汇区人民政府印发关于推进企业上市的扶持办法（试行）的通知》

第2章

新三板的法律制度

目前企业在新三板挂牌的条件相对宽松，其中最突出的是新三板对企业的盈利能力等没有要求。另外，新三板不对企业的经营状况、盈利能力等做出评价和背书，而是鼓励不同经营状况的企业都来挂牌，把判断企业好坏或者是否值得投资的权力完全交给投资者，让投资者根据自己的判断来决定是否对企业进行投资。

既然这样，那么投资者获得企业的信息主要还是依靠企业在新三板市场上披露的信息，这就决定了信息披露在新三板中的重要性。此外，其他相关的新三板法律制度，如新三板的交易制度、交易规则、做市商制度、监管法律制度等同样重要。

2.1 新三板信息披露制度

在新三板上，不确定性和风险是影响挂牌公司股票价格的重要因素。由于获取的信息可以改变投资者对证券不确定性和风险的评价，所以信息对新三板挂牌公司的股票的价格发现和价格均衡具有直接作用和决定性意义。

2.1.1 信息披露的功能与作用

从本质上看，新三板是一个信息市场。市场的运作过程也是信息的处理过程，正是信息在指引着资金流向挂牌公司和各经济实体部门，从而实现新三板的资源配置功能。市场效率的关键问题是如何提高信息的充分性、准确性和对称性。

一个成功的新三板市场的建立和发展，必然依赖于市场对投资者利益的切实保护和投资者对市场的信心。因此政府必须强制性地要求在新三板挂牌的公司将所有相关信息公之于众，以应对新三板中欺诈行为和内幕交易等市场失灵现象的发生，改善市场中客观存在的不公平竞争状态。

可见，无论是从理论的角度还是实践的层面，信息在新三板运作和功能发挥的过程中都处于关键地位，信息披露的充分与否、及时与否、准确与否直接决定了市场的有效性。因此，正确认识强制信息披露制度与新三板发展之间的关系，是正确理解和把握强制信息披露制度的前提。

2.1.2 新三板信息披露制度的具体操作流程

2013年2月8日,《全国中小企业股份转让系统挂牌公司信息披露细则（试行）》（以下简称《细则》）发布施行。该《细则》为挂牌公司的信息披露工作做出了较为详尽和可具操作性的规定。新三板信息披露制度的具体操作流程如图 2.1 所示。

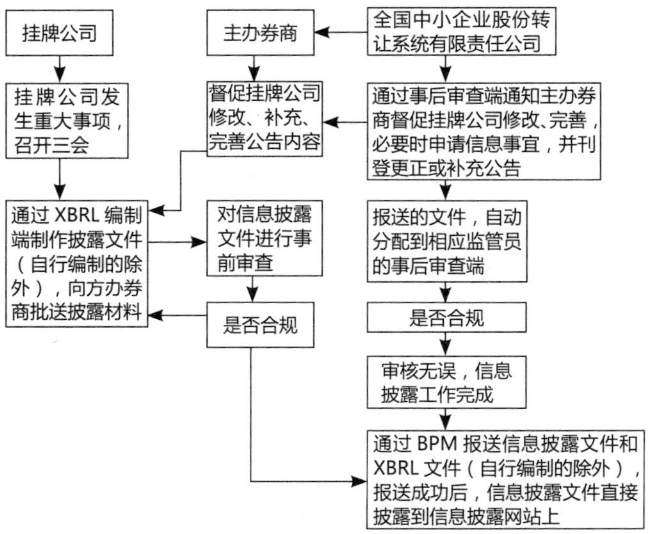

图 2.1 新三板信息披露制度流程图

新三板信息披露制度要点如下所示。

2.1.3 一般性规定解读

制定该《细则》的目的和依据。目的：规范挂牌公司及相关信息披露义务人的信息披露行为，保护投资者的合法权益；依据：《非上市公众公司监督管理办法》《非上市公众公司监管指引第 1 号——信息披露》《全国中小企业股份转让系统业务规则（试行）》（以下简称《业务规则》）等。

适用的范围。在全国股份转让系统挂牌的股票、可转换公司债券及其他证券品种适用本《细则》。全国中小企业股份转让系统有限责任公司（以下简称“全国股份转让系统公司”）对上述证券品种的信息披露、暂停及恢复转让、终止及重新挂牌以及挂牌公司并购重组等事宜另有规定的，从其规定。

信息披露的种类。挂牌公司的信息披露包括挂牌前的信息披露及挂牌后的持续信息披露，其中挂牌后的持续信息披露包括定期报告和临时报告。

信息披露的原则和要求。挂牌公司及相关信息披露义务人应当及时、公平地披露所有对公司股票及其他证券品种转让价格可能产生较大影响的信息，并保证信息披露内容的真实、准确、完整，不存在虚假记载、误导性陈述或重大遗漏。

信息披露事务管理。挂牌公司应当制定信息披露事务的管理制度，经董事会审议后及时向全国股份转让系统公司报备并披露。公司应当将董事会秘书或信息披露事务负责人的任职及职业经历向全国股份转让系统公司报备并披露，发生变更时亦同。上述人员离职无人接替或因故不能履行职责时，公司董事会应当及时指定一名高级管理人员负责信息披露事务并披露。挂牌公司应当在挂牌时向全国股份转让系统公司报备董事、监事及高级管理人员的任职、职业经历及持有挂牌公司的股票情况。有新任董事、监事及高级管理人员或上述报备事项发生变化的，挂牌公司应当在两个转让日内将最新资料向全国股份转让系统公司报备。董事、监事及高级管理人员应当在公司挂牌时签署遵守全国股份转让系统公司业务规则及监管要求的《董事（监事、高级管理人员）声明及承诺书》（以下简称《承诺书》），并向全国股份转让系统公司报备。新任董事、监事应当在股东大会或者职工代表大会通过其任命后的 5 个转让日内，新任高级管理人员应当在董事会通过其任命后的 5 个转让日内，签署上述《承诺书》并报备。

主办券商审查义务、督促责任和披露时间。挂牌公司披露重大信息之前，应当经主办券商审查，公司不得披露未经主办券商审查的重大信息。挂牌公司在其他媒体披露信息的时间不得早于指定披露平台的披露时间。主办券商应当指导和督促所推荐的挂牌公司规范履行信息披露义务，对其信息披露文件进行事前审查。发现拟披露的信息或已披露的信息存在任何错误、遗漏、误导的，或者发现存在应当披露而未被披露事项的，主办券商应当要求挂牌公司进行更正或补充。挂牌公司拒不更正或补充的，主办券商应当在两个转让日内发布风险提示公告并向全国股份转让系统公司报备。

应该披露的其他信息。挂牌公司发生的或者与之有关的事件没有达到本《细则》规定的披露标准的，或者本《细则》没有具体规定，但公司董事会认为该事件对股票价格可能产生较大影响的信息，公司应当及时披露。

2.1.4 定期报告制度

挂牌公司应当披露的定期报告包括年度报告、半年度报告和季度报告。挂牌公司应当在本《细则》规定的期限内，按照全国股份转让系统公司的有关规定编制并披露定期报告。挂牌公司应当在每个会计年度结束之日起 4 个月内编制并披露年度报告；在每个会计年度的上半年结束之日起两个月内披露半年度报告；在每个会计年度前 3 个月、9 个月结束后的 1 个月内披露季度报告。披露季度报告时，第一季度报告的披露时间不得早于上一年的年度报告。

定期报告的披露时间。挂牌公司应当与全国股份转让系统公司约定定期报告的披露时间，全国股份转让系统公司根据均衡原则统筹安排各挂牌公司定期报告的披露顺序。公司因故需要变更披露时间时，应当告知主办券商并向全国股份转让系统公司申请，全国股份转让系统公司视情况决定是否调整。

1. 年度报告格式的重点要求，可以通过模块化处理和对比性分析增加年度报告的可读性和实用性。可以参照图 2.2 所示的年度报告格式的重点要求。

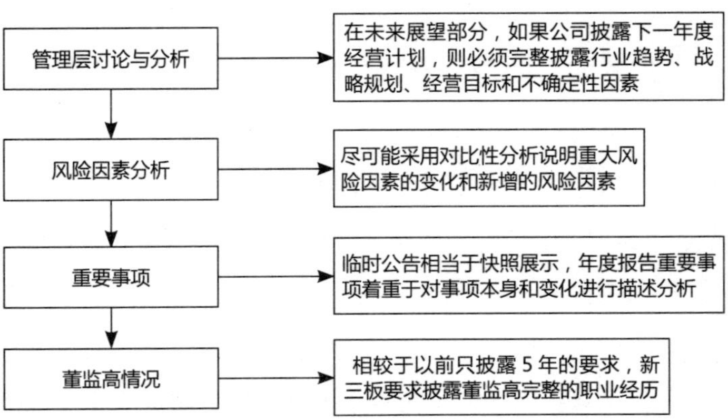

图 2.2 新三板年度报告格式的重点要求

定期报告中的财务报告要求。挂牌公司年度报告中的财务报告必须经具有证券、期货相关业务资格的会计师事务所审计。挂牌公司不得随意变更会计师事务所，如确需变更的，应当由董事会审议后提交股东大会审议。

公司董事会的责任。挂牌公司的董事会应当确保公司的定期报告能按时披露。董事会因故无法对定期报告形成决议时，应当以董事会公告的方式披露，说明具体原则和存在的风险。公司不得以董事、高级管理人员对定期报告内容有异议为由不及时披露。公司不得披露未经董事会审议通过的定期报告。

挂牌公司应当在定期报告披露前及时向主办券商送达下列文件：

（1）公司基本情况；

（2）最近两年的主要财务数据和指标；

（3）管理层讨论与分析本年度内的主要经营情况，对持续经营能力进行评价；对下一年度的经营计划或目标进行说明；

（4）重要事项。本年度内发生的所有诉讼、仲裁事项，本年度内履行的及尚未履行完毕的对外担保合同，股权激励计划，关联交易，股东及其关联方以各种形式占用或者转移的公司的资金、资产及其他资源；

（5）股本变动及股东情况；

（6）董事、监事、高级管理人员及核心员工的情况；

（7）公司治理及内部控制情况；

（8）财务报告；

（9）备查文件目录。

年度报告出现下列情形时，主办券商应当最迟在披露前1个转让日内向全国股份转让系统公司报告：财务报告被出具否定意见或者无法表示意见的审计报告；经审计的期末净资产为负值。

2. 挂牌公司财务报告被注册会计师出具非标准审计意见的，公司在向主办券商送达定期报告的同时应当提交下列文件：

（1）董事会针对该审计意见涉及事项所做的专项说明，审议此专项说明的董事会决议所依据的材料；

（2）监事会对董事会有关说明的意见和相关决议；

（3）负责审计的会计师事务所及注册会计师出具的专项说明；

（4）主办券商及全国股份转让系统公司要求的其他文件。非标准审计意见涉及事项属于违反会计准则及其相关信息披露规范性规定的，主办券商应当督促挂牌公司对有关事项进行纠正。

3. 负责审计的会计师事务所和注册会计师按本《细则》第十七条出具的专项说明，应当至少包括以下内容：

（1）出具非标准审计意见的依据和理由；

（2）非标准审计意见涉及事项对报告期公司财务状况和经营成果的影响；

（3）非标准审计意见涉及事项是否违反企业会计准则及其相关信息披露的规范性规定。

挂牌公司和主办券商应当对全国股份转让系统公司关于定期报告的事后审查意见及时回复，并按要求对定期报告的有关内容做出解释和说明。主办券商应当在公司对全国股份转让系统公司回复前对相关文件进行审查。如需更正、补充公告或修改定期报告并披露的，公司应当进行相应的内部审议程序。

4. 半年度报告

半年度报告的基本原则与关注要点：

（1）创新披露格式，以标准化表格为主，为电子化报送打下基础；

（2）体现了强制性 / 自主性信息、通用 / 个性信息等不同披露层次的结合；

（3）半年度报告可以不经审计，财务报表及其附注未经会计师事务所审计的，挂牌公司应当注明“未经审计”字样；

（4）对于指引中列示的情况进行选择时，如果存在则须填列详情，如果不存在则不用填列详情；

（5）应重点围绕商业模式、行业及季节性、周期性各因素展示经营成果；

（6）比较期间的数据变动幅度达 30% 以上，或占公司报表日资产总额 5% 或报告期利润总额 10% 以上的，应说明该项目的具体情况及变动原因。

半年度报告的披露可以参照表 2.1 所示的半年度报告格式重点。

表2.1 半年度报告披露格式重点表

<table>
<tr><td>公司概览</td><td>公司简介</td><td rowspan="23">商业模式</td><td rowspan="23">本公司是处于（细分行业）________的（定位，如开发商、生产商、运营商、服务提供商等）________，拥有（关键资源，如专利技术、核心团队、经营资质等）________，为（哪些客户，如客户类型、客户构成等）________提供（产品特性或价值主张，如高科技、低成本、便利性等）________的（产品、服务、业务等）________，公司通过（销售渠道、营销模式，如直销、分销等）________开拓业务，收入来源是（收入形式，如产品销售、服务收费、租赁收费等）________。
报告期内，公司的商业模式较上年度在（哪些要素）________上发生了较大的变化，变化的情况是（具体分析）________。
（注：以上描述请自行整理成有逻辑的两段话，内容不超过一页）</td></tr>
<tr><td rowspan="5">公司信息</td><td>法定代表人</td></tr>
<tr><td>注册地址</td></tr>
<tr><td>办公地址</td></tr>
<tr><td>主办券商</td></tr>
<tr><td>会计师事务所（如有）</td></tr>
<tr><td rowspan="5">联系人</td><td>董事会秘书或信息披露事务负责人</td></tr>
<tr><td>电话</td></tr>
<tr><td>传真</td></tr>
<tr><td>电子邮箱</td></tr>
<tr><td>联系地址</td></tr>
<tr><td rowspan="11">运营概况</td><td>股份公司成立时间</td></tr>
<tr><td>挂牌时间</td></tr>
<tr><td>行业分类</td></tr>
<tr><td>主要产品与服务项目</td></tr>
<tr><td>总股本</td></tr>
<tr><td>无限售条件的股份数量</td></tr>
<tr><td>控股股东、实际控制人及持股比例</td></tr>
<tr><td>截止报告期末的股东人数</td></tr>
<tr><td>员工人数（包含子公司）</td></tr>
<tr><td>是否拥有高新技术企业资格</td></tr>
<tr><td>公司拥有的重要经营资质</td></tr>
<tr><td>自愿披露</td><td>公司可以根据实际情况选择与企业经营关联性强、体现企业核心竞争力的信息进行披露，如企业拥有的专利技术、重要的合作伙伴、已完成的业务案例等</td></tr>
</table>

2.1.5 临时报告制度

1. 一般规定

临时报告是指挂牌公司按照法律法规和全国股份转让系统公司的有关规定发布的除定期报告以外的公告。临时报告应当加盖董事会公章，并由公司董事会发布。挂牌公司应当在临时报告所涉及的重大事件最先触及下列任意一时点后及时履行首次披露义务：

（1）董事会或者监事会做出决议时；

（2）签署意向书或者协议（无论是否有附加条件或者期限）时；

（3）公司（含任一董事、监事或者高级管理人员）知悉或者理应知悉重大事件发生时。

2. 对挂牌公司的股票转让

正处于筹划阶段的可能对价格产生较大影响的重大事件，虽然尚未触及本《细则》第二十二条规定的时点，但出现下列情形之一的，公司理应履行首次披露义务：

（1）该事件难以保密；

（2）该事件已经泄漏或者市场出现有关该事件的传闻；

（3）公司股票及其衍生品种交易已发生异常波动。

挂牌公司履行首次披露义务时，应当按照本《细则》规定的披露要求和全国股份转让系统公司制定的临时公告的格式指引予以披露。在编制公告时，若相关事项尚未发生，公司应当客观公告既有事实，待相关事实发生后，应当按照相关指引的要求披露事项进展或变化情况。

挂牌公司控股子公司发生的可能对挂牌公司的股票转让价格产生较大影响的消息，视同挂牌公司的重大信息，挂牌公司应当披露。

3. 董事会、监事会和股东大会决议

挂牌公司召开董事会会议，应当在会议结束后及时将经与会董事签字确认的决议（包括所有提案均被否决的董事会决议）向主办券商报备。董事会决议涉及本《细则》规定的应当披露的重大信息时，公司应当以临时公告的形式及时披露；决议涉及根据公司章程规定应当提交经股东大会审议的收购与出售资产、对外投资（含委托理财、委托贷款、对子公司投资等）时，公司应当在决议后以临时公告的形式及时披露。

挂牌公司召开监事会会议，应当在会议结束后及时将经与会监事签字的决议向主办券商报备。涉及本《细则》规定的应当披露的重大信息，公司应当以临时公告的形式及时披露。

挂牌公司应当在年度股东大会召开 20 日前或者临时股东大会召开 15 日前，以临时公告的方式向股东发出股东大会通知。挂牌公司在股东大会上不得披露、遗漏未公开的重大信息。

挂牌公司召开股东大会，应当在会议结束后的两个转让日内将相关决议公告披露。年度股东大会的公告中应当包括律师的见证意见。

主办券商及全国股份转让系统公司要求挂牌公司提供董事会、监事会及股东大会的会议记录时，挂牌公司应当按要求提供。

4. 关联交易

挂牌公司的关联交易，是指挂牌公司与关联方之间发生的转移资源或者义务的事项。挂牌公司的关联方及关联关系包括《企业会计准则第 36 号——关联方披露》规定的情形。挂牌公司董事会、股东大会审议关联交易事项时，应当执行公司章程规定的表决权回避制度。

对于每年发生的日常性关联交易，挂牌公司应当在披露上一年度报告之前，对本年度将发生的关联交易总金额进行合理预计，提交股东大会审议并披露。对于预计范围内的关联交易，公司应当在年度报告和半年度报告中予以分类，列表披露其执行情况。如果在实际执行中，预计的关联交易金额超过本年度关联交易预计的总金额，公司应当就超出金额所涉及事项，依据公司章程提交董事会或者股东大会审议并披露。

除日常性关联交易之外的其他关联交易，挂牌公司应当经过股东大会审议并以临时公告的形式披露。挂牌公司与关联方进行下列交易时，可以免予按照关联交易的方式进行审议和披露：

（1）一方以现金认购另一方发行的股票、公司债券或企业债券、可转换公司债券或者其他证券品种；

（2）一方作为承销团成员承销另一方公开发行的股票、公司债券或企业债券、可转换公司债券或者其他证券品种；

（3）一方依据另一方股东大会决议领取股息、红利或者报酬；

（4）挂牌公司与其合并报表范围内的控股子公司发生的或者上述控股子公司之间发生的关联交易。

5. 其他重大事件

挂牌公司对涉案金额占公司最近一期经审计的净资产绝对值 10% 以上的重大诉讼、仲裁事项应当及时披露。未达到前述标准或者没有具体涉案金额的诉讼、仲裁事项，董事会认为可能对公司股票及其他证券品牌的转让价格产生较大影响的，或者主办券商、全国股份转让系统公司认为有必要的，以及涉及股东大会、董事会决议被申请撤销或者宣告无效的诉讼，公司也应当及时披露。

挂牌公司应当在董事会审议通过利润分配或资本公积转增股本方案后，及时披露方案的具体内容，并在实施方案的股权登记日前披露实施公告。

股票转让被全国股份转让系统公司认定为异常波动的，挂牌公司应当于次一股份转让日披露异常波动公告。如果次一转让日无法披露，公司应当向全国股份转让系统公司申请股票暂停转让直至披露后才能恢复转让。

公共媒体传播的消息（以下简称“传闻”）可能或者已经对公司股票的转让价格产生较大影响时，挂牌公司应当及时向主办券商提供有助于甄别传闻的相关资料，并决定是否发布澄清公告。

实行股权激励计划的挂牌公司，应当严格遵守全国股份转让系统公司的相关规定，并履行披露义务。

限令股份在解除转让限制前，挂牌公司应当按照全国股份转让系统公司的有关规定披露相关公告或履行相关手续。

在挂牌公司中拥有权益的股份达到该公司总股本 5% 的股东及其实际控制人，其拥有权益的股份变动达到全国股份转让系统公司规定的标准时，应当按照要求及时通知挂牌公司并披露权益变动公告。

挂牌公司和相关信息披露义务人披露承诺事项时，应当严格遵守其披露的承诺事项。公司未履行承诺的，应当及时披露原因及相关当事人可能承担的法律责任；相关信息披露义务人未履行承诺的，公司应当主动询问，并及时披露原因以及董事会拟采取的措施。

全国股份转让系统公司对挂牌公司实行风险警示或做出股票终止挂牌决定后，公司应当及时披露。

挂牌公司出现以下情形之一的，应当自事实发生之日起两个转让日内披露:

（1）控股股东或实际控制人发生变更；

（2）控股股东、实际控制人或者其关联方占用资金；

（3）法院裁定禁止有控制权的大股东转让其所持公司股份；

（4）任一股东所占公司 5% 以上的股份被质押、冻结、司法拍卖、托管、设定信托或者被依法限制表决权；

（5）公司董事、监事、高级管理人员发生变动；董事长或者总经理无法履行职责；

（6）公司减资、合并、分立、解散及申请破产的决定；或者依法进入破产程序、被责令关闭；

（7）董事会就并购重组、股利分派、回购股份、定向发行股票或者其他证券融资方案、股权激励方案形成决议；

（8）变更会计师事务所、会计政策、会计估计；

（9）对外提供担保（挂牌公司对控股子公司担保除外）；

（10）公司及其董事、监事、高级管理人员、公司控股股东、实际控制人在报告期内存在受到授权机关调查、司法纪检部门行政处罚、新三板禁入、认定为不适当人选，或受到对公司生产经营有重大影响的其他行政管理部门处罚；

（11）因前期已披露的信息存在差错，未按规定披露或者虚假记载，被有关机构责令改正或者经董事会决定进行更正；

（12）主办券商或全国股份转让系统公司认定的其他情形。

发生违规对外担保、控股股东或者其关联方占用资金的公司应当至少每月公布一次提示性公告，披露违规对外担保或资金占用的解决进展情况。

2.1.6 监管措施和违规处分

挂牌公司及其董事、监事、高级管理人员、股东、实际控制人、收购人及其他相关信息披露义务人、律师、主办券商和其他证券服务机构违反本《细则》的，全国股份转让系统公司依据《业务规则》采取相应监管措施及纪律处分。

2.1.7 新三板持续信息披露业务指南

2013 年 7 月 10 日，《全国中小企业股份转让系统挂牌公司持续信息披露服务指南（试行）》（以下简称《信息披露细则》）发布并施行。主要内容如下所示。

1. 挂牌公司准备披露文件并报主办券商审查

（1）挂牌公司董事会秘书或者信息披露事务负责人应按照《业务规则》《信息披露细则》、定期报告格式指引和临时公告格式模板等规定编写公告文稿，并准备备查文件。临时公告格式里没有明确给出格式的公告类型，由挂牌公司自行编制。

（2）挂牌公司准备好披露文件后，应将加盖董事会章的公告的纸质文件及相应电子文档送达主办券商。

（3）挂牌公司在遇到可能涉及暂停与恢复转让的事宜时，应提前告知主办券商，主办券商在办理信息披露业务的同时，应当协助挂牌公司办理暂停与恢复转让。办理暂停与恢复转让业务按照《全国中小企业股份转让系统挂牌公司暂停与恢复转让业务指南》执行。

（4）进行定期报告披露的，挂牌公司应与主办券商商定披露日期，主办券商应于商定日期前将挂牌公司书面预约申请报送全国股份转让系统公司进行披露预约。特殊原因需变更披露预约时间的，应于原预约披露日 5 个转让日前向全国股份转让系统公司申请，经全国股份转让系统公司同意后方可变更。在 5 个转让日内需要变更预约披露时间的，经全国股份转让系统公司同意，主办券商协助挂牌公司发布《关于变更 XX 年度（半年度）报告披露日期的提示性公告》后方可变更。

全国股份转让系统公司根据均衡披露原则统筹安排披露时间，并由深圳证券信息有限公司（以下简称“信息公司”）在全国股份转让系统信息披露平台公布预计披露日期、变更情况及最终披露日期。

（5）挂牌公司申请豁免披露涉及国家机密或商业秘密的信息，应通过主办券商向全国股份转让系统公司申请并提出豁免披露的充分依据。豁免定期报告相关信息披露的，应于申报预约披露日期的同时申请；豁免临时公告披露的，应及时向全国股份转让系统公司提出申请。

（6）进行临时报告披露的，应按照《信息披露细则》规定的披露时点之后的 2 个转让日内发布临时公告。

2. 主办券商事前审查并提交信息公司

（1）主办券商对拟信息披露文件进行事前审查，发现拟信息披露文件与全国股份转让系统公司相关规定不相符合的，主办券商应与挂牌公司沟通，了解相关情况，督导挂牌公司进行更正或补充，直至符合全国股份转让系统公司有关规定的要求。拟信息披露文件存在虚假记载、误导性陈述、重大遗漏、不正当披露信息的，主办券商应要求挂牌公司及时改正，挂牌公司拒不改正的，主办券商应向全国股份转让系统公司报告并在两个转让日内发布风险揭示公告。

（2）主办券商事前审查无异议后，应最迟于 T 日（T 日为公告披露日，且需为转让日）20 点前将加盖主办券商公章的《信息披露业务流转表》（以下简称“流转表”）传真至信息公司，将披露材料的电子文档（Word 格式或 PDF 格式，如非特别要求，公告不用影印形式）上传至信息公司业务平台或发至信息披露专用邮箱（ssi@cninfo.com.cn），并与信息公司电话确认收悉。若 T+1 为非转让日，则 T 日下午收市后披露 T+1 公告；若流转表无法传真送达信息公司，可以将已盖章流转表的影印电子版随公告电子文档上传至业务平台或送至邮箱。

3. 信息公司公告处理及披露

信息公司对披露资料采编整理完成后，于 T 日非股票转让时段上载至全国股份转让系统信息披露平台（www.neeq.com.cn 或 www.neeq.cc）公布。披露完成后，信息公司回传流转表给主办券商作为回执。

4. 公告披露后的事后处理

（1）更正或补充公告的处理

公告在全国股份转让系统公司网站披露后，挂牌公司或主办券商如发现有重大错误或遗漏需要更正或补充的，挂牌公司需发布更正或补充公告，并重新披露相关公告。原已披露的公告不做撤销。

全国股份转让系统公司监管人员在信息披露平台审阅挂牌公司公告，若发现公告不符合全国股份转让系统公司信息披露有关规定，或公告存在重大错误或遗漏的，应通知主办券商，督促挂牌公司进行更正或补充处理。

（2）撤销或替换公告的处理

一经披露的公告不得随意被撤销或替换。

挂牌公司或主办券商确有理由认为已披露的信息需要被撤销或者全文替换

的，应向全国股份转让系统公司递交盖有挂牌公司及主办券商公章的书面申请，经全国股份转让系统公司同意后，可联系信息公司撤销或替换。

（3）补发公告的处理

挂牌公司不能按照规定的时间披露公告，或发现存在应当披露但尚未披露公告的，挂牌公司应发布补发公告并补发披露文件。

全国股份转让系统公司若发现挂牌公司存在应披露但未披露公告的，应通知主办券商督促挂牌公司补发公告处理。

2.2 新三板交易主体制度

2013 年 2 月 8 日发布、2013 年 12 月 30 日修改了《全国中小企业股份转让系统投资者适当性管理细则（试行）》（以下简称《细则》），该《细则》的目的是促进全国股份转让系统平稳、有序发展，提示市场风险，引导投资者理性参与挂牌公司股票公开转让等相关业务，保护投资者合法权益；制定依据是中国证券监督管理委员会有关规定及《全国中小企业股份转让系统业务规则（试行）》。该《细则》从新三板投资者的资格以及主办券商的责任等方面进行了规定，其主要内容如下。

2.2.1 投资者的资格

投资者参与挂牌公司股票公开转让等相关业务，应当熟悉全国股份转让系统相关规定，了解挂牌公司股票风险特征，结合自身风险偏好确定投资目标，客观评估自身的心理和生理承受能力、风险识别能力及风险控制能力，审慎决定是否参与挂牌公司股票公开转让等业务。

投资者分机构投资者和自然人投资者两大类。

可以申请参与挂牌公司股票公开转让的机构投资者有：

①注册资本 500 万元人民币以上的法人机构；

②实缴出资总额 500 万元人民币以上的合伙企业。

集合信托计划、证券投资基金、银行理财产品、证券公司资产管理计划，以及由金融机构或者相关监管部门认可的其他机构管理的金融产品或资产，可以申请参与挂牌公司股票公开转让。同时符合下列条件的自然人投资者也可以申请参与挂牌公司股票公开转让。

①投资者本人名下前一交易日日终证券类资产市值 500 万元人民币以上。证券类资产包括客户交易结算资金、在沪深交易所和全国股份转让系统挂牌的股票、基金、债券、券商集合理财产品等，信用证券账户资产除外。

②具有两年以上证券投资经验，或具有会计、金融、投资、财经等相关专业背景或培训经历。投资经验的起算时间点为投资者本人名下账户在全国股份转让系统、上海证券交易所和深圳证券交易所发生首笔股票交易之日。

可以参与挂牌公司股票定向发行的投资者为：

①《非上市公众公司监督管理办法》第三十九条规定的投资者；

②符合参与挂牌公司股票公开转让条件的投资者。

公司挂牌的股东、通过定向发行持有公司股份的股东等，如不符合参与挂牌公司股票公开转让条件，只能买卖其持有或曾持有的挂牌公司股票。已经参与挂牌公司股票买卖的投资者保持原有交易权限不变。

2.2.2 主办券商的责任

主办券商应当根据中国证监会有关规定及本《细则》要求，制定投资者适当性管理实施方案，建立健全的工作制度，完善内部分工和业务流程，并报全国股份转让系统公司备案。

主办券商应当切实履行投资者适当性管理职责，了解投资者的身份、财务情况、证券投资经验等相关信息，评估投资者的风险承受能力和风险识别能力，可针对性地开展风险揭示、投资者知识普及、投资者服务等工作，引导投资者审慎参与挂牌公司股票公开转让等相关业务。

主办券商应当认真审核投资者提交的相关材料，并与投资者书面签署《买卖挂牌公司股票委托代理协议》和《挂牌公司股票公开转让特别风险揭示书》，投资者应抄录《挂牌公司股票公开转让特别风险揭示书》中的特别声明。投资者应当配合主办券商开展好投资者适当性管理工作，如实提供申报材料。投资者不予配合、提供虚假信息的，主办券商可以拒绝为其办理挂牌公司股票公开转让相关业务。

主办券商应当妥善保管投资者的档案资料，除依法配合调查和检查外，还应为投资者保密。主办券商应当结合所了解的投资者信息和投资者参与挂牌公司股票转让的情况，定期开展对投资者风险承受能力的持续评估工作，并留存评估结果备查。主办券商应当针对不同类别的投资者制定服务方案和管理流程，根据客户的不同特点，讲解全国股份转让系统的业务规则和风险特点，提示参与挂牌公司股份公开转让可能面临的风险。主办券商应当妥善保存业务办理、投资者服务过程中风险提示的语音或录像留痕。主办券商发现客户存在异常交易行为或者违法违规行为时，应当根据全国股份转让系统公司相关规定及时提醒客户，并向全国股份转让系统公司报告。全国股份转让系统公司对存在异常交易行为的投资者采取口头或书面警示等监管措施的，主办券商应当及时与投资者取得联系，告知其有关监管要求和采取的监管措施。对出现异常交易行为的投资者，全国股份转让系统公司可以限制其交易，主办券商应当予以配合。

主办券商应当为投资者提供合理的投诉渠道，指定专门受理投诉，妥善处理与投资者的矛盾和纠纷，并认真做好记录工作。主办券商应当配合全国股份转让系统公司对其投资者适当性管理执行情况进行检查，如实提供投资者开户资料、资金账户情况等信息，不得隐瞒、阻碍和拒绝。主办券商及其相关业务人员如果违反了本《细则》的相关规定，全国股份转让系统公司可依据《业务规则》等有关规定采取相应的监管措施或纪律处分。

2.3 新三板交易制度和规则

2013 年 2 月 8 日发布、2013 年 12 月 30 日修改的《全国中小企业股份转让系统业务规则（试行）》的第三章“股票转让”确定了新三板的交易制度和规则。

2.3.1 交易制度的一般规定

股票转让采用无纸化的公开转让形式，或经中国证监会批准的其他转让形式。

股票转让可以采取协议方式、做市方式、竞价方式或其他中国证监会批准的转让方式。经全国股份转让系统公司同意，挂牌股票可以转换转让方式，如图 2.3 所示。

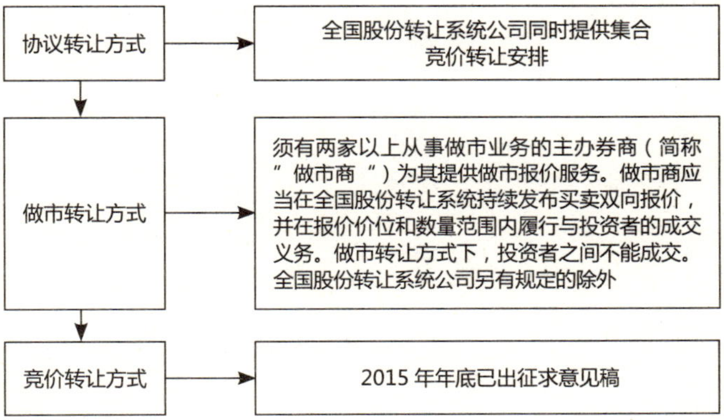

图 2.3 新三板挂牌股票转让方式

目前新三板市场以协议转让与做市转让两种交易方式为主，而大多数挂牌企业均希望能找到一家或几家券商为自己做市，因为这样相当于为非专业买家提供了券商的专业价值评估体系的背书，具有增强投资者信心和规避风险的作用，并由此适当地提升公司自身的价值。所以，为了提高股价，能选择做市转让的企业都会采用做市转让的模式。

协议转让由于是买卖双方线下议定价格，通常买卖方直接洽谈，然后通过股转系统（新三板）交易。买方要有比较专业的知识，才能尽可能避免投资失误，因此不利于吸引非专业投资者的参与。但在之后的股份改制和重组中，协议转让却要方便许多。具体的新三板协议转让流程如图 2.4 所示。

全国股份转让系统为证券转让提供了相关设施，包括交易主机、交易单元、报盘系统及相关通信系统等。主办券商要进入全国股份转让系统进行证券转让，应当先向全国股份转让系统公司申请取得转让权限后，才能成为转让参与人。

协议转让交易方式的时间和开盘价、收盘价的确定方式如图 2.5 所示。

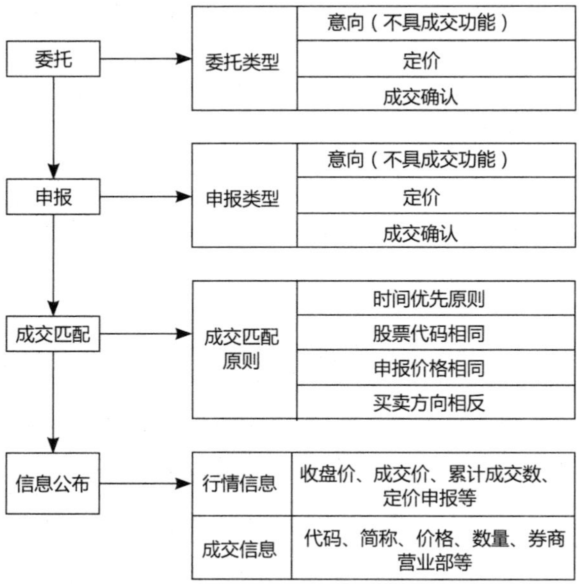

图 2.4 新三板协议转让交易方式

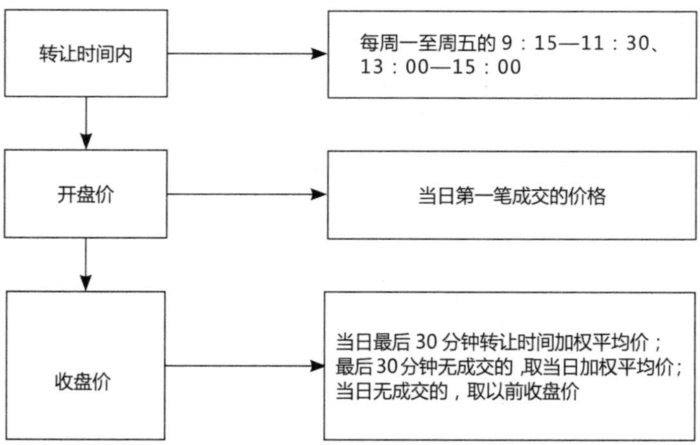

图 2.5 新三板协议转让交易方式的时间和开盘价、收盘价的确定方式

股票转让时间为每周一至周五的 9：15—11：30、13：00—15：00，如果转让时间内因故停市，转让时间不作顺延。遇到法定节假日和全国股份转让系统公告的休市日，全国股份转让系统休市。其他相关规定如图 2.6 所示。

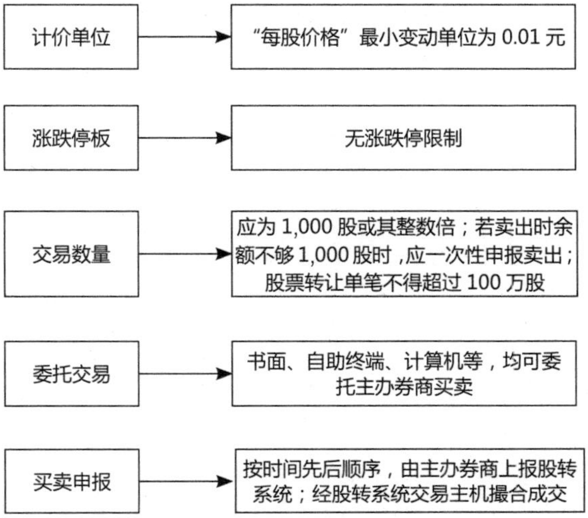

图 2.6 新三板交易的其他规定

投资者买卖挂牌公司股票，应当开立证券账户和资金账户，并与主办券商签订证券买卖委托代理协议。投资者开立证券账户，应当按照中国证券登记结算有限责任公司的相关规定办理。主办券商接受投资者的买卖委托后，应当确认投资者具备相应的股票或资金，并按照投资者委托时间的先后顺序向全国股份转让系统申报。

全国股份转让系统公司可以根据市场需要，调整股票单笔买卖的申报数量和申报价格的最小变动单位，申报当日有效。投资者还可以撤销委托申报的未成交部分。买卖申报经交易主机成交确认后，转让即告成立，买卖双方必须承认转让结果，发行清算交收义务，本规则另有规定的除外。

中国证券登记结算有限责任公司（以下简称"中国结算"）作为共同对手方，为股票转让提供清算和多边净额担保交收服务；或不作为共同对手方，提供其他清算、交收等服务。投资者卖出股票，须委托代理其买入该股票的主办券商办理。如需委托另一家主办券商卖出该股票，须办理股票转托管手续。投资者因司法裁决、继承等特殊原因需要办理股票过户的，依照中国结算的规定办理。

2.3.2 新三板股票交易费用

新三板股票交易费用如表 2.2 所示。

表2.2 新三板交易费用表

序号	收费项目	收费标准	收费对象	收费单位
1	股份过户费	成交金额的0.0025%（双边）	投资者	中证登
2	转让经手费	成交金额的0.05%（双边）	投资者	股转公司
3	结算费	成交金额的0.01%（双边），暂免收取	结算参与人	中证登
4	印花税	成交金额的0.1%	出让方	税务机关
5	做市转让交易佣金	券商自定，0.3%左右	投资者	经纪券商

2.3.3 转让信息

全国股份转让系统公司每个转让日都会发布股票转让即时行情、股票转让公开信息等转让信息，及时编制反映市场转让情况的各类报表，并通过全国股份转让系统指定信息披露平台或其他媒体予以公布。

全国股份转让系统公司负责全国股份转让系统信息的统一管理和发布。未经全国股份转让系统公司许可，任何机构和个人不得发布、使用和传播转让信息。经全国股份转让系统公司许可使用转让信息的机构和个人，未经同意不得将转让信息提供给其他机构和个人使用或予以传播。

全国股份转让系统公司可以根据市场发展需要，编制综合指数、成份指数、分类指数等证券指数，随即时行情发布。证券指数的设置和编制方法由全国股份转让系统公司另行规定。

2.3.4 监控与异常情况处理

全国股份转让系统公司对股票转让中出现的异常转让行为进行重点监控，并可以视情况采取盘中临时停止股票转让等措施。

发生下列转让异常情况之一，导致部分或全部转让不能正常进行的，全国股份转让系统公司可以决定单独或同时采取暂缓进入清算交收程序、技术性停牌或临时停市等措施：

1. 不可斥力；

2. 意外事件；

3. 技术故障；

4. 全国股份转让系统公司认定的其他异常情况。

全国股份转让系统公司对暂缓进入清算交收、技术性停牌或临时停市决定予以公告。技术性停牌或临时停市原因消除后，全国股份转让系统公司可以决定恢复转让，并予以公告。因转让异常情况及全国股份转让系统公司采取的相应措施造成损失的，全国股份转让系统公司不承担赔偿责任。

转让异常情况处理的具体规定由全国股份转让系统公司另行制定并报中国证监会批准。

2.4 做市商制度

我国新三板证券市场在 2014 年实施的交易制度是“做市商制度”。国际上目前存在两种交易制度，一种是报价驱动制度（Quote-driven-system），另一种是指令驱动制度（Order-driven-system），报价驱动制度也称做市商制度。

2.4.1 什么是做市商制度

所谓做市商制度（Market-maker-rule），是指在证券市场上，由具备一定实力和信誉的证券经营法人，在其愿意的水平上不断向交易者报出某些特定证券的买入和卖出价，并在所报价位上接受公司或其他交易商的买卖要求，保证成交的证券交易方式。它是与竞价交易制度即指令驱动交易制度相对应的一种制度，一般为柜台交易市场所采用。

做市商制度起源于 20 世纪，由英国的股票批发商制度建立，后来为美国所借鉴，成为场外交易市场的证券交易方式。1971 年成立的纳斯达克（NASDAQ）就是以做市商为核心交易机制的证券交易市场，它对世界各国的资本市场产生了重要的影响。

而作为世界上规模最大的纽约证券交易所（New York Stock Exchange, NYSE），也借鉴了做市商的做法，对部分股票采取了做市商制度。世界各地市场做市商制度的对比如表 2.3 所示。

表2.3 世界各地市场做市商制度对比表

序号	市场层次	做市商制度
1	美国NASDAQ	混合做市商制度。采取宽松的低门槛制度
2	中国台湾兴柜	传统竞争性做市商制度。所有证券交易必须通过推荐证券商进行
3	日本JASDAQ	竞价交易与做市交易并行。部分证券采用做市商制度，采用做市交易的证券与竞价交易系统隔绝
4	美国纽约证券交易所	辅助做市商制度。以竞价制度为主，做市商制度为辅
5	中国香港交易所	做市商负责的证券交投稀少时，才显现做市商的责任；在所负责的证券交易活跃时，做市商无做市责任
6	德国证券交易所	采用类似做市商的指定保证人制度
7	泛欧证券交易所	采用类似做市商的流动性提供人辅助交易

由此可见，做市商制度在证券交易市场中正起着越来越重要的作用。

做市商制度一般为柜台交易市场所采用，以其自有资金和证券与投资者进行证券交易。做市商通过这种不断买卖来维持市场的流动性，满足公众者的投资需求；通过买卖报价的适当差额来补偿所提供服务的成本费用，并获取规定的利润。从美国 NASDAQ 的经验来看，做市商最大的作用是有利于保持市场的流动性以及维持价格的稳定性，因此适合于风险大、流动性不足的证券市场。

2.4.2 新三板的做市商制度特点

我国新三板的做市商制度有其独特的特点，其间也参考了其他国家和地区的经验，现将特点归纳，如表 2.4 所示。

表2.4 我国新三板做市商制度的特点归纳表

序号	特点	描述
1	我国新三板的做市转让方式采用的是传统竞争性做市商制度	与我国台湾兴柜市场一致
2	做市转让与协议转让的主要特点	做市转让中投资者需要通过做市商交易，而协议转让则是投资者和投资者直接交易
3	我国新三板市场做市商制度既借鉴了海外市场成熟经验，也有其独特之处	与其他市场相比，新三板做市商制度在做市商条件、做市成交方式、最低做市期限和双向豁免权4个方面与美国NASDAQ市场和我国台湾兴柜市场存在差异
4	给予做市商一定的双向豁免权（具体豁免标准不同）	考虑到做市商库存风险，学习我国台湾的经验
5	经予做市商一定的买卖差价（NASDAQ要求避免锁定或交叉，我国台湾兴柜和新三板价差5%）等	考虑到交易成本问题

此外，做市商制度还有两个重要特点，一是所有客户委托单都必须由做市商用自己账户买时卖出，客户委托单之间不直接进行交易；二是做市商必须在客户发出委托单之前报出买卖价格，而投资者在看到报价后才会给出委托单。

正是这两个重要特点使在发达证券市场已有 30 多年历史的做市商制度在活跃市场人气、增强市场透明度、提高市场流动性、维持股票价值的稳定性等方面起到了积极作用。做市商制度的特点和作用决定了它具有以下 3 个方面的功能。

1. 坐市。当股市出现过度投机时，做市商通过在市场上与其他投资者反方向的操作，努力维持股份的稳定，降低市场的泡沫成分。

2. 造市。当股市过于沉寂时，做市商通过在市场上人为地买进卖出股票，以活跃市场带动人气，使股份回归其投资价值。

3. 监市。在做市商行使其权利、履行其义务的同时，通过对做市商业务活动监控市场的变化，以便及时发现异常并及时纠正。在新兴的证券市场，这是保持政府与市场的合理距离，抵消政府行为对股市影响惯性的有益尝试工作。正因为做市商制度具有上述功能及调节买卖盘不均衡状况、随时保证提供买卖双向价格的特点，决定了其功能实现的前提条件是拥有高素质的做市商。只有那些运营规范、资本实力雄厚、自营规模较大、熟悉上市公司与二级市场动作，而且风险自控能力较强的券商才能担当。

2.4.3 做市商的条件、义务和权利

一般来说，做市商必须具备以下条件。

1. 具有雄厚的资金实力，这样才能建立足够的证券库存以满足投资者的交易需要。

2. 具有管理证券库存的能力，以降低库存证券的风险。

3. 要有准确的报价能力，要熟悉自己经营的证券并有较强的分析能力。

作为做市商，其首要任务是维护市场的稳定和繁荣，所以做市商必须履行“做市”的义务，即在尽可能避免市场价格大起大落的条件下，随时承担所做证券的双向报价任务，只要有买卖盘，就要报价。

做市商除了所承担的义务，同时也享有以下特权。

1. 资讯方面，要求全方位地享有个股资讯，即享有上市公司的全部信息及所有买卖盘的记录，以便及时了解发生单边市的预兆。

2. 融资融券的优先权。为维护市场的流通性，做市商必须时刻拥有一大笔筹码以维护交易及一定资金作后盾，但这并不足以保证维持交易的连续性，当出现大宗交易时，做市商必须拥有一个合法、有效、低成本的融资融券渠道，优先进行融资融券。

3. 一定条件下的做空机制。当市场上大多数投资者做多时，做市商手中筹码有限，必然要求享有一定比例的做空交易，以维持交易的连续。

做市商作为以盈利为目标的企业法人，在市场操作中必须考虑成本因素。这里不考虑与交易无关的固定成本，只考虑交易时的成本，大致有以下 3 种。

1. 单据的处理成本。单据处理的成本就是在每笔交易填单、审查、输入、报单、清算、交割等一系列环节中所发生的费用。

2. 存货风险成本。做市商要按其报出价格买进或卖出证券，必须需要拥有一定数量的证券存货以保证交易的连续性。但是按一定价格建立起来的存货存在着一种存货风险，因为价格的不确定性会引起存货头寸价值的变化。这种存货成本与做市商的资本充足情况和融资融券能力有关，对特定的做市商而言，资本越不充足，对风险的反应程度越大，存货风险对做市商的影响也越大；而做市商的融资融券能力越弱，其存货成本越高。

存货风险的存在，使存货管理成为做市商的一项重要任务。一方面要在连续不断的买卖中保持适当的存货头寸；另一方面，要尽量降低建立存货的头寸，可通过多种融资渠道与信用交易方式，减少自有资金的使用量，通过股票指数期货、期权交易等多种避险方式，来减少价格影响所造成的存货亏损。因此，做市商通常要综合考虑价格变动的趋势、自有资金情况、融资融券能力、市场投资者的数量和结构，以及可用的避险方式及其避险程度等因素来确定存货的数量。

3. 信息不对称成本。在一个有效的市场上，存货的控制只能引起价格波动性的变化，而信息不对称却会导致价格的不确定性变动。

然而信息不对称是客观存在的，虽然做市商有一定的信息优势，但与其他市场参与者作为一个整体相比就存在着信息劣势，因为市场总有交易者掌握着做市商不知道的消息，所以做市商就有可能蒙受由于信息的滞后所造成的损失，这就是信息不对称成本。

做市商之间的竞争将导致价差变小。因为在一个成熟的市场上，实际价格是某个做市商单独决定的，它是在保留价差的基础上由众多因素共同决定的。而做市商的数目越多，竞争力越强，它们之间互相约束的能力就越强，所以综合作用下往往会使实际价差变小。

2.4.4 NASDAQ 市场做市商制度

美国实行的是证券交易所的专业经纪人制度和场外市场的做市商制度并行的交易方式，其中做市商在场外市场交易的主要对象是债券和非上市股票。通过 NASDAQ 系统将分散在美国各地的 6,000 多个做市商联系在一起，就能迅速获得在各地场外市场交易的近 7,000 种股票和债券的买价和卖价，提供统一的清算监控。

此外，美国还编制 NASDAQ 系统的股票价格指数。由于做市商提供买卖双向价并随时准备交易，投资者不用担心没有交易对手，从而获得极大的方便。

美国在证券交易所上市的股票有 1,800 多种，而在场外市场交易的股票和证券却有 7,000 多种，NASDAQ 系统极大地方便了场外市场的交易，促进了它的发展，使之成为证券交易所的有益补充和完善。

根据美国证券交易委员会（SEC）及全美证券交易商协会（NASD）的规定，做市商必须做到以下几点。

1. 坚持达到特定的记录保存和财务责任的标准。

2. 不间断地主持买、卖两方面的市场，并在最佳价格时按限额规定执行指令。

3. 发布有效的买、卖两种报价。

4. 交易完成后的 90 秒内报告有关交易情况，以便向公众发布。

在 NASDAQ 做市商制度下，买卖双方无须等待对方的出现，只要有“做市商”出面承担另一方的责任，交易便算完成。这对于市值较低、交易次数较少的证券尤为重要。

全美证券交易商协会规定，证券商只有在该协会登记注册后才能成为 NASDAQ 市场的做市商。

在开市期间，做市商必须就其负责的证券一直保持双向买卖报价，即向投资者报告其愿意买进和卖出的证券数量和买卖价位，NASDAQ 市场的电子报价系统自动对每支证券全部做市的报价进行收集、记录和排序，并随时将每支证券的最优买卖报价通过其显示系统报告给投资者。如果投资者愿意以做市商报出的价格买卖证券，做市商必须按其报价以自有资金和证券与投资者进行交易。

美国 NASDAQ 市场与我国新三板市场的做市商制度对比如表 2.5 所示。

表2.5 美国NASDAQ市场与我国新三板市场做市商制度对比表

序号	市场层次	美国NASDAQ市场	我国新三板市场
1	做市商制度	（1）登记成为NASD的成员，就可以成为NASDAQ做市商； （2）非NASD成员要成为做市商，需要主管当局确认具备参与股票交易的能力并对公司的主营业务进行审核	（1）具备证券自营业务资格； （2）设立做市业务专门部门，配备开展做市业务必要人员； （3）建立做市业务管理制度； （4）具备做市业务专用技术系统
2	做市成交方式	（1）股票市场交易活跃，做市商经常会采用经纪方式交易，股票市场交易清淡，价差较大，允许做市商采用自营方式； （2）做市商的买入股价必须低于另一做市商的卖出报价，卖出报价必须高于另一做市商的买入报价	（1）投资者可以采用限价委托方式委托主办券商买卖股票； （2）投资者和做市商间按价格优先、时间优先原则自动撮合成交

续表

序号	市场层次	美国NASDAQ市场	我国新三板市场
3	最低做市期限	退市比较自由，在任何时候，做市商可通过撤销报价的方式自愿终止对某证券的注册，并在生效后的20个交易日内不得重新注册	（1）初始做市商为股票做市不满6个月的，不得为该股票做市； （2）后续加入的做市商为股票做市不满3个月的，不得为该股票做市
4	双向豁免情况	一般情况下不得取消报价，除非是由于非自身过错原因，如设备或通信障碍、自然灾害、上市公司并购、清算系统出现故障等一些不可归咎于做市商本身的情况	（1）做市商持有库存股票不足1000股时，可以免于发行卖出报价义务； （2）持有库存股票达到挂牌公司总股本20%时，可以免于发行买入报价义务

多家做市商必然带来市场的竞争，做市商制度有助于推动市场资金的流动性。在一笔交易成效后 90 秒内，每位做市商通过计算机终端网络向全国证券交易商协会报出某一股票有效的买入价和卖出价以及已完成交易的成交情况，买卖数量和价格的交易信息随即转发到世界各地的计算机屏幕上，通过相互竞争的方式来吸引投资人。正是众多的做市商相互之间的激烈竞争方式，才使 NASDAQ 市场的交易不同于传统的证券交易所的单一制度。

2.4.5 做市商制度的意义

基于以上做市商制度的特点与其他国家和地区的经验，我国新三板的做市商制度对各利益主体——券商、投资者的意义如图 2.7 所示。

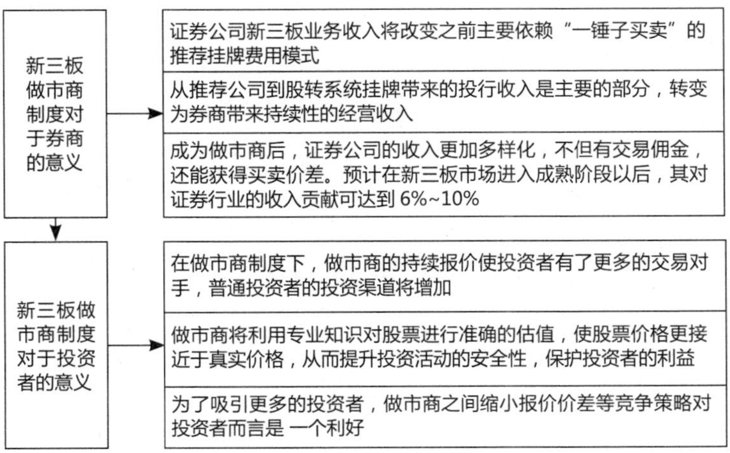

图 2.7 新三板做市商制度对各利益主体的意义

2.5 监管新三板的目标分析

2.5.1 保障投资者

保障投资者为证券交易法的第一要义，要健全证券市场，发展国民经济，首先保障投资者。投资人如缺乏适当保障，则投资人的信心无从建立，从长远来看，证券市场的发展亦属缘木求鱼。

证券管理立法最原始最深刻的目的在于“保护投资大众”。保障所有类型证券市场的投资者能够平等地接触并获取那些足以影响他们投资决策的信息，是证券监管的一个基石。公众对证券市场的信心要求在证券市场上筹资交易的公司能够及时地披露与商业公司事务相关的所有重大信息，并借以保障投资者的公平竞争起点。

保障者之所以作为证券立法的首要目标，是为了防止投资人受欺骗，赋予受欺骗的投资人适当的救济途径。然而，该目标并不是通过向投资人提供父母式的保障（parental protection）来实现的。根据 Kimber 报告的“虽然必须不遗余力地确保投资公众能够理解正常商业中失败与成功的风险”，但这并不表明对投资者提供因商业失败或成功的风险保障；相反，这只意味着投资者最大可能地获得全面完整的信息并且区分可以获得的不同种类的投资信息。在这种情况下，“公众便可以得到一种更为合理的也可能是更为现实的保障，那就是记得所得是真正的经济盈利一样，所受的损失也是真正的经济损失。”

为了防止投资人受到欺骗，法律规定在发行证券之前，必须把发行证券公司的资料向投资人公开，使投资人在决定是否购买证券以前有机会充分了解发行公司状况，据以判断证券是否具有相当的投资价值。当证券发行，在交易市场流通以后，为了使投资人及社会大众了解发行公司的财务业务状况，法律规定发行公司必须有人定期提供财务及业务报告，向证监会申报，并向投资人公开。发行公司的资料必须正确且完整，证监会有权审核这些资料并禁止不实资料的发布和流传。要求发行公司在证券发行前及证券在市场流通期间，向主管机关及大众充分公开有关资料信息，正是信息披露制度的体现。这一制度已经成为证券监管法律制度的基石。

保障投资者不是保证投资者所购买的证券能保持有原来的价值，或获得的利润。证监会核准证券发行买卖的行为，并不表明政府对证券的品质予以认可，或对其价值加以保证。我国《证券法》规定："股票依法发行后，发行人经营与收益的变化，由发行人自行负责；由此变化引致的投资风险，由投资者自行负责。"这表明证监会审查的仅仅是保证股票发行当时信息披露的真实、完整，以后的变化不属于评价范围。证券监管部门的任务是使证券的发行及买卖符合一定的条件，履行一定的程序；使发行公司公开的资料真实、及时而且完整，并及时提交给投资人参考。至于投资人买卖证券所发生的盈亏，基本上是投资者自身投资判断的问题。除非投资判断的原因是欺诈或不实资料可以向加害人请求赔偿外，应自负盈亏之结果。因此，投资者保障同样允许不良投资决策者亏损的产生，但这种损失必须是真实的经济损失。换言之，投资者买卖证券的价格能够公正地反映出对该证券未来创造现金流量价值的合理预测。

2.5.2 资源的最优配置

证券监管的另一个目的便是确保金融资本在一国经济中的最优配置。为了实现资源的最优配置，有两个相关的目标必须关注，即确保资本市场能促进金融资源的移动性和可转让性，并且提供能够对金融资产价值的持续性评价机制。换句话，证券监管必须增进资本市场的有效性。

证券市场有效性理论恰恰是建立在证券价格能够全面反映与证券相关的信息基础之上。自"有效资本市场理论"创立以来，该理论便建立在完整、及时、准确、公平的信息披露制度的基础之上。理论上，为了实现最优金融资源配置，必须确保证券市场的自由与公开性。然而，这将取决于一些假设条件是否存在，如买卖双方对市场和市场机会是否具备全面而完善的知识，市场是否可以自由进入和金融资源是否完全自由地转移。由于在每个国家，这些条件并非必然地存在并且完美地符合最优配置的要求，这便要求证券监管者通过法律保障市场的灵活性和对信息获取的自由度与公正性。证券监管的制度设立不光是为了减少在一个自由开放的市场中存在的不完美这一目标，而且还要确保一个建立在完全真实无误的信息披露制度上的有效的市场运作，以实现长期的经济目标。

2.5.3 投资者保障与金融资源最优配置的关系

投资者保障与金融资源最优配置之间存在着紧密的联系。资本市场中确立起来的最好地保障公众投资者的条件和实践，同时也符合全局性经济增长的要求。例如，财务信息的充分披露能够准确地描绘公司的运营与财务状态，这对于投资大众是非常重要的；这种披露也同时为资本市场提供了必要的信息，从而使资源配置更具合理性。亚洲金融危机产生的一个危险因素便是全球资源配置缺乏必要的公开度和透明性。

人们总认为不应该把不利的信息公之于众，以维持社会公众对一种事物过时但却令人羡慕的虚幻依赖与印象，即使为之做出各种艰难的妥协甚至付出沉重的代价。对于小至公司大至政府机构来说，为了能无误地披露事情真相从而可能带来的不便与窘迫，从长远看将远远小于因公开而带来的利益，而有时正是这种利益可能会避免一场灾难的发生。

2.6 政府对新三板的监管

证券交易场所是现代经济发展的核心。新三板承载着公益职能，发挥着提供流动性和证券定价等经济功能，这种经济功能的发挥和证券市场的繁荣和稳定甚至与国家的经济发展息息相关。

新三板具有一线监管者的功能。大部分交易场所都承担着一线监管者的责任，对挂牌公司、会员公司和证券交易实行自律监管，证券交易所承担着法定的和政府监管者相同的证券监管的公共目标。许多国家和地区的法律明文规定交易场所具有维护公共利益的法定义务。交易场所在履行他们在资本市场的角色时，通常是在履行公共职能，而且通常必须接受政府法定监管部门的监督。总结各国的立法和经验，各国政府对新三板的监管通常包括以下内容。

2.6.1 对新三板设立的监管

新三板的设立通常需要经过政府证券监管和批准。许多国家和地区的法律都规定了交易场所的设立条件和审批机关。

如 1934 年美国《证券交易法》规定了交易场所申请注册成为全国性证券交易场所的条件，而且美国证券交易委员会（SEC）有权对申请注册成为美国全国性证券交易场所的要求作出决定；在澳大利亚，证券交易场所被称为金融市场或者市场，公司申请成为市场获准经营者时必须向澳大利亚证券与投资委员会（ASIC）提交申请，并经主管的部长批准。因此，政府对交易场所的设立享有监管权，交易场所的设立条件也是政府对其进行监管的基础和标准。

2.6.2 对新三板规则的干预

在美国，SEC 有权批准交易场所的规则，并可以主动增加、废除、修改交易场所的规则；在加拿大，多伦多证券交易场所的规则必须经过安大略证券交易委员会（OSC）批准。

由于交易场具有执行法律、政府规章以及交易场所规则的义务，交易场所的规则事关交易场所所有参与者的利益，尤其对挂牌公司、证券商和投资者都有直接的利害关系，且交易场所的规则也是交易场所运行的基础和实行自律监管的依据。因此，各国或者地区的法律大都确认了政府监管者对交易场所规则的监管权力，甚至可以认为，对交易场所规则的干预是政府机关对交易场所进行的直接有力的监管，因为政府直接干预了交易场所的“游戏规则”。

2.6.3 对新三板惩戒行为的审查

在美国，SEC 有权对交易场所采取的监管行为进行审查。新加坡货币局对交易场所的惩戒行为也有审查的权力，MAS 会主动或者应受害人的请求对交易场所的惩戒行为进行审查，有权同意、修改或者撤销交易场所的决定；而且在交易场所没有对会员采取惩戒措施时，MAS 可以对交易场所的会员主动采取制裁措施。

2.6.4 对新三板的调查和处罚

当政府监管机关认为新三板未能尽到法定义务时，政府监管机关有权对交易场所进行调查或处罚。在美国，SEC 可以直接对交易场所采取惩戒措施，包括暂停或者撤销交易场所的注册。

日本的《证券交易法》第一百五十四条规定，内阁总理大臣为了保护公共利益或者投资者，在认为必要并适当的时候，由证券交易场所或在该证券交易场所挂牌的有价证券的发行人，提供关于该证券交易场所业务或者财产的有参考价值的报告或者资料，或者由内阁官员检查该证券交易场所的业务或者财产的情况或者账簿文件、其他物品。

2.6.5 对挂牌公司、证券公司和交易过程的监管

尽管现在的证券监管体制通常采用双重的监管模式，即自律组织包括新三板作为一线监管组织，基于契约性的关系对挂牌公司、证券公司和交易过程进行监管；政府监管机关主要作为自律组织自律监管的监督者而存在，即政府监管者由于专业不足、远离市场，主要负责监督交易场所是否公正地履行自律监管的法定义务; 但政府监管机关通常保留直接监管挂牌公司和证券公司的权力，即在挂牌公司和证券公司违反法律、规章或者交易场所的规则时，政府监管机关有权直接对其采取惩戒措施。

这一方面强化了对证券市场的监管，另一方面也构成对交易场所自律监管的监督。如果政府监管者对挂牌公司或者证券公司采取调查或者惩戒行动，则说明交易场所没有尽到监管的义务，导致了违反法律或者规则的行为的出现；而且政府监管机关对挂牌公司或者证券公司等交易场所的会员或者挂牌公司采取惩戒行动，也会对交易场所的声誉造成负面影响。因此，政府监管机关对证券市场保留直接的监管权力将对交易场所造成压力和无形的监督。

从我国法律法规的规定以及目前的实践结果来看，我国的证券交易场所已经成为政府监管机关的附属机构，交易场所缺乏独立性。中国证监会对交易场所享有绝对的控制权，这些权力可以概括为对交易场所的人事控制权、章程和规则的批准和要求修改权、业务的审批权以及日常的监督权 4 项重大权力。

2.7 新三板的自律监管

关于自律的地位和作用，国际证监会组织（IOSCO）明确地指出，自律，通常包括私人利益和政府监督的独特组合，是应对复杂、动态以及不断变化的金融服务行业的有效和高效的监管形式。IOSCO 在其著名的文件《证券监管的原则和目标》中也指出，自律组织是监管层实现证券监管目标的重要组成部分。证券监管的体制应该充分利用自律组织。这些自律组织应该在各自称职的领域，根据市场的规模以及复杂程度承担直接监管职责。

自律是证券业的基石；事实上，自律这一基本的监管先于证券法的产生。而且，“自律不管在法律上还是实践上已经有一段很长的历史了”。因此，自律在证券市场中的基础性地位是不可动摇的。

1. 证券市场的自律制度

新三板通过制定和执行新三板规则并且承担执行法律、规章的法定义务，对挂牌公司、主办券商以及交易过程进行自律监管，履行新三板监管职能。现 SEC 的前任委员 Roberta Karmel 曾经概括了 NYSE 和 NASDAQ 履行自律职能的范围和内容，他认为，自律的内容包括：挂牌公司的治理和信息披露；对交易场所的市场以及专家、大厅经纪人及做市商的监视和惩戒；监督会员公司在财务上和经营上符合要求以及公正和公平地对待客户。从实质上看，美国 NYSE 和 NASDAQ 的自律监管范围仍然是上市公司、交易过程以及会员公司。具体而言，对挂牌公司的监管主要包括决定挂牌的条件、批准挂牌申请、监督挂牌公司符合持续性的挂牌条件；对主办券商的监管主要包括监督会员的财务状况和经营行为；对交易过程的监管主要包括吸纳新的交易系统使用者，制定执行交易规则。

世界各国、各地区证券交易场所公司制改革的浪潮，即交易场所纷纷从非营利的会员制组织转变成营利性的公司，使人们对交易场所的自律发生了担忧和讨论。根据世界交易场所联合会（WFE）2003 年的统计数据，截至 2003 年 12 月，WFE 统计的 50 家会员交易场所中，14 家证券交易场所已经完成公司制改制但股票还没有公开挂牌，13 家证券交易场所已经变成了公开挂牌的交易场所；公司制交易场所占统计的全部成员交易场所的 54%。我国的新三板市场也是公司制的交易场所。

2. 自律内涵和法理基础的新发展

新三板在公司化后，其自律监管职能面临严峻挑战，并且自律内涵及其法理基础也需因应新三板的市场化而有新的发展。

自律的字面含义是指由行业自身制定和执行一套道德制度；其潜在含义是行业自身在自律方案的制定和执行中同时充当立法者和法官的角色。

当交易场所公司化后，由于交易场所的所有者并不完全局限于传统的会员证券商，交易场所并不完全由会员所有和控制，交易场所的规则也不再完全决定于交易场所的会员，而是由交易场所的股东或者董事会决定；会员只是交易场所设施的使用者，并不一定是交易场所规则的制定者。因此，在公司制交易场所中，交易场所对会员的监管也不再完全符合自律的本来含义。因此有学者指出，当证券交易场所的所有者不再仅局限于证券商时，按照自律组织的传统定义，证券交易场所不再是自律组织。

"在许多国家和地区，金融监管的重要组成部分是自律，这种情况的产生部分是由历史因素造成的。"一直以来，人们将自律看成历史的传统和法律的规定，以此作为自律正当性的理由。但是，新三板自律的法理基础是一个十分重要的理论问题，自律的效力、优点和缺点均来源于自律的法理基础。新三板自律监管的法理基础是新三板和包括证券商和挂牌公司在内的监管对象之间的契约性的法律关系。

新三板对挂牌公司监管的根据则是挂牌公司和新三板之间的挂牌协议。双方的权力（权利）义务建立在彼此合意之上。挂牌公司一旦签订挂牌协议，就表明了挂牌公司接受了新三板制定的挂牌规则，挂牌公司必须遵守新三板的挂牌条件以及持续性的挂牌要求，新三板也可以依据挂牌规则对其进行监管，要求挂牌公司履行公司治理和信息披露等义务，新三板对违反挂牌规则的行为也可以采取相应的处罚措施。挂牌公司同样也有选择市场的权利，拟挂牌的公司可以选择在不同的证券交易场所挂牌。

以上表明新三板对会员公司和挂牌公司进行监管依据的是契约关系。由于自律具有契约性，自律组织当然可以要求证券商或者挂牌公司遵守超出政府监管要求的更高的道德标准，自律也可以超越国界，避免跨国管辖上的争议和不便。同时，由于自律建立在协议的基础之上，证券商和挂牌公司更能自觉接受并遵守新三板的规则。正如 IOSCO 所指出的，“SRO 和其监管的个人和机构之间的契约关系是强有力的，它可以覆盖全球，超越国家的界限，能够触及那些法定权力无法涉及的领域。”

综上所述，新三板的公司化不仅可以改善新三板的公司治理，同时也为新三板的自律监管打下坚实的法理基础，新三板的自律监管也因此更加具备法律上的正当性。

2.8 新三板信息监管法律制度

在 2013 年修订《非上市公众公司监督管理办法》之后，2015 年 5 月 29 日，全国股份转让系统在官网上公布了《挂牌公司股票发行审查要点》《挂牌公司股票发行文件模板》《挂牌公司股票发行常见问题解答——股份支付》《挂牌公司股票发行备案材料审查进度表》等文件，对外公开挂牌公司在股票发行过程中的审核要点和材料。

因为挂牌公司在信息披露方面容易存在违法违规的现象，所以新三板发布上述规定，加强对挂牌公司信息披露方面的管理。此前，新三板出现的信息披露的问题主要体现在及时性和准确性上。在及时性的问题上，2015 年有 22 家新三板挂牌企业未能按照规定披露 2014 年年报。此外还有一些挂牌公司在一年后才披露财务状况；在准确性的问题上，2015 年 5 月中旬，证监会披露现代农装、华泰集团等多家公司存在违法违规信息披露行为而被立案调查。

证监会发布《关于加强非上市公众公司监管工作的指导意见》，代表着对新三板市场的总体监管方案已经成形，并在不断完善。预计证监会会根据市场的变化，进一步加强对新三板企业的监管。另外，加强对督导券商的责任约束也是监管部门强化新三板信息披露的重要环节，证监会指出主办券商在做市交易中承担着不可推卸的责任，因此要求券商要勤勉尽责。

2.8.1 信息披露的重点监管区域

根据股转系统公布的信息表显示，从 2014 年 3 月 14 日至 2015 年 8 月 27 日，涉及监管对象 101 个，其中挂牌公司 37 家，主办券商 33 家，中介机构 2 家，董事会秘书 23 名，董监高及实际控制人 5 名，信息披露负责人 1 名。

信息表中的违规行为几乎全部与“信息披露”有关，其表明，挂牌公司均因未按照《全国中小企业股份转让系统挂牌公司年度报告内容与格式指引（试行）》对自身信息进行披露或者未对公司发生的重大事项及时公开而榜上有名。而主办券商主要违规做法表现为未能督促挂牌公司规范履行信息披露义务，未能做到尽职调查或者未能勤勉尽责。而公司董监高或信息披露人，更多是因为涉及关联交易而不完全披露信息，未能恪尽职守。

在信息披露领域，挂牌公司因是直接责任主体，占比最大；主办券商因有义务需持续进行监督指导；作为董事会秘书或董监高等公司领导层，往往因直接负责信息披露受连带。进而这 3 类主体成为了股转系统的重点监管区域。

新三板的特点就是进入门槛并不高，但是挂牌后对于信息披露的要求并不低于 A 股市场，因此需要挂牌公司秉持公开透明的理念。

所以信息披露本质上是一环扣一环的系统，需要多方共同合作才能起到事半功倍的效果。如果挂牌公司想要刻意隐瞒，那主办券商就算尽全力督导，也效果寥寥。相反，挂牌公司规范、券商尽职，董监高也不刻意隐瞒相关信息，加上中介机构勤勉尽责，纵使监管严格百倍，挂牌公司也不会被盯上。

2.8.2 信息披露的违规案例

2015 年 8 月 17 日，也就是信息表公布的前 10 天，一家名为“飞科股份”、专做润滑油的公司公告，公司控股股东南宁飞日润滑油有限公司（以下简称“飞日润滑油”）及其实际控制人熊维程在 2015 年 8 月 13 日收到广西壮族自治区南宁市青秀区人民法院的《民事裁定书》及《通知书》，对熊维程持有的 43.47% 的飞日润滑油股权进行查封。

巧的是，飞科股份 8 月 14 日才到股转系统挂牌。也就是说，飞科股份在其大股东股权被人民法院查封的第二天就在新三板敲了钟。

大股东股权遭查封不影响在股转系统上市吗？

事实上，并不是所有与股权争议相关的问题都会影响公司的挂牌进程。挂牌公司或拟挂牌公司的股权争议主要分为两种情况，一种是公司本身的股权权属存在争议，或者说所有权具有瑕疵；另一种就是股东因个人债务或者侵权行为导致其公司股份被查封等。前一种情况，因为可能影响挂牌公司的市值与走势，与公司表现密切相关；而后一种情况属于股东个人行为，不与挂牌公司直接挂钩，也不会对公司后期表现造成值得关注的影响。

公司股权权属不清，可能涉及股权丧失或转移，导致公司整体管理的不确定性。但是股东个人民事行为影响的是自身财产情况。即便后一种情况不在严重违规的范围内，按照股转系统的信息披露规范，如果挂牌公司出现实际控制人股权近半被查封的情况，公司应当先行披露，待监管机构调查确认后才能继续挂牌程序。

公开消息显示，飞科股份共有 17 名股东，熊维程为现任公司董事长，直接持有公司 0.3% 的股份，通过飞日润滑油持有公司约 69.5% 的股份，合计持股 69.8%。公司第一大股东飞日润滑油，持有飞科股份 2564.25 万股，占股本的 75.81%，熊维程本人对飞日润滑油持股 91.69%。因此，熊维程构成飞科股份的控股股东和实际控制人。然而，飞科股份挂牌公开的转让说明书、法律意见书、主办券商推荐报告及其他公告中，均未提及实际控制人股权遭到查封的情况。这家公司先挂牌后披露，至少可被认为是信息披露不规范，但是结果如何还需要进一步调查。若违规行为属实，那出具法律意见书的中介机构也可能因此受牵连。

2.8.3 信息披露的违规缘于中介机构监管缺失

中介机构因为信息披露违规而受到监管甚至惩罚的先例不是没有，但不多。从股转系统公开的信息表可以看出，101 个监管对象中，只有两家中介机构是会计师事务所。信息表显示，这两家机构的违规行为分别是“未能勤勉尽责地履行审计师职责”和“未能做到勤勉尽责和诚实守信”。

对中介机构的义务要求实际上集中表现为“独立”和“全面”，就是对拟挂牌公司一切与在股转系统上市有关联的、被法律规定在内的情况都调查得一清二楚。至于为什么中介机构因信息披露违规受处罚的案例少之又少。原因是，一方面这些机构不会因为一个业务砸了自己牌子；另一方面其实也没有专门督促管理中介机构的组织。从此次股转系统公布的信息表来看，两家没有尽职的中介机构也只是被采取了“约见谈话”的处理方式。

发生在新三板上的很多违规行为，不管是券商还是挂牌公司，都是信息披露方面做得不合规范。比如违规进行关联交易，通常是未能及时公开关联方的信息和交易内容；再比如虚假披露，更是信息披露违规的直接表现。而针对违规行为的监管，基本上可以分为 3 个层次。

1. 最低层级的，是股转系统的内部约束，类似公司章程一样，违反内部规定，会有约见谈话、要求提交书面承诺或出具警示函等监管措施。

2. 第二个层级是交易所对监管对象采取的纪律处分，因为股转系统本身也属于交易所，因此沿用会员制，对违规行为会有停牌等处罚措施。

3. 最高层级的处罚是证监会的行政处罚，该组织的权力来自行政机关授权，处罚色彩比较重。

第3章

新三板挂牌操作实务

新三板的操作程序可以分为企业改制、挂牌、定向增发等程序，每个程序都有详细的制度规定，本章将详细讲解。

3.1 企业改制操作实务

拟在新三板挂牌的多为中小企业，在公司组织形式上多为有限责任公司，这一类型的中小企业通常在创立之初缺乏资本动作的相关知识，也缺乏通过资本市场把企业做大做强的意识。针对这一情况，我们在开拓新三板服务市场的同时，也着重为这一类型的企业提供企业改制的服务。本节将主要探讨企业改制阶段和挂牌阶段的操作程序。

3.1.1 企业股份制改造及申请挂牌条件

企业股份制发行（以下简称“股改”），顾名思义，是指非股份有限公司的企业经过发行依法转变为股份有限公司的过程。实践中，非股份有限公司的企业绝大部分为有限公司，为方便起见，本节仅以有限公司为例展开阐述。

2013 年 2 月 8 日发布，2013 年 12 月 30 日修改的《全国中小企业股份转让系统业务规则（试行）》，在第 2.1 条明确规定股份有限公司申请股票在全国股份转让系统挂牌时，不受股东所有制性质的限制，不限于高新技术企业，只需符合下列条件：

1. 依法设立且存续满两年；有限责任公司按原账面净资产值折股整体变更为股份有限公司的，存续时间可以从有限责任公司成立之日起计算；

2. 业务明确，具有持续经营能力；

3. 公司治理机制健全，合法规范经营；

4. 股权明晰，股票发行和转让行为合法合规；

5. 主办券推荐并持续督导；

6. 全国股份转让系统公司要求的其他条件。

从形式而言，股改在股东人数、公司设立方式、公司组织机构等方面应符合我国《公司法》的相关要求。在实践中，拟挂牌新三板企业股改有以下两种方法。

1. 发起设立新股份有限公司

发起设立实质上属于新设立一个股份有限公司，是指有限公司作为主要发起人，与其他发起人共同设立股份有限公司，股份有限公司成立后，有限公司仅成为其股东之一。既然是新设立的股份有限公司，其存续时间只是从股份有限公司设立之日起计算。

若采用发起设立方式，则拟挂牌企业必须符合“存续满两年”的新三板设立的必备条件。因此，在实践操作中，拟挂牌新三板企业的股改都不采用这种形式。因为企业至少要两年后才能在新三板挂牌。

2. 有限公司整体折股变更

有限公司通过整体折股变更改造为股份有限公司，是指有限公司的全体股东作为发起人（发起人应为两人以上，其中须有半数以上在中国境内有住所），以有限公司原账面净资产值折股，整体变更为股份有限公司。依据《全国中小企业股份转让系统业务规则（试行）》关于“有限责任公司按原账面净资产值折股整体变更为股份有限公司的，存续期间可以从有限责任公司成立之日起计算”的规定，通过有限公司整体折股的方式进行股份制发行，基本都能符合“存续期满两年”的条件。因此，在实践中，包括新三板挂牌的公司及在创业板、中小板发行 IPO 的公司，都采用此种股改方式。

3.1.2 股份制改造的目的

目前，有相当一部分现代企业存在产权不清、权责不明、政企不分等弊端。企业进行股份制改造后，产权清晰、权责明确、政企分开、企业拥有独立的经营权和决策权，并逐步建立科学的管理制度和完善的现代企业制度。显然，股份制发行有利于企业健康、持续、长足地发展。而作为拟挂牌新三板的企业，股份制改造必须经历几个阶段，才可以实现以下目的。

1. 成功挂牌，登陆资本市场

依据相关规定，企业要进入新三板挂牌，必须具备非上市段份有限公司资格。因此，企业要成功挂牌新三板，首先必须解决好企业的身份问题，也就是说，企业应当通过某种法定途径使自己具备股份有限公司的资格。显然，股份制改造是解决资格问题的唯一途径。

我国《公司法》规定，有限公司的股东转让其合同持有的公司股权前，要先征询其他股东的意见，其他股东在同等条件下享有“优先购买权”。这项规定，体现了优先购买权的特点，但却在一定程度上阻碍了股权的自由交易。而股份有限公司在新三板挂牌后，即进入资本市场后，其股权在法定程序下通过代办系统可以自由流转和交易，无需其他股东的同意。

因此，对于还不具备股份有限公司身份的企业而言，要想在新三板挂牌、登陆资本市场，就必须通过股份制改造，转变为股份有限公司。

2. 建立和完善企业治理结构

股份制改造的目的是建立和完善企业治理结构。股份制改造不仅仅是公司形式的改造，更是企业完善治理结构，迈向规模化、规范化、公众化的现代企业之路的关键措施，对企业的发展至关重要。

股份有限公司是现代企业最为有效的组织管理形式之一。从资本方面看，股份有限公司具有资合性，即股东转让股份不需要经过其他股东同意，方式灵活，有利于资本的进入与退出；从投资主体或股东方面看，因人数较多，故股份有限公司具有公众性。所以法律对股份公司治理结构、股东权益保护等方面具有更严格的要求。

因此，股份制发行应进一步完善公司治理结构，明确股东大会、董事会、监事会的职责和分工，突出公司的主营业务，规范公司运营，加强公司的制度管理，为公司在新三板挂牌做准备。

3. 为企业更好融资奠定基础

通常情况下，企业采取银行借贷、发行公司债券和增资等方式进行融资。其中，增资是最快捷、最理想的融资方式。因为通过银行借贷和发行公司债券等方式融资，公司无论是否盈利，在约定期限内都要承担偿还债务的义务。而通过增资方式融资，是指投资人通过购买公司一定比例的等额股份，向公司注入资金，投资人按照其购买的股份有限公司的股权，享有相应的股东权利，并承担投资风险，公司不承担偿还的义务。

综上所述，股份制改造为公司增资和股份流通创造了必要条件，为企业更好地融资奠定了基础。

3.2 股改流程操作实务

在我国，除有限公司和股份有限公司外，还存在独资企业、合伙企业、股份合作企业、一人有限公司等企业类型。对于这些企业，一般是先将其形式改制为有限公司，然后再进行股份制改造。现就有限公司（非国有）整体折股变更、改造为股份有限公司的一般流程加以阐述。

3.2.1 遴选中介机构

股改是一项专业性非常强的工作，需要有限公司与证券公司、律师事务所、会计师事务所等中介机构共同参与、共同完成。毫不夸张地说，中介机构关系着公司是否股改成功、是否成功挂牌等的命运。因此，遴选专业过硬、经验丰富、责任心强的品牌专业中介机构尤为重要，公司一般会遵循以下遴选标准。

主办券商。证券公司对企业挂牌新三板进行全方位把关，并具有向证监会推荐的责任，对挂牌起决定性作用。因此，应当考察证券公司是否具备合规资格、是否成立了专门部门及配备专门人才以及是否在资本市场有影响力等。

律师事务所。律师事务所在股改、挂牌及信息披露等关键环节要保障公司行为的合法、合规性，并依法处理股改过程中遇到的相关法律问题，在新三板挂牌中起导航作用。因此，应当考察律师事务所是否具备从事证券法律事务所经验能力、是否配备股改及公司治理方面的专业人才、是否具有资源整合的能力及在业界的影响力等。

会计师事务所。注册会计师协助企业建立公开、透明的财务制度，进行股改审计工作，使公司的财务符合挂牌的要求。因此，应当考察注册会计师是否具备审计新三板或证券市场的经验、是否有专业的注册会计师以及在业界的影响力等。

3.2.2 召开两会，通过股改决议并成立改制小组或改制机构

对有限公司而言，股份制改造是头等大事，关系到公司今后的发展方向及远景，与公司的生存休戚相关。因此，有限公司在确定股改前，应当按照《公司法》及公司章程等召集董事会和股东会，通过股改决议并成立改制小组。

我国《公司法》明确规定，董事会对股东会负责，行使下列职权：召集股东会会议，并向股东会报告工作；执行股东会的决议；决定公司的经营计划和经营方案；制定公司的年度财务预算方案、决算方案；制定公司的利润分配方案和弥补亏损方案；制定公司增加或者减少注册资本以及发行公司债券的方案；制定公司合并、分立、解散或者变更公司形式的方案；决定公司内部管理机构的设立；决定出任或者解聘公司经理以其报酬事项，并根据经理的提名决定出任或提名公司副经理、财务负责人及其报酬事项；制定公司的基本管理制度；公司章程规定的其他职权。

董事会依据上述法律规定，制定变更公司形式的决议，不设董事会的公告，由执行董事制定决议，然后提交股东会审议通过。董事会会议由董事长召集和主持；董事长不能履行职务或者不履行职务的，由副董事长召集和主持；副董事长不能履行职务或者不履行职务的，由半数以上董事共同推举一名董事召集和主持。董事会的议事方式和表决程序，除《公司法》另有规定之外，由公司章程规定。董事会应当将所议事项的决定做成会议记录，出席会议的董事应当在会议记录上签名。董事会决议的表决实行一人一票制。

1. 股东会职权

有限公司股东会由全体股东组成。股东会是公司的权力机构，依据《公司法》行使职权。股东会行使下列职权：

（1）决定公司的经营方针和投资计划；

（2）选举和更换非由职工代表担任的董事、监事，决定有关董事、监事的报酬事项；

（3）审议批准董事会的报告；

（4）审议批准监事会或者监事的报告；

（5）审议批准公司的年度财务预算方案、决算方案；

（6）审议批准公司的利润分配方案和弥补亏损方案；

（7）对公司增加或减少注册资本做出决议；

（8）对发行公司债券做出决议；

（9）对公司合并、分立、解散、清算或者变更公司形式做出决议；

（10）修改公司章程；

（11）公司章程规定的其他职权。

对前面所列事项，股东以书面形式一致表示同意，股东之间签订一致行动人协议的，可以不召开股东会会议，直接做出决定，并由全体股东在决定文件上签字、盖章。

从上述法律规定可以看出，无论是董事会做出决议，还是股东会通过决议的，都必须按照《公司法》和公司章程的规定进行操作，保证决议的合法合规。股东会或者股东大会、董事会的决议内容如违反法律、行政法规，则无效。股东会或者股东大会、董事会的会议召集程序、表决方式违反法律、行政法规或者公司章程，或者决议内容，违反公司章程的，股东可以自决议做出之日起60日内，请求人民法院撤销违法的决议。

根据《公司法》的规定，有限公司变更为股份有限公司，应当符合本法规规定的股份有限公司的条件。有限公司变更为股份有限公司，公司变更前的债权、债务由变更后的公司承继。

2. 股改小组

设立股改小组。股改是一件综合性、系统性、专业性极强的工作，需要设立股改小组进行统筹，统一协调和安排改制工作。股改小组的成员主要由公司内部人员与外部中介机构组成。公司内部人员包括公司领导决策层、财务人员、董事会及其他相关人员。外部中介机构主要包括证券公司、律师事务所、会计师事务所及评估机构等。这些中介机构的参与是股改不可或缺的，在相应环节企业需要这些机构或人员出具相应的文件方能继续股改工作，各中介机构相辅相成，相互合作。股改小组成员既分工负责又统一协作，共同促进股改工作的推进。

公司内部人员的决策人员进行最终决策。财务人员负责公司财务事务，并配合会计师事务所及资产评估师进行会计报表审计、营利预测编制及资产管理工作。董事会秘书则负责股东协调和中介机构协调。律师负责协助编写公司章程、发起人协议及重要合同，负责对文件进行审查、起草法律意见书和律师法律报告，为挂牌新三板提供法律咨询服务。券商负责进行股改方案和股票方案审计和执行。会计师事务所进行相应的验资和审计工作。

股改小组的设立是股改工作真正意义上的开始环节，标志着企业开始为新三板进行最后的准备和努力。

3.2.3 中介机构尽职调查，协助董事会或公司制定股改方案

尽职调查的目的是全面了解拟改制企业的历史沿革、发生变迁、经营状况、财务状况、税务状况、资产状况、涉诉状况、劳资状况、公司治理状况等与公司股改有关的情况，并根据股改要求进行相应的整改，以达到全国股份转让系统的法定要求。

1. 尽职调查方法

尽职调查一般采取如下方法。

（1）向拟改制企业有关负责人了解企业的状况；

（2）向拟改制企业发出调查问卷，要求公司如实填写；

（3）到有关政府主管部门了解拟改制企业设立、变更批准文件；

（4）到工商管理部门调取企业档案，了解拟改制企业历史沿革；

（5）向银行等机构发出询证函；

（6）要求改制企业提供有关资料，深入现场，了解第一手资料。

2. 律师事务所的尽职调查

律师事务所主要针对如下情况进行尽职调查。

（1）公司的设立与组织机构：公司设立时的证明文件；公司现有股权结构图；公司通过最近一期工商年检的企业法人营业执照以及现行有效的合资合作登记证、海关登记证（如涉及）、贷款卡等；公司已获得的生产经营所必需的各项许可、资质、批准、证明文件；公司自设立至今，历次董事会决议及其会议记录；公司股东的基本情况等资料。

（2）公司的有关变更情况：公司历次改组、合并、分立等组织结构变化文件；公司历次工商变更登记文件；公司股东关于公司变更事项所出具的协

议和股东会决议、董事会决议；公司董事会关于变更事项形成的决议；其他涉及公司变更的材料。

（3）公司所有分公司、分支机构成立、变更及注销的全部文件。

（4）公司股东之间或股东与第三方之间是否存在股份代持、信托、质押或设置其他权利的情形；如存在请提供有关协议或合同；如不存在请作书面确认。

（5）公司的关联方（包括但不限于：公司的母公司、子公司以及其他与公司具有股权关系；公司的控股股东所控股的企业；以及因公司章程或法律文件的规定，能够控制、影响公司董事会的任何公司）之间的工商资料、变更资料、资产资料、知识产权等情况。

（6）公司重大债权、债务事项的相关情况。

（7）公司重大资产变化及收购兼并情况。

（8）公司的主要资产情况。

（9）公司的税务及财务情况。

（10）公司劳资关系的情况。

（11）公司环境保护和产品质量、技术标准的情况。

（12）公司重大协议情况。

（13）公司诉讼、仲裁或行政处罚情况。

（14）公司三会的议事规制及规范运作。

（15）其他应当尽职调查的事项。

3. 会计师事务所的尽职调查

会计师事务所主要针对如下情况进行尽职调查。

（1）财务状况。

（2）税务状况。

（3）内部控制。

（4）财务分析与预测。

4. 证券公司的尽职调查

作为拟挂牌新三板企业的主办推荐证券公司，其需要对公司股份制改造的方方面面进行调查核实，实践中其主要进行全盘统筹，具体的工作由律师事务所及会计师事务所配合完成。同时，对律师及审计师的调查工作不充分的方面，证券公司可以自主进行尽职调查。

5. 股改方案

董事会或执行董事根据律师事务所、会计师事务所和证券公司的尽职调查情况，制定有限公司股份制改制的方案，以方便提交股东会审议通过。股份制改制方案一般需要包括公司基本情况（注册资本、股东份额、经营状况、财务状况、股本结构等）、投入股份公司的资产明细、资产折股方案、业务重组方案、知识产权处置方案、股份特殊安排（如股权激励机制等）、拟设立的股份公司的基本情况（注册资本、股本结构等）。

股份制方案设计是股改的核心内容，一般情况下由公司列明股改要点，再由律师事务所协助完成，会计师事务所和证券公司予以配合。

3.2.4 股改方案提交股东会审议通过

股东会将审议通过董事会提交的股改方案。在审议时，股东会将重点审查股改方案的可行性及投入股份公司的资产明细、资产折股方案、股东认股权业务重组方案、知识产权处置方案、股份特殊安排等具体方案内容。

股东会审议股改方案时，股改小组可以列席股东会，接受股东会的询问，并对股东会决议程序及内容的合法性、合规性进行审查。

3.2.5 全体股东作为发起人，制定并签署发起人协议

公司全体股东将作为股份公司的发起人，签订发起人协议，发起人协议内容主要包括：

1. 各发起人的基本情况；
2. 拟设立公司的名称、住所；
3. 拟设立公司的经营范围；
4. 股本总额；
5. 各发起人认购的股份份额；

6. 各发起人的权利与义务；

7. 公司筹办事宜；

8. 违约责任；

9. 协议的修改与终止；

10. 其他应当载入的内容。

3.2.6 办理相关手续

主要包括如下几个部分。

1. 审计及资产评估

公司将聘请会计师事务所对公司的财务状况出具专业的审计报告，并由评估机构对公司的非货币资产出具资产评估报告。

2. 制作改制文件

公司将在中介机构尤其是律师事务所的协助下，制作《股份有限公司股改（草案）》等文件，等待创立大会通过。

3. 办理注资及验资手续

原有限公司股东将所持股权整体折股注入股份有限公司，并由验资机构出具验资证明。

4. 召开创立大会

股份有限公司的创立大会是指在股份有限公司成立之前，由全体认股人参加、决定是否设立公司并决定过程中以及公司成立之后的重大事项的会议。创立大会有如下特征。

（1）创立大会由全体认股人参加。所以认购公司发行的股份并缴足了股款的人，都有权参加创立大会，任何人都不得以任何其他的理由限制认股人参加创立大会。

（2）创立大会只在股款缴足之后、公司成立之前存在。创立大会只在公司设立的后期存在，即在发行股份的股款缴足后才能召开，同时，创立大会在公司成立之后也不存在。在公司成立之后，股东大会即代替了创立大会。

（3）创立大会的性质与股东大会相当。创立大会是公司成立前的决议机构，行使与股东大会类似的职权，即对一些重大事项进行决议。

5. 股份有限公司创立大会程序

《公司法》对召开股份有限公司创立大会的程序规定如下所示。

（1）由发起人在创立大会召开 15 日前通知各个认股人会议的日期。对于认股人较多或者认股人地址不详、不便于通知的，也可以在创立大会召开 10 日前公告会议的日期，使认股人能够了解创立大会召开的情况。

（2）由各认股人出席。每个认股人都有权利出席创立大会。有代表股份总数 1/2 以上的认股人出席即可举行创立大会；如果出席认股人所代表的股份总数达不到股份总数的 1/2，则创立大会不得举行。

（3）依法做出决议。创立大会召开后，所有出席会议的认股人应当按照所持每一股份有一表决权的原则对法律规定的事项进行表决。凡创立大会上表决的事项，必须由出席会议的代表股份总数半数以上的认股人通过，才具有法律效力。在创立大会依法举行之后，创立大会的使命即告终结。创立大会决议设立公司的，公司的股东大会即替代创立大会；创立大会决议不设立公司的，公司就不能成立，由发起人负责设立行为的善后事宜。

《公司法》规定，股份有限公司的创立大会可以行使下列职权：审议发起人关于公司筹办情况的报告；通过公司章程；选举董事会成员；选举监事会成员；对公司的设立费用进行审核；对发起人用于抵作股款的财产的作价进行审核；发生不可抗力或者经营条件发生重大变化、直接影响公司设立的，可以做出不设立公司的决议。

3.2.7 办理工商登记或变更手续

董事会在创立大会结束后的 30 日内，向工商局申请办理变更登记，一般程序如下所示。

1. 设立股份有限公司步骤

设立股份有限公司，一般要经过以下步骤。

（1）领取并填写《名称（变更）预告核准申请书》，同时准备相关材料。

（2）递交《名称（变更）预告核准申请书》，等待名称核准结果。

（3）领取《企业名称预告核准通知书》，同时领取《企业设立登记申请书》

等有关表格。

（4）凭《企业名称预告核准通知书》到经工商局确认的入资银行开立验资专户、办理入资手续并到法定验资机构办理验资手续。

（5）递交申请材料，材料齐全、符合法定形式的，等候领取《准予注册登记通知书》。

（6）领取《准予设立登记通知书》后，按照《准予设立登记通知》确定的日期到工商局交费并领取营业执照。

2. 股份有限公司设立登记资料

股份有限公司设立登记应提交的资料如下：

（1）《企业设立登记申请书》（包括但不限于《企业设立登记申请表》；

（2）《自然人或股东名录》；

（3）《投资者注册资本（注册资金、出资额）缴付情况》；

（4）《法定代表人登记表》；

（5）《董事会成员、经理、监事任职证明》；

（6）《企业信所证明》；

（7）募集设立的股份有限公司应提交国务院证券管理部门的批准文件；

（8）发起人签署的股东大会决议（全体发起人亲笔签署；发起人为法人的，加盖该法人单位公章），募集设立的提交由会议主持人和出席会议的董事签字的创立大会会议记录；董事会、监事会决议；

（9）公司章程（全体发起人亲笔签署；发起人为法人的，要加盖该法人单位公章）；

（10）依法设立的验资机构出具的验资证明；

（11）发起人的法人资格证明或者自然人身份证明；

（12）《企业名称预先核准通知书》；

（13）《指定（委托）书》（应由董事会成员签署共同委托）；

（14）《企业秘书（联系人）登记表》（两份）；

（15）经营范围涉及前置许可项目的，应提交有关审批部门的批准文件；

（16）国家工商行政管理局规定提交的其他文件。

3.3 企业新三板挂牌操作程序

3.3.1 公司到新三板挂牌的基本步骤

新三板申报材料并不对财务真实性进行实质性审核，更没有盈利和业绩的要求。虽然公司转让说明书与 IPO 的招股书相比，在内容和格式上都非常相似，但是两者承载的意义却大相径庭。对于新三板企业而言，它们的信息披露首先是对投资者负责，而不是为了应付监管。“新三板发展好，就要彻底摒弃场内市场（主板和创业板）的毛病，券商不能只会做文件，而要真正成为企业和投资者的桥梁。”

新三板公开转让的审核权虽然名义上仍属于证监会，但实质性的工作已经交给新三板交易所，即全国中小企业股份转让系统公司。从 2013 年 4 月到 2014 年 3 月以来的挂牌情况来看，全部材料审核工作只需要 3 个月左右的时间。新三板审核权的下放除了服务于中小微企业快速融资的需求之外，还扮演着为 A 股发行体制改革探路的角色。在证监会设想的多层次资本市场中，新三板是与创业板相衔接的一个基础层次，未来二者之间还将建立起转板机制。新三板在备案挂牌方面的实践，也是在为主板和创业板未来做准备。

根据现行制度，新三板挂牌的具体操作流程可以分为 10 个步骤，如图 3.1 所示。

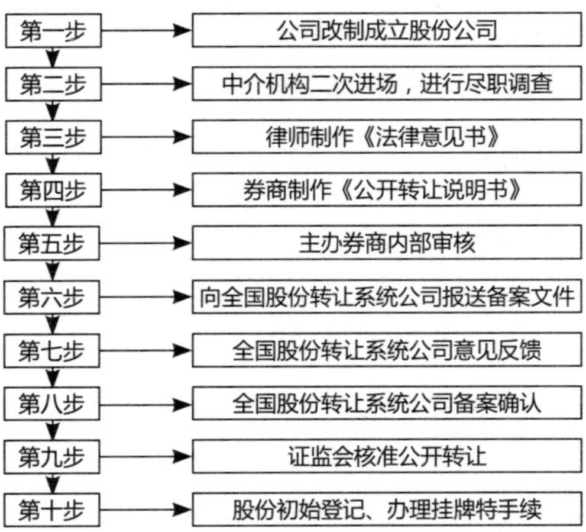

图 3.1 新三板挂牌的具体操作流程

3.3.2 公司到新三板挂牌的主要流程

1. 新三板对申请材料只进行形式审查。全国股份转让系统公司只对申请材料的“齐备性、完整性”进行审查，不对实质内容进行审查。需申请人补正申请材料的，提出补正要求。申请材料形式要件齐备、符合条件的，全国股份转让系统公司出具《接收确认单》。

2. 审查意见及反馈意见。全国股份转让系统公司对于审查中需要申请人补充披露、解释说明或中介机构进一步落实的主要问题，应将书面反馈意见送达申请人和主办券商。

申请人应在收到反馈意见后的 30 个工作日内提交反馈回复意见。但实践中，反馈回复的期限为 10 个工作日左右，一方面希望全国股份转让系统公司加快审查，另一方面企业也希望早日登陆新三板。

3. 全国股份转让系统公司出具审查意见。根据申请人的申请材料和反馈回复意见，全国股份转让系统公司出具同意或者不同意挂牌的审查意见。

4. 证监会核准。为了提高挂牌公司的审核效率，证监会在全国股份转让系统办公地点设立行政许可受理窗口。证监会应在受理申请文件之日起 20 个工作日内做出准予或不予行政许可的决定。

新三板挂牌的主要流程如图 3.2 所示。

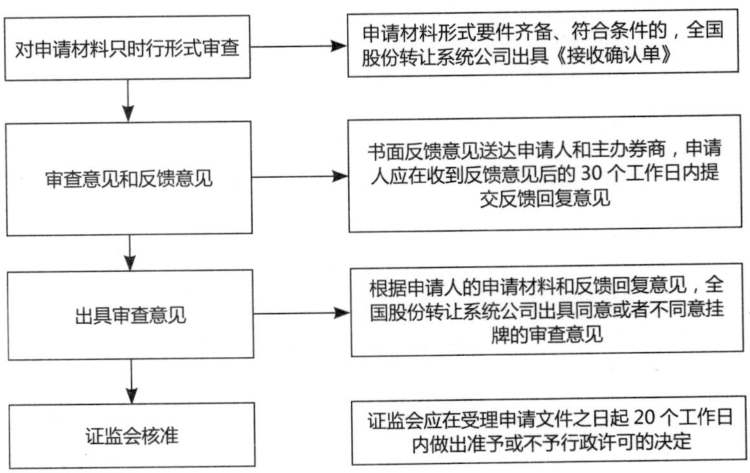

图 3.2 新三板挂牌的主要流程

3.3.3 申报材料所需文件

根据《全国中小企业股份转让系统挂牌申请文件内容与格式指引（试行）》的要求，申请挂牌应向全国股份转让系统提交申请文件（原件1份，复印件2份）。申报材料主要包括以下4个部分。

1. 要求披露的文件：公开转让说明书及推荐报告。
2. 不要求披露的文件：申请挂牌公司相关文件。
3. 主办券商相关文件。
4. 其他相关文件。

申报材料所对应的具体内容如表3.1所示。

表3.1 申报材料所对应的具体内容

序号	文件类型	具体内容
1	要求披露的文件	公开转让说明书（申报稿）
		财务报表及审计报告
		法律意见书
		公司章程
		主办券商推荐报告
		定向发行情况报告书（如有）
2	不要求披露的文件	向全国股份转让系统公司提交的申请股票在全国股份转让系统挂牌及定向发行（如有）的报告
		向中国证监会提交的申请股票在全国股份转让系统公开转让及定向发行（如有）的报告
		有关股票在全国股份转让系统公开转让及定向发行（如有）的董事会决议
		有关股票在全国股份转让系统公开转让及定向发行（如有）的股东会决议
		企业法人营业执照
		股东名册及股东身份证明文件
		董事、监事、高级管理人员名单及持股情况
		申请挂牌公司设立时和最近两年及一期的资产评估报告
		申请挂牌公司最近两年原始财务报表与申报财务报表存在差异时，需要提供差异比较表
		全部股票已经中国证券登记结算有限责任公司登记的证明文件（挂牌前需要提供）
		申请挂牌公司全体董事、监事和高级管理人员签署的《董事、监事、高管理人员声明及承诺书》（挂牌前提供）

续表

序号	文件类型	具体内容
3	主办券商相关文件	主办券商与申请挂牌公司签订的推荐挂牌并持续督导协议
		尽职调查报告
		尽职调查工作文件：尽职调查工作底稿目录、相关工作记录和经归纳整理后的尽职调查工作表；有关税收优惠、财政补贴的依据性文件；历次验资报告；对持续经营有重大影响的业务合同
		内核意见：内核机构成员审核工作底稿；内核会议记录；对内核会议反馈意见的回复；内核专员对内核会议落实情况的补充审核意见
		主办券商推荐挂牌内部核查表及主办券商对申请挂牌公司风险评估表
		主办券商自律说明书
		主办券商业务备案函复印件（加盖机构公章并说明用途）及项目组成员任职资格说明文件
4	其他相关文件	申请挂牌公司全体董事、主办券商及相关中介机构对申请文件真实性、准确性和完整性的承诺书
		相关中介机构对纳入公开转让说明书等文件中由其出具的专业报告或意见无异议的函件
		申请挂牌公司、主办券商对电子文件与书面文件保持一致的声明
		律师、注册会计师及所在机构的相关执业证书复印件（加盖机构公章并说明用途）
		国有资产管理部门出具的国有股权设置批复文件及商务主管部门出具的外资股确认文件

3.3.4 律师出具法律意见书

全国股份转让系统公司在 2013 年 12 月 30 日发布了《全国中小企业股份转让系统股票发行业务指引第 4 号——法律意见书的内容和格式（试行）》，律师应参考该指引，结合新三板最新配套政策，对公司是否符合挂牌条件、公司治理是否合法合规发布独立意见。

1. 法律意见书框架结构

根据以上规定，法律意见书的基本框架应当包括律师对下列事项发表的意见：

（1）本次股票挂牌并公开转让的批准与授权；

（2）本次股票挂牌并公开转让的主体资格；

（3）本次股票挂牌的实质条件；

（4）公司的设立及变更；

（5）公司的独立性；

（6）发起人和股东；

（7）公司的股本及其演变；

（8）股份公司的业务；

（9）关联交易及同业竞争；

（10）公司的主要资产；

（11）公司的重大债权债务；

（12）公司重大资产变化及收购兼并；

（13）股份公司章程的制定与修改；

（14）公司股东大会、董事会、监事会议事规则及规范动作；

（15）近两年公司董事、监事及高级管理人员及其变化；

（16）股份公司的税务；

（17）公司劳动人事情况；

（18）公司的环境保护、产品质量、技术标准；

（19）公司的业务发展目标；

（20）股份公司涉及的诉讼、仲裁及行政处罚；

（21）推荐机构；

（22）结论。

2. 法律意见书关注的主要问题

除了以上法律意见书的基本框架和应包括的主要事项外，法律意见书中还应关注以下几个主要问题。

（1）结论性意见须有事实支持。

律师对上述事项发表独立意见时，每一项意见均应有客观的材料、相关声明或者行政部门出具的证明等材料作为依据。例如，认定公司共同控制时一般需双方或多方股东签订一致行动协议，以保证公司控制权的稳定。律师在尽职调查的过程中需解释一致行动人的意思和行动一致，仅凭一个一致行动协议而一劳永逸地解决共同控制问题的方式是不能完全被认可的，律师还应该另行寻找一些其他论证依据，常见的有将历次股东大会和董事会决议的表决情况进行列示，以证明共同控制人的确是一致行动的。

（2）中介机构披露内容的一致性。

在公司治理与合法合规方面，律师与主办券商尽职调查的范围基本相同。因此出具最终申报时，律师与主办券商应在相关问题上保持一致。

为保证信息披露的真实性、准确性、完整性，法律意见书中，一些结论性意见需公司或公司管理层出具相关的说明或承诺。因此，公司及管理层出具的声明承诺的内容应当与法律意见书得出的结论性意见保持一致。

公司及管理层出具的声明或承诺是保证公司成功挂牌及规范性运作的保证性文件，公司挂牌后，律师应协助公司逐步实现规范，兑现声明及承诺的内容。

3.4 定向增发操作程序

定向增发作为新三板股权融资的主要功能，对解决新三板挂牌企业发展过程中的资金“瓶颈”问题发挥了极为重要的作用，有力地促进了企业规模的快速提升。

3.4.1 新三板定向增发的概念与要求

新三板挂牌公司的股票发行，是指挂牌公司向符合规定的投资者发行股票，发行后股东人数累计不超过 200 人的行为。股票发行应当按照规定向全国股份转让系统公司履行备案程序。

挂牌公司股票发行时，必须真实、准确、完整、及时、公平地披露信息，不得有虚假记载、误导性陈述或者重大遗漏。挂牌公司的控股股东、实际控制人、股票发行对象及其他信息披露义务人，应当按照有关规定及时向公司提供信息，配合发行披露义务。

挂牌公司的董事、监事、高级管理人员、控股股东及实际控制人，主办券商、会计师事务所、律师事务所等证券服务机构及相关人员，应当遵守有关法律、规章、规范性文件及业务规定，勤勉尽责，不得利用挂牌公司股票发行谋取不正当利益，禁止泄露内幕信息和利用内幕信息进行股票转让或者操纵股票转让价格。

挂牌公司、主办券商选择发行对象，确定发行价格或者发行价格区间时，应当遵循公平、公正原则，维护公司及其股东的合法权益。

挂牌公司股票发行应当满足《非上市公众公司监督管理办法》规定的公司治理、信息披露及发行对象的要求。挂牌公司股票发行以现金认购的，公司现有股东在同等条件下对发行的股票有优先认购权。每一个股东可优先认购的股份数量上限为股权登记日其在公司的持股比例与本次发行股份数量上限的乘积。公司章程对优先认购另有规定的，从其规定。发行对象承诺对其认购股票进行转让限制的，应当遵守其承诺，并予以披露。发行对象可用现金或者非现金资产认购发行股票。

3.4.2 新三板全国扩容后定向增发的新趋势

2013 年 6 月，新三板扩容至全国后，定向增发呈现出以下所示的新趋势。

1.VC、PE 股权投资机构积极参与新三板企业的定向增发，部分机构在拟挂牌企业的改制阶段就提前介入，新三板已成为该类机构的重要项目来源，有力提升了新三板企业的定向融资功能。

由于新三板挂牌企业经过主办券商等中介机构尽职调查、监管机构审核等流程，企业规范性相对较好，企业信息逐步透明化，且新三板企业作为证监会核准的公开转让的企业，具备较完善的退出机制，对投资方、被投资方而言，一定程度上降低了不确定性和投融资风险。

2. 从新三板挂牌企业定向增发的信息来看，参与定向增资的机构来源多元化，既有产业资本，又有 VC、PE 机构、上市公司，作为主办券商有的也参与到所推荐企业的定向增资中，为后期做市做准备。

由于主办券商对所推荐的企业状况比较了解，参与定向增资可起到一定的定价和引导其他投资者的作用。目前，监管部门对主办券商参与所推荐企业的定向增发尚无明确规定。新三板做市商制度确定后，越来越多的券商在企业挂牌前就参与拟挂牌企业的定向增发，为后期做市做准备。随着新三板功能的完善和市场活跃，相信有更多的主办券商参与新三板的定向增发，定向增发的相关法律法规也会相继出台。

3. 新三板拟挂牌企业在股改后挂牌前发行股票，由本公司员工认购，在增加公司注册资本的同时，起到股权激励的作用。

如 2013 年 7 月 4 日挂牌的北京星原丰泰电子技术股份有限公司（股份代码：430233）在企业挂牌前，与参与定向增发的员工签订《持股协议》，员工同意在 2015 年 12 月 31 日之前不离职，也不将所持公司股份进行质押或参与社会融资活动等；如果离职，员工应将所持股份转回。同时公司董事会还规定了具体的转回方案。

由此可见，公司与员工之间协议的相关条款本质上并不是限制员工转让股份，而是通过确定双方认可的股份转让收益分配比例，在一定程度上维持公司股权的相对稳定，提升公司的内部凝聚力，维持公司业务团队的稳定性，同时也兼顾员工股东的利益。而且，上述条款的安排不会影响公司在全国股份转让系统挂牌和公开转让。

3.4.3 新三板定向增发的程序

根据 2013 年 12 月 30 日发布实施的《全国中小企业股份转让系统股票发行业务细则（试行）》，新三板挂牌公司的股票发行分为以下几个阶段，如图 3.3 所示。

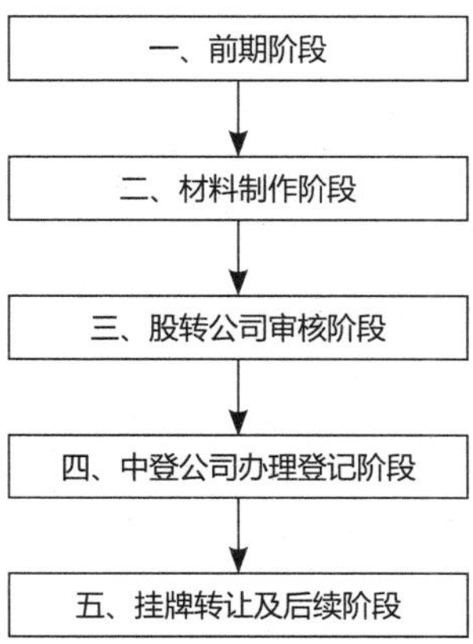

图 3.3 新三板挂牌公司股票发行的几个阶段

每个阶段对应的相关手续如表 3.2 所示。

表3.2 各阶段相关手续表

序号	阶段	相关手续
1	前期阶段	协商发行方案
		审查投资者适当性管理规定
		发行人与发行对象签订附生效条件的股份认购协议
		召开董事会审议发行股份方案并披露
		召开监事会并披露监事会决议公告
		召开股东大会做出相关决议并公告
		披露股票发行认购公告
		发行对象缴款
2	材料制作阶段	办理验资手续，出具验资报告
		准备发行情况报告书、法律意见书、股票发行合法合规性意见
		制作申报材料和工作底稿
3	股转公司审核阶段	向股转系统提交申报文件
		股转公司对材料进行形式审查
		股转系统认为不符合要求的，向公司出具问题清单
		中介机构对问题进行答复和解决
		全国股转公司出具股份登记函
4	中登公司办理登记阶段	向中登公司申请办理股份登记
		中登公司进行股份登记并出具股份登记证明文件
		公告相关文件
5	挂牌转让及后续阶段	按照挂牌转让公告中的时间公开转让
		备案后办理工商变更登记

新三板挂牌公司的股票发行分为以上 5 个阶段，其中挂牌公司董事会与股东大会决议、发行与备案和信息披露重点注意以下事项。

1. 挂牌公司董事会与股东大会决议

挂牌公司董事会就股票发行有关事项做出的决议应当符合下列规定：

（1）董事会决议确定具体发行对象的，应当明确具体发行对象（是否为关联方）及其认购价格、认购数量或数量上限、现有股东优先认购办法等事项。认购办法中应当明确现有股东放弃优先认购股票份额的认购安排。已确定的发行对象（现有股东除外）与公司签署的附生效条件的股票认购合同应当经董事会批准；

（2）董事会决议未确定具体发行对象的，董事会决议应当明确发行对象的范围、发行价格区间、发行价格确定办法、发行数量上限、现有股东优先认购办法等事项；

（3）发行对象用非现金资产认购发行股票的，董事会决议应当明确交易对手（是否为关联方）、标的资产、作价原则及审计、评估等事项；

（4）董事会应当说明本次发行募集资金的用途。

董事会决议确定具体发行对象的，挂牌公司应当与相关发行对象签订附生效条件的股票认购合同。认购合同应当载明该发行对象拟认购股票的数量或数量区间、认购价格、限售期，同时约定本次发行经公司董事会、股东大会批准后，该合同即生效。

挂牌公司股东大会应当就股票发行等事项做出决议。在挂牌公司股东大会审议通过股票发行方案后，董事会决议做出重大调整的，公司应当重新召开股东大会并按照《全国中小企业股份转让系统股票发行业务细则（试行）》第十四条规定进行审议。

董事会、股东大会表决应当执行公司章程规定的表决权回避制度。

2. 发行与备案

董事会决议确定具体发行对象的，挂牌公司应当按照《全国中小企业股份转让系统股票发行业务细则（试行）》及有关要求，依据股票认购合同的约定发行股票；有优先认购安排的，应当办理现有股东优先认购手续。董事会决议未确定具体发行对象的，挂牌公司及主办券商可以向包括挂牌公司股东、主办券商经纪业务客户、机构投资者、集合依托计划、证券投资基金、证券公司资产管理计划以及其他个人投资者在内的询价对象进行询价，询价对象应当符合投资者适当性的规定。挂牌公司及主办券商应当在确定的询价对象范围内接收询价对象的申购报价；主办券商应根据询价对象的申购报价情况，按照价格优先的原则，并考虑认购数量或其他因素，与挂牌公司协商确定发行对象、发行价格和发行股数。现有股东优先认购的，在相同认购价格下应优先满足现有股东的认购需求。

确定发行价格后，挂牌公司应当与发行对象签订正式认购合同，发行对象应当按照合同约定缴款。挂牌公司应当在股票发行认购结束后及时办理验资手续，验资报告应当由具有证券、期货相关业务资格的会计师事务所出具。主办券商和律师事务所应当在尽职调查基础上分别对股票发行出具书面意见。

挂牌公司在验资完成后 10 个转让日内，按照规定向全国股份转让系统公司报送材料，发行备案程序。全国股份转让系统公司对材料进行审查，并根据审查结果出具股份登记函，送达挂牌公司并送交中国结算和主办券商。以非现金资产认购股票的，尚未完成相关资产权属过户或相关资产存在重大法律瑕疵的，全国股份转让系统公司不予出具股份登记函。

挂牌公司按照中国结算相关规定，向中国结算申请办理股份登记，并取得股份登记证明文件。主办券商应当协助挂牌公司持股份登记函向中国结算办理股份登记手续。挂牌公司完成股份登记的办理后，新增股票按照挂牌转让公告中安排的时间在全国中小企业股份转让系统挂牌转让。

3. 信息披露

挂牌公司应当分别在董事会和股东大会通过股票发行决议之日起两个转让日内披露董事会、股东大会决议公告。以非现金资产认购股票涉及资产审计、评估的，资产审计结果、评估结果应当最晚和召开股东大会的通知同时公告。挂牌公司应当在披露董事会决议的同时，披露经董事会批准的股票发行方案。

挂牌公司应当在缴款期前披露股票发行认购公告，其中应当披露缴款的股权登记日，投资者参与询价、定价情况，股票配售的原则和方式及现有股东优先认购安排（如有），并明确现有股东及新增投资者的缴款安排。

挂牌公司应当按照要求披露股票发行情况报告书、股票发行法律意见书、主办券商关于股票发行合法合规性意见及股票挂牌转让公告。

3.5 人人乐股份有限公司挂牌举例

以下我们以广东人人乐股份有限公司的挂牌为例，对企业挂牌新三板的过程进行分析。广东人人乐股份有限公司前身为广东人人乐五金电子有限公司，成立于2002年7月10日。广东人人乐股份有限公司的管理层决定挂牌新三板，这样有利于企业未来的发展。经过慎重的考虑和前期接触，最终确定推荐挂牌和持续督导的主办券商为安乐乐信证券股份有限公司。

3.5.1 确定推荐挂牌和持续督导的主办券商

公司挂牌新三板的准备工作是确定推荐挂牌和持续督导的主办券商。

1.2014年8月16日，安乐乐信证券与人人乐五金电子有限公司签署了《保密协议书》。

2.2014年8月20日，安乐乐信证券成立了推荐人人乐公司进入全国中小企业股份转让系统挂牌的项目小组。

3.2014年8月21日，安乐乐信证券派出项目小组进驻人人乐五金电子有限公司，对公司进行了初步调查。项目小组将调查结果反馈给安乐乐信证券。

4.2014年10月，安乐乐信证券和人人乐五金电子有限公司就初步调查发现的重大事项达成一致意见，明确双方合作意向。

5.2014年10月16日，安乐乐信证券完成内部立项程序。

6.2014年10月20日，安乐乐信证券与人人乐五金电子有限公司签署了《推荐挂牌并持续督导协议书》，安乐乐信证券同意推荐人人乐五金电子有限公司进入全国股份转让系统挂牌，并将为其提供持续督导服务。

持续督导协议书的主要内容如下。

推荐挂牌并持续督导协议书

本协议由以下各方于2014年10月20日在广州签订：

甲方：广东人人乐五金电子有限公司

法定代表人： 魏威山

住　　所：广州市五山路27号2102室

乙方：安乐乐信证券股份有限公司

法定代表人：张刚强

住　　所：广州市华夏路211号富力盈通大厦1103

甲方委托乙方负责推荐甲方股票在全国中小企业股份转让系统（以下简称“全国股份转让系统”）挂牌，组织编制挂牌申请文件，并指导和督促甲方诚实守信、规范履行信息披露义务、完善公司治理机制；乙方同意接受委托。

根据《中华人民共和国合同法》、《中华人民共和国公司法》（以下简称《公司法》）、《中华人民共和国证券法》（以下简称《证券法》）、《非上市公众公司监督管理办法》（以下简称《管理办法》）、《全国中小企业股份转让系统业务规则（试行）》（以下简称《业务规则》）、《全国中小企业股份转让系统主办券商管理细则（试行）》（以下简称《主办券商管理细则》）、《全国中小企业股份转让系统主办券商推荐业务规定（试行）》（以下简称《推荐规定》）、《全国中小企业股份转让系统挂牌公司信息披露细则（试行）》（以下简称《信息披露细则》）等相关规定，甲、乙双方本着平等互利原则，经充分协商，达成如下协议：

第一章　甲方的承诺及权利、义务

第一条 甲方基本情况：

（一）股份公司设立时间。

（二）股本总额。

（三）股东人数。

（四）股权结构。

（五）董事、监事、高级管理人员及其持股明细。

第二条 甲方就委托乙方担任推荐其公司股票在全国股份转让系统挂牌并持续督导的主办券商事宜，向乙方作出如下承诺：

（一）保证遵守《管理办法》《业务规则》《信息披露细则》等相关规定。

（二）接受乙方依据《公司法》《证券法》《管理办法》《业务规则》《推

荐规定》《信息披露细则》及中国证监会、全国中小企业股份转让系统有限责任公司（以下简称“全国股份转让系统公司”）发布的其他规定对甲方作出的督促指导，并配合乙方采取的相关措施。

（三）按照相关规定和要求修改公司章程，完善公司治理机制，确保所有股东，特别是中小股东充分行使法律、行政法规和公司章程规定的合法权利。

（四）在同等条件下，优先选择乙方为其定向发行、并购重组等提供服务。

第三条 甲方就委托乙方担任推荐其公司股票在全国股份转让系统挂牌并持续督导的主办券商事宜，享有以下权利：

（一）甲方董事、监事、高级管理人员及相关人员有权就相关业务规则获得乙方指导。

（二）甲方有权就公司治理、财务及会计制度、挂牌申请文件制作、信息披露等方面获得乙方业务指导。

第四条 甲方就委托乙方担任推荐其公司股票在全国股份转让系统挂牌并持续督导的主办券商事宜，应履行以下义务：

（一）甲方应积极配合乙方的推荐挂牌工作，向乙方提交挂牌所需文件，并保证所提交文件均真实、准确、完整、及时、有效，不存在任何虚假记载、误导性陈述或重大遗漏。

（二）甲方应于正式挂牌前完成以下工作：

1. 通知并协助股东办理股份登记、存管。

2. 核对并向乙方提交股东持股明细以及董事、监事、高级管理人员名单及持股数量。

3. 与证券登记结算机构签订证券登记服务协议，将公司全部股票进行初始登记。

（三）甲方应保证所提供的股东名册真实、准确、完整、有效，如因工作失误造成股东股权争议或纠纷的，由甲方承担全部责任。

（四）甲方应严格按照有关规定，履行信息披露义务。

（五）甲方拟披露信息须经乙方审查后在全国股份转让系统指定的信息披露平台进行披露。

（六）甲方及董事会全体成员应保证信息披露内容的真实、准确、完整，不存在任何虚假记载、误导性陈述或重大遗漏，并承担个别及连带责任。

（七）甲方披露信息，应经董事长或其授权董事签字确认；若有虚假陈述，董事长应承担相应责任。

（八）甲方及其董事、监事、高级管理人员不得利用公司内幕信息直接或间接为本人或他人谋取利益。

（九）甲方董事会秘书负责股权管理与信息披露事务；未设董事会秘书的，应指定一名信息披露事务负责人负责股权管理与信息披露事务。

董事会秘书或信息披露事务负责人为甲方与乙方之间的联络人。

（十）甲方应将董事会秘书或信息披露事务负责人的联络方式（办公电话、住宅电话、移动电话、电子信箱、传真、通信地址等）和其变更情况及时告知乙方。

（十一）董事会秘书被解聘或辞职、信息披露事务负责人被更换或辞职的，甲方应及时告知乙方。

（十二）甲方应配备信息披露必需的通信工具和计算机等办公设备，保证计算机可以连接互联网，对外咨询电话保持畅通。

（十三）甲方拟披露信息应以纸质文档（包括传真）和电子文档形式及时报送乙方，并保证电子文档与纸质文档内容一致。

（十四）甲方应于每一会计年度结束之日起四个月内编制完成并披露年度报告。

公司年度财务报告须经有证券期货相关业务资格的会计师事务所审计。

（十五）甲方应于每一会计年度的上半年结束之日起两个月内编制完成并披露半年度报告。

（十六）甲方应按《信息披露细则》的规定，编制年度报告、半年度报告，并在披露前经乙方审查。

（十七）甲方应按《信息披露细则》的规定，在发生相关事项时及时编制并披露临时报告，临时报告披露前应经乙方审查。

（十八）董事长不能正常履行职责超过三个月的，甲方应及时将该事实告知乙方。

（十九）甲方发起人、控股股东、实际控制人及董事、监事、高级管理人员持有的公司股票，按相关规定在限售期间不得转让；甲方应将新任及离职董事、监事、高级管理人员名单及其持股数量在2个转让日内告知乙方，并按有关规定向乙方提出限售或解除限售申请。

（二十）甲方股东所持股票解除限售，甲方应提前（　　）个转让日向乙方提出申请。

（二十一）甲方应积极配合乙方的问询、调查或核查，不得阻挠或人为制造障碍，并按乙方要求办理公告事宜。

（二十二）甲方应积极配合乙方的现场调查。

1. 提供必要的办公条件。

2. 保证相关人员及时提供现场调查所必需的资料，认真接受乙方调查访谈，不进行阻挠或人为制造障碍。

3. 乙方现场调查发现甲方已披露的公告存在错误、不充分或不完整情况的，甲方应及时进行更正及补充披露。

4. 积极配合乙方的整改要求，整理规范相关事项。

第二章 乙方的承诺及权利、义务

第五条 乙方就担任推荐甲方股票在全国股份转让系统挂牌并持续督导的主办券商事宜，向甲方作出如下承诺：

（一）经全国股份转让系统公司备案可以从事推荐业务；

（二）具有符合《主办券商管理细则》《推荐规定》规定的从事推荐业务的机构设置和人员配备；

（三）勤勉尽责、诚实守信地履行主办券商推荐职责。

第六条 乙方就担任推荐甲方股票在全国股份转让系统挂牌并持续督导的主办券商事宜，享有以下权利：

（一）乙方有权对甲方提出的公司股东所持股票限售或解除限售的申请进行审查，并向全国股份转让系统公司报备。

（二）乙方有权依据《业务规则》《信息披露细则》等规定，指导和督促甲方诚实守信、规范履行信息披露义务、完善公司治理机制。

（三）乙方有权对甲方拟披露的信息披露文件进行审查，可对甲方拟披露或已披露信息的真实性提出合理怀疑，并对相关事项进行专项调查。

（四）乙方有权根据相关规定及全国股份转让系统公司要求对甲方进行现场调查，必要时可聘请相关中介机构协助调查。

（五）甲方未规范履行信息披露等相关义务的，乙方有权要求其限期改正；拒不改正的，乙方可以发布风险揭示公告，并向全国股份转让系统公司报告。

第七条 乙方就担任推荐甲方公司股票在全国股份转让系统挂牌并持续督导的主办券商事宜，应履行以下义务：

（一）乙方应依据《业务规则》《推荐规定》《信息披露细则》等规定，勤勉尽责、诚实守信地履行推荐挂牌并持续督导职责，不得损害甲方的合法权益。

（二）乙方应配备符合规定的专门督导人员，负责具体履行持续督导职责。督导人员为乙方与甲方的联络人，须与甲方保持密切联系。

（三）乙方应依据《推荐规定》的规定，推荐甲方股票在全国股份转让系统挂牌。

（四）对甲方董事、监事、高级管理人员及相关信息披露义务人采取培训等相关措施，促使其熟悉和理解全国股份转让系统相关业务规则。

（五）乙方应督促和协助甲方及时按照《公司法》《业务规则》及其他有关规定办理股份登记、信息披露、限售登记及解除限售登记等事宜。

（六）乙方及其推荐挂牌业务人员、内核业务人员、专门持续督导人员不得泄露尚未披露的信息，不得利用所知悉的尚未披露信息直接或间接为本人或他人谋取利益。

第三章 费用

第八条 经甲方与乙方协商一致，甲方应向乙方支付下列费用：

（一）推荐挂牌费（300,000.00）元。

（二）持续督导费（100,000.00）元 / 年。

（三）其他费用（ / ）元 / 年。

费用的支付方式和时间为（签订协议后预付 50%，完成挂牌后支付全部的推荐挂牌费，每年的持续督导费于当年的 6 月 30 日前支付 ）。

第九条 甲方终止股票挂牌的，已经支付的费用不予返还。

第四章 协议的变更与解除

第十条 本协议依据《管理办法》《业务规则》《信息披露细则》等规定签订，如因相关规定修订或颁布实施新的规定而导致本协议相关条款内容与修订或新颁布的规定内容不一致的，本协议与之相抵触的有关条款自动变更，并以修订或新颁布后的规定为准，其他条款继续有效；任何一方不得以此为由解除本协议。

第十一条 出现下列情况之一，甲乙双方可以解除本协议：

（一）甲方股票挂牌申请未获全国股份转让系统公司同意。

（二）乙方不再从事推荐业务。

（三）甲方股票终止挂牌。

第十二条 除第十一条规定的情形外，甲乙双方不得随意解除本协议；确需解除协议的，应在解除前向全国股份转让系统公司报告并说明合理理由，且应有其他主办券商承接持续督导服务。

第五章 免责条款

第十三条 因不可抗力因素导致任一方损失，另一方不承担赔偿责任。

第十四条 发生不可抗力时，双方均应及时采取措施防止损失进一步扩大。

第六章 争议解决

第十五条 本协议项下产生的任何争议，各方首先应协商解决；协商解决不成的，可选择以下方式解决：

（一）仲裁；

（二）向有管辖权的人民法院提起诉讼。

第七章 其他事项

第十六条 本协议规定的事项发生重大变化或存在未尽之事宜，甲、乙双方应当重新签订协议或签订补充协议。补充协议与本协议不一致的，以补充协议为准。补充协议为本协议有效组成部分，报全国股份转让系统公司备案。

第十七条 本协议自甲、乙双方签字盖章后生效。

第十八条 本协议一式（ ）份，甲、乙双方各执（ ）份，报全国股份转让系统公司（ ）份，每份均具有同等法律效力。

甲方（盖章）： 乙方（盖章）：

法定代表人或授权代表（签字）： 法定代表人或授权代表（签字）：

同年 10 月 21 日，人人乐五金电子有限公司成立了挂牌筹备小组，进行主办券商和公司挂牌协调工作。

3.5.2 公司改制

2015 年 1 月 10 日，有限公司召开临时股东会做出决议，决定公司改制的决策。具体改制过程如下所示。

1. 制定股改方案

2015年1月23日，有限公司召开临时股东会做出决议，设立改制筹备小组。筹备小组通常由董事长或董事会秘书牵头，汇集公司技术、财务等方面的负责人，不定期就改制过程中遇到的有关问题进行商讨，主要包括：研究拟订改组方案和组织形式；聘请并接洽改制有关的中介机构；整理和准备公司有关的文件和资料；召集中介机构协调会，提供中介机构所要求的各种文件和资料；拟定改制的有关文件，并向政府主管部门申报文件或备案，取得政府批文；办理股份有限公司设立等工作。

2. 聘请中介机构

2015 年 2 月 1 日，筹备小组联系和确定聘请中介机构，包括保荐机构、发行人律师、资产评估师等机构，分别与之签署相关合同，正式建立法律关系。具体聘请的中介机构如下：

会计师事务所为中乐乐会计师事务所（具备证券从业资质）；

保荐机构为安乐乐信证券（具备新三板做市资格的券商，主办券商名录信息可以在全国股份转让系统网站查询）；

发行人律师为盈乐乐科律师事务所（具备证券法律业务资质的律师事务所）。

3. 清产核资

2015 年 2 月 5 日，有限公司对公司各项资产、债权债务进行全面核对查实，并聘请中乐乐会计师事务所进行清产核资审计，出具清产核资审计报告。从而为公司确定资产数额、重估资产价值、核实企业资产，从而促进企业资产的优化配置。

4. 资产评估

2015 年 2 月 10 日，有限公司聘请中乐乐资产评估有限公司（具备证券从业资质）对公司资产的现有价值进行评定和估算，并出具了截至 2015 年 2 月 15 日的资产评估报告。

5. 财务审计

资产评估完成后，2015 年 2 月 16 日，有限公司聘请具有法定资格的中乐乐会计师事务所对公司改制前 3 年的资产、负债、所有者权益及损益进行审计。中乐乐会计师事务所对资产评估机构的评估结果进行确认。2015 年 2 月 28 日，中乐乐会计师事务所对公司截至 2015 年 1 月 31 日的净资产进行了审计，出具了穗中乐乐专审字［2015］第 006 号《审计报告》，公司经审计后的净资产为人民币 32,469,885.25 元。

6. 认缴出资

2015 年 3 月 5 日，中乐乐会计师事务所出具了穗中乐乐专审字［2015］第 006 号《验资报告》，经审验，截至 2015 年 1 月 31 日，股份公司（筹）已收到全体股东以其拥有的有限公司净资产折合的实收资本 3,000.00 万元，剩余净资产计入资本公积。

变更后，股份公司的股权结构如表 3.3 所示。

表3.3 人人乐股份公司股权结构表

序号	股东	持股数量（万股）	持股比例
1	魏威山	1,500.00	50%
2	章远文	1,500.00	50%
合计		3,000.00	100%

7. 制定新的章程等规章制度

盈乐乐科律师事务所协助人人乐股份有限公司制作《股份有限公司章程（草

案）》及“三会”议事规则、《关联交易管理办法》等规章制度。2015 年 3 月 10 日，经过股东大会时审议并通过。

8. 申请登记

2015 年 3 月 16 日，股份公司在广州市工商行政管理局办理了变更登记手续，取得了注册号为 441900033882288 的《企业法人营业执照》。

9. 产生董事会监事会并召开一次会议

2015 年 3 月 20 日，召开股东大会，选举新的董事（5 名）和监事（3 名），产生新的董事会和监事会，聘任经理、财务负责人、董事会秘书等高级管理人员。股份公司正式宣告成立。

10. 改制的后续工作

改制后续工作主要做好：修改完善公司各项内部管理制度；进行相关资产权属变更，相关证照、银行账户名称变更；制作股份公司公章，通知客户、债权债务人等公司改制更名事宜。

人人乐改制阶段的大事纪要如表 3.4 所示。

表3.4 人人乐股份公司改制阶段的大事纪要表

序号	日期	内容
1	2014年8月16日	与安乐乐信证券签署了《保密协议书》
2	2014年8月21日	安乐乐信证券派出项目小组进驻人人乐五金电子有限公司，对公司进行了初步调查
3	2014年10月20日	与安乐乐信证券签署了《推荐挂牌并持续督导协议书》
4	2015年1月10日	召开临时股东会做出决议，决定公司改制的决策
5	2015年1月23日	设立改制筹备小组
6	2015年2月5日	有限公司对公司各项资产、债权债务进行全面核对查实，并聘请中乐乐会计师事务所进行清产核资审计，出具清产核资审计报告
7	2015年2月10日	中乐乐资产评估有限公司对公司资产的现有价值进行评定和估算，并出具了截至2015年2月15日的资产评估报告
8	2015年2月28日	中乐乐会计师事务所对公司截至2015年1月31日的净资产进行了审计，出具了《审计报告》
9	2015年3月5日	中乐乐会计师事务所出具了《验资报告》，截至2015年1月31日，股份公司（筹）已收到全体股东以其拥有的有限公司净资产折合的实收资本3,000.00万元，剩余净资产计入资本公积
10	2015年3月10日	股东大会时审议并通过新的章程、议事规则、《关联交易管理办法》等规章制度
11	2015年3月16日	在广州市工商行政管理局办理了其变更登记手续，取得新的《企业法人营业执照》

3.5.3 制作并申报材料

2015 年 3 月，人人乐股份公司配合主办券商及其他中介机构，制作了申报的全套材料。由于人人乐股份公司申请时，股东只有魏威山和张远文，股东人数未超过 200 人，准备的资料需要按《全国中小企业股份转让系统挂牌申请文件目录（适用于申请时股东人数未超过 200 人）》的要求提供。

人人乐股份公司全国中小企业股份转让系统挂牌申请文件目录的主要内容如下所示。

全国中小企业股份转让系统挂牌
申请文件目录

（适用于申请时股东人数未超过 200 人）

第一部分 要求披露的文件

第一章　公开转让说明书及推荐报告

1-1　公开转让说明书（申报稿）

1-2　财务报表及审计报告

1-3　法律意见书

1-4　公司章程

1-5　主办券商推荐报告

1-6　股票发行情况报告书（如有）

第二部分 不要求披露的文件

第二章　申请挂牌公司相关文件

2-1　向全国股份转让系统公司提交的申请股票在全国股份转让系统挂牌及股票发行（如有）的报告

2-2　有关股票在全国股份转让系统挂牌及股票发行（如有）的董事会决议

2-3　有关股票在全国股份转让系统挂牌及股票发行（如有）的股东大会决议

2-4　企业法人营业执照

2-5　股东名册及股东身份证明文件

2-6　董事、监事、高级管理人员名单及持股情况

2-7 申请挂牌公司设立时和最近两年及一期的资产评估报告

2-8 申请挂牌公司最近两年原始财务报表与申报财务报表存在差异时，需要提供差异比较表

2-9 申请挂牌公司全体董事、监事和高级管理人员签署的《董事（监事、高级管理人员）声明及承诺书》

第三章　主办券商相关文件

3-1　主办券商与申请挂牌公司签订的推荐挂牌并持续督导协议

3-2　尽职调查报告

3-3　尽职调查工作文件

3-3-1 尽职调查工作底稿目录、相关工作记录和经归纳整理后的尽职调查工作表

3-3-2 有关税收优惠、财政补贴的依据性文件

3-3-3 历次验资报告

3-3-4 对持续经营有重大影响的业务合同

3-4　内核意见

3-4-1 内核机构成员审核工作底稿

3-4-2 内核会议记录

3-4-3 对内核会议反馈意见的回复

3-4-4 内核专员对内核会议落实情况的补充审核意见

3-5　主办券商推荐挂牌内部核查表及主办券商对申请挂牌公司风险评估表

3-6　主办券商自律说明书

3-7　主办券商业务备案函复印件（加盖机构公章并说明用途）及项目小组成员任职资格说明文件

第四章　其他相关文件

4-1　申请挂牌公司全体董事、主办券商及相关中介机构对申请文件真实性、准确性和完整性的承诺书

4-2　相关中介机构对纳入公开转让说明书等文件中由其出具的专业报告或意

见无异议的函

4-3　申请挂牌公司、主办券商对电子文件与书面文件保持一致的声明

4-4　律师、注册会计师及所在机构的相关执业证书复印件（加盖机构公章并说明用途）

4-5　国有资产管理部门出具的国有股权设置批复文件及商务主管部门出具的外资股确认文件

4-6　证券简称及证券代码申请书

相关链接：公司报送申请文件应提交原件一份，复印件两份；申请时股东人数超过 200 人的股份公司报送申请文件应提交原件一份（单行本）。每次报送书面文件的同时，应报送一份与书面文件一致的电子文件（WORD、EXCEL、PDF 及全国股份转让系统公司要求的其他文件格式）。

3.5.4 在全国股份转让系统办理股票挂牌业务

在全国股份转让系统办理股票挂牌业务，根据相关法律法规、《全国中小企业股份转让系统业务规则（试行）》等有关规定，分 5 个步骤，具体如图 3.4 所示。

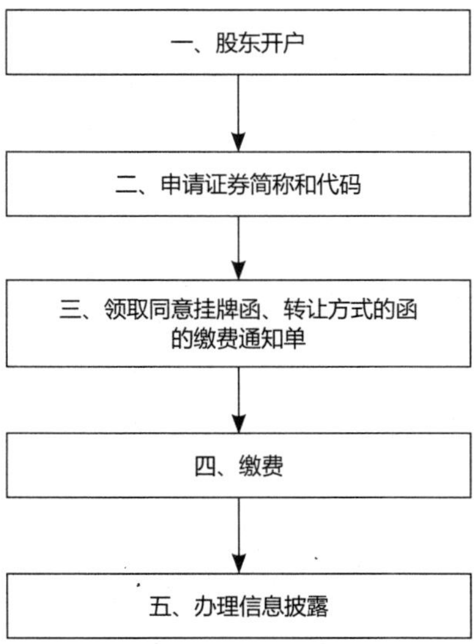

图 3.4 办理新三板股票挂牌的业务流程

1. 股东开户

2015 年 4 月 10 日，人人乐股份有限公司在全国股份转让系统公司开立证券账户。

2. 申请证券简称和代码

2015 年 4 月 10 日，人人乐股份有限公司在全国股份转让系统公司报送申请挂牌文件，并提交《证券简称及证券代码申请书》，经审核证券简称与已挂牌公司和上市公司没有重复。

人人乐股份公司向全国股份转让系统证券递交的《证券简称及证券代码申请书》如下：

人人乐股份股份有限公司股票
证券简称及证券代码申请书

全国中小企业股份转让系统有限责任公司：

我公司股票拟在全国中小企业股份转让系统挂牌公开转让。

特向贵公司申请证券简称及证券代码，挂牌公开转让的证券简称拟定为 _ 人人乐 _。

请予核定。

申请挂牌公司经办人签名：

联系电话：020 － 36278888

传真：020 － 3332888

人人乐股份有限公司

（公章）

2015 年 4 月 10 日

（说明：证券简称应从公司中文全称中选取不超过 4 个汉字的字符。）

3. 领取同意挂牌函、转让方式的函和缴费通知单

2015 年 5 月 20 日，人人乐股份有限公司接到领取同意挂牌函、转让方式的函和缴费通知单后，于 2015 年 5 月 22 日（即第 2 个转让日），派人持人人乐股份有限公司的介绍信和经办人身份证复印件，到全国股转公司受理窗

口领取《同意挂牌函》《关于同意股票挂牌时采取协议转让方式的函》和《缴费通知单》。

人人乐股份公司的《同意挂牌函》如下：

全国中小企业股份转让系统文件
股转系统函［2015］1355号

关于同意广东人人乐股份有限公司股票在全国中小企业股份转让系统挂牌的函

广东人人乐股份有限公司：

你公司报送的《广东人人乐股份有限公司关于股票在全国中小企业股份转让系统挂牌的申请报告》（人人乐［2015］03号）及相关文件收悉。根据《中华人民共和国公司法》《中华人民共和国证券法》《国务院关于全国中小企业股份转让系统有关问题的决定》《非上市公众公司监督管理办法》《全国中小企业股份转让系统业务规则（试行）》等有关法律法规、部门规章及相关业务规则，经审查，现同意你公司股票在全国中小企业股份转让系统挂牌，转让方式为协议转让。

你公司申请挂牌时股东人数未超过200人，按规定中国证监会豁免核准你公司股票公开转让，你公司挂牌后纳入非上市公众公司监管。请你公司按照有关规定办理挂牌手续。

全国股转公司（公章）

2015年5月19日

说明：人人乐股份有限公司初次申请挂牌采用的是协议转让方式，也可以选用做市转让方式。

4. 缴费

根据《缴费通知单》的要求，申请挂牌的公司应缴纳挂牌初费5万元和2015年年费3万元。

相关链接：全国股份转让系统公司的收费根据挂牌公司总股本不同分为四大类。挂牌公司初费的收费标准为：

挂牌公司总股本2000万股（含）以下，收费3万元；

挂牌公司总股本 2000 万～5000 万股（含），收费 5 万元；

挂牌公司总股本 5000 万～1 亿股（含），收费 8 万元；

挂牌公司总股本 1 亿股以上，收费 10 万元。

挂牌公司 2015 年年费标准为：

挂牌公司总股本 2000 万股（含）以下，收费 2 万元；

挂牌公司总股本 2000 万～5000 万股（含），收费 3 万元；

挂牌公司总股本 5000 万股～1 亿股（含），收费 4 万元；

挂牌公司总股本 1 亿股以上，收费 5 万元。

人人乐股份公司的总股本是 3,000 万股，所以挂牌公司的初费为 5 万元，2015 年的年费为 3 万元。

5. 挂牌前首次信息披露

2015 年 5 月 26 日，主办券商安乐乐信证券有限公司协助人人乐股份公司通过全国股转系统业务支持平台进行首次信息披露操作。首次信息披露的内容如表 3.5 所示。

表3.5 人人乐股份公司首次信息披露表

代码	标题	日期
833221	[临时报告]人人乐：公开转让说明书	2015年5月27日
833221	[临时报告]人人乐：财务报表及审计报告	2015年5月27日
833221	[临时报告]人人乐：法律意见书	2015年5月27日
833221	[临时报告]人人乐：公司章程	2015年5月27日
833221	[临时报告]人人乐：主办券商推荐报告	2015年5月27日
833221	[临时报告]人人乐：全国股份转让系统公司同意挂牌的函	2015年5月27日

重要提示：文件披露后，不得随意更改、替换或撤销。如确需修改，申请挂牌公司和主办券商通过全国股转系统业务支持平台提交申请挂牌公司出具的更正公告、更正后的信息披露文件、主办券商出具的情况说明（如涉及法律意见书更正的，由律师事务所出具说明；涉及审计报告及财务报表更正的，由会计师事务所出具说明），上述文件均需加盖公章，经挂牌业务部确认后，发布更正公告及更正后的信息披露文件。

6. 在线填写挂牌进度计划

2015 年 5 月 28 日，主办券商安乐乐信证券有限公司应在获知人人乐股份公司代码和简称的当日或第二个转让日，在全国股转系统业务支持平台上在线填写《主办券商办理股份公司股票挂牌进度计划表》。

人人乐股份公司的《主办券商办理股份公司股票挂牌进度计划表》如表 3.6 所示。

表3.6 人人乐股份公司主办券商办理股份公司股票挂牌进度计划表

序号	事 项	办理时限	预计完成日期
1	股份公司原股东在证券公司营业部开立证券账户	报送挂牌申请文件前	2016年4月10日
2	申请挂牌同时股票发行工作进度安排	挂牌日前	2016年6月7日
3	挂牌前首次信息披露日期	T-9日	2016年5月27日
4	向股转系统公司业务部提交申请	T-8日	2016年5月28日
5	股转公司业务部出具初始登记表	T-6日	2016年5月30日
6	向中国结算北京分公司提交登记预审材料	T-5日	2016年6月3日
7	中国结算公司北京分公司现场办理股份初始登记	T-3日	2016年6月5日
8	向股转系统公司挂牌业务部递交《股票公开转让记录表》《股份登记确认书》，确定挂牌日期	T-2日	2016年6月6日
9	挂牌前第二次信息披露日期	T-1日	2016年6月7日
10	股票挂牌	T日	2016年6月8日

7. 股份初始登记

2016 年 5 月 30 日，人人乐股份公司及主办券商安乐乐信证券有限公司应向中国结算北京分公司报送股份初始登记预审文件，根据中国结算北京分公司的安排现场办理登记手续，领取《股份登记确认书》。

8. 挂牌前的第二次信息披露

2016 年 6 月 3 日，人人乐股份有限公司及主办券商安乐乐信证券有限公司通过全国股转系统业务支持平台报送第二次信息披露文件，如表 3.7 所示。

表3.7 人人乐股份公司主办券商办理股份公司挂牌前第二次信息披露表

代码	标题	日期
833221	[临时报告]人人乐：关于公司股票将在全国股份转让系统挂牌公开转让的提示性公告	2015年6月3日

人人乐股份公司的《关于公司股票将在全国股份转让系统挂牌公开转让的提示性公告》如下。

广东人人乐股份有限公司

关于股票挂牌并采用协议转让方式的提示性公告

本公司股票挂牌公开转让申请已经全国股转公司同意。本公司股票将于 2015 年 6 月 8 日起在全国股份转让系统挂牌公开转让。

证券简称：人人乐，证券代码：833221

转让方式：协议转让

公开转让说明书及附件已于 2015 年 5 月 27 日披露于全国股转系统指定信息披露平台 www.neeq.com.cn 或 www.neeq.cc，供投资者查阅。

广东人人乐股份有限公司（公章）

2015 年 6 月 3 日

9. 拟申请挂牌仪式

人人乐股份公司管理层决定举办挂牌仪式，于 2016 年 6 月 4 日填写《全国股转公司挂牌仪式申请》，发邮件至 guapaiyishi @neeq.org.cn，与全国股转公司信息服务研究部沟通具体事宜。

人人乐股份公司的《全国股转公司挂牌仪式申请》如表 3.8 所示。

表3.8 人人乐股份公司的《全国股转公司挂牌仪式申请表》的基本资料

报送信息	内容
拟参加（集体/专场）仪式	公司股转系统挂牌仪式
公司全称	广东人人乐股份有限公司
证券简称	人人乐
证券代码	833221
主办券商	安乐乐信证券有限公司
控股股东	魏威山
主营业务	五金电子
企业或主办券商联系人	张志玲
总资产（万元）	12203
总股本（万）	3000
净资产（万元）	3200
净利润（万元）	1203
公司简介（200~400个字）	略

10. 办理股票挂牌

2016 年 6 月 7 日，人人乐股份公司取得中国结算北京分公司出具的《股份登记确认书》后，将《股份登记确认书》《公开转让记录表》（加盖公章）扫描件提交给全国股转公司挂牌业务部，确定公司挂牌日期为2016年6月8日。

小结：通过人人乐股份有限公司从筹备新三板上市、公司改制、制作并申报材料，到最后完成在全国股份转让系统办理股票挂牌业务，整个过程中需要主办券商、律师事务所和会计师事务所协助。所以选择中介机构的重要因素是看中介机构可以投入到此项目的时间。

第2篇

新三板挂牌上市疑难问题及解决方案篇

在本篇中，以已经成功挂牌新三板的股份公司为例，对在挂牌过程中所遇到的各种问题或障碍，以及如何解决这些问题或克服这些障碍的成功经验进行了详尽的分析和梳理。因而，对拟挂牌公司、主办券商、会计师事务所和律师事务所等而言，极具针对性、借鉴性和可操作性。

第4章

设立及存续期出资和资产相关问题与解决方案

2013 年 2 月 8 日发布、2013 年 12 月 30 日修改的《全国中小企业股份转让系统业务规则（试行）》，在第 2.1 条明确规定了股份有限公司申请股票在全国股份转让系统挂牌的条件，其规定为，股份有限公司申请股票在全国股份转让系统挂牌，不受股东所有制性质的限制，不限于高新技术企业，应当符合下列条件：

1. 依法设立且存续满两年。有限责任公司按原账面净资产值折股整体变更为股份有限公司的，存续时间可以从有限责任公司成立之日起计算；

2. 业务明确，具有持续经营能力；

3. 公司治理机制健全，合法规范经营；

4. 股权明晰，股票发行和转让行为合法合规；

5. 主办券商推荐并督导；

6. 全国股份转让系统公司要求的其他条件。

为避免拟申请公司及各中介机构对挂牌条件的误读，2013 年 6 月，全国股份转让系统公司按照“可把控、可举证、可识别”的原则，对上述《全国中小企业股份转让系统业务规则（试行）》规定的 6 项挂牌条件进行细化，出台了《全国中小企业股份转让系统股票挂牌条件适用基本标准指引（试行）》。

在上述股份有限公司申请股票在全国股份转让系统挂牌的条件中，第 5 个条件可以认为是对前 4 个条件的一种程序性保障，即需要拟挂牌公司与主办券商签署《推荐挂牌并持续督导协议》，并由主办券商完成尽职调查和内核程序，对拟挂牌公司是否符合前 4 个挂牌条件发表独立意见，并出具推荐报告。第 6 个条件是虚置条件，规则、指引均未有相应要求，只是为未来全国股份转让系统公司针对股份有限公司申请股票在全国股份转让系统挂牌设置其他条件留下空间。

以下是对挂牌条件的几点说明。

1. 存续满两年：指完整的两个会计年度。最近一期的理解：月底即可，不限于季度末。（还需要注意一点的是，“两年一期”不是必须要有“一期”，如果条件允许，两个完整会计年度就可以申报挂牌。）

2. 合法合规经营：强调日常监管，无需为挂牌去拿一些前置的文件。（但是需要注意的是：①国资和外资问题在变动时需要取得主管部门的批复；②涉及环保问题的企业需要拿到环保评价批复文件；③涉及生产经营资产的企业在生产经营前需取得经营资质等。）

3. 股权明晰：最终落脚点是不要有纠纷，尽最大努力确认股权是否明晰。（关注股份代持、对赌协议、低价股权转让、股权激励等情形可能对股权清晰稳定所带来的伤害。）

4. 股权依法转让：挂牌前是否在区域股权中心挂牌，是否符合国务院 37 号、38 号文，不符合的要先摘牌。纳入合并报表的其他企业的股份发行和转让也要合法。

4.1 公司设立及存续期间股东相关疑难问题与解决方案

“依法设立且存续满两年”是拟挂牌公司必须达到的第一个条件。《全国中小企业股份转让系统股票挂牌条件适用基本标准指引（试行）》将该条件具体细化为以下 3 个标准。

1. 依法设立，是指公司依据《公司法》等法律、法规及规章的规定向公司登记机关申请登记，并已取得《企业法人营业执照》（2015 年 10 月 1 日全国全面推行“三证合一、一照一码”登记改革，企业领取工商行政管理部门核发加载法人和其他组织统一社会信用代码的营业执照后，无需再次进行税务登记，不再领取税务登记证）。

（1）公司设立的主体、程序合法、合规。

（2）公司股东的出资合法、合规，出资方式及比例应符合《公司法》相关规定。

2. 存续两年是指存续两个完整的会计年度。

3. 有限责任公司按原账面净资产值折股整体变更为股份有限公司的，存续时间可以从有限责任公司成立之日起计算。整体变更不应改变历史成本计价原则，不应根据资产评估结果进行账务调整，应以改制基准日经审计的净资产额为依据折合为股份有限公司股本。申报财务报表最近一期截止日不得早于改制基准日。

拟挂牌公司设立时为内资企业，但其创办人为外国国籍的；有限公司整体变更为股份公司时，没有进行相应的资产评估，违反了《公司注册资本登记管理规定》（2014 年 2 月 20 日国家工商行政管理总局令第 64 号公布）第十三条“有限责任公司变更为股份有限公司时，折合的实收股本总额不得高于公司净资产额。有限责任公司变更为股份有限公司，为增加资本公开发行股份时，应当依法办理”的规定……这些问题应如何解决?

在已经成功挂牌的公司中，该条件及细化标准中最容易出现的问题有：公司设立及存续期间股东相关问题，公司设立或增资时的实物出资问题，以商标权、专利权等知识产权出资的问题，公司实际控制人认定问题等。而本节重点讲解如何克服其中的“依法设立且存续满两年”障碍和解决问题。下面将对已经成功挂牌的公司案例，进行详细讲解。

4.1.1 “外籍身份设立的内资企业”是否会对股份公司的持续经营、申请挂牌的主体资格产生不利影响

“外籍身份设立的内资企业”是否会受到行政处罚？是否会对股份公司的持续经营、申请挂牌的主体资格产生不利影响?

【案例 4.1】北京网动网络科技股份有限公司在挂牌过程中所遇到的问题：2009 年 2 月 18 日，北京网动网络科技股份有限公司前身北京讯网天下科技股份有限公司（以下简称“讯网天下”）成立时，股东马滨已取得澳大利亚国籍。根据讯网天下设立时的《内资企业设立登记（备案）审核表》和海淀工商局于 2009 年 2 月 18 日向其颁发的《企业法人营业执照》，讯网天下设立时性质为内资企业。

马滨出资设立有限责任公司并持有讯网天下股权的行为是否会受到行政处罚？本次挂牌是否符合《业务规则》第 2.1 条第 1 项的规定?

问题剖析及解决方案如下。

1. 马滨因长期以中国居民身份在中国境内生活、工作，对国家外商投资制度、外商投资企业优惠政策均缺乏了解，因此在办理讯网天下设立事项时未申请设立外商投资企业，公司注册成立后理讯网天下也未要求享受任何的外商投资企业待遇。因此，不存在马滨为规避审批法律制度故意隐瞒了自身外籍身份的情形。

马滨为外籍身份而以中国公民身份出资并持有讯网天下股权的问题已因马滨于 2012 年 6 月讯网天下减资时退出了该公司而得到消除。

讯网天下及其后续主体股份公司已通过 2009 年、2010 年、2011 年、2012 年的工商年检。同时，2012 年 11 月 15 日北京市工商行政管理局海淀分局出具《证明》，证明该公司近两年没有因违反工商行政管理法律法规受到查处的记录。

据此认为，虽然讯网天下设立时马滨的股东资格存在法律瑕疵，但不属于应当受到行政处罚的重大违法行为。

2. 即使因上述问题受到行政处罚，也不会对股份公司的持续经营、申请挂牌的主体资格产生不利影响。

讯网天下已于 2012 年 9 月由有限责任公司整体变更为股份有限公司，该整体变更行为和股份公司设立后的股权结构合法、合规、真实有效。股份公司不存在终止经营或被吊销营业执照的情形。

同时，股份公司现有股东已出具承诺函，承诺本公司前身北京讯网天下科技有限公司成立时，其股东马滨已取得了澳大利亚国籍，马滨的股东资格存在法律瑕疵，该问题已因马滨 2012 年 6 月讯网天下减资时退出了该公司而得到消除。如果政府主管机关因马滨以外籍身份设立有限公司股份的股东资格法律瑕疵对本公司进行处罚，将由公司现有股东按现有比例承担公司因此受到的全部经济损失，该等责任为连带责任，无需公司承担任何费用。

即使股份公司因上述问题受到行政处罚，也不会对公司的持续经营、申请挂牌的主体资格产生实质性影响。

综上所述，该公司本次挂牌符合《业务规则》第 2.1 条第 1 项“依法设立且存续满两年”的规定，不存在任何实质性的法律障碍。

4.1.2 企业设立及改制时，国有控股的股东履行的相关国资备案程序是否完备和合法

在新三板企业设立及改制过程中，如果股东为国有控股的股东，其履行的相关国资备案程序是否完备和合法，通过以下案例讲解如何进行判断。

【案例 4.2】天津光电高斯通信工程技术股份有限公司在挂牌过程中所遇到的问题：公司设立及改制时，第二大股东光电集团所持公司股份是否须履行相关国资备案程序？其程序的完备性、合法性如何？

问题剖析及解决方案如下。

光电高斯设立及改制程序完备、合法有效。经查阅《中华人民共和国企业国有资产法》（以下简称《企业国有资产法》），其第三十条规定：“国家出资企业合并、分立、改制、上市，增加或减少注册资本，发行债券，进行重大投资，为他人提供大额担保，转让重大财产，进行大额捐赠，分配利润，以及解散、申请破产等重大事项，应当遵守法律、行政法规以及企业章程的规定，不得损害出资人及债权人的权益。”第三十三条规定：“国有资本控股公司、国有资本参股公司有本法第三十条所列事项的，依照法律、行政法规以及公司章程的规定，由公司股东会、股东大会或者董事会决定。由股东会、股东大会决定的，履行出资人职责的机构委派的股东代表应当依照本法第十三条的规定行使权利。”

根据光电高斯提供的材料及适当核查，光电高斯第二大股东天津光电集团有限公司的公司章程第八十一条第十四款规定了光电集团董事会行使的职权包括对公司投资事项做出决议。2013 年 5 月 28 日，光电集团出具董事会决议，审议通过了《关于光电高斯通信工程技术有限公司改制由有限责任公司整体变更为股份公司》《关于光电高斯通信工程技术有限公司改制成为股份公司后进行增资扩股》和《关于光电高斯通信工程技术有限公司改制成为股份公司后股票进行全国中小企业股份转让系统挂牌并公开转让》三项议案。光电高斯的第二大股东光电集团的董事会决议内容对光电高斯的改制、增资扩股及挂牌等重

大事项均予以了认定。

光电集团章程经该公司股东大会审议并通过，其章程条款授予董事会决定对外投资的权利，光电高斯作为光电集团的参股子公司可认定为光电集团的对外投资，光电集团董事会决议认可了光电高斯的设立改制等事项。签署该决议的董事包括光电集团股东信达资产、华融资产、东方资产委派的董事，因此光电高斯设立及改制事宜符合《企业国有资产法》第三十条、第三十三条的规定。同时，光电高斯也发行了其董事会、股东大会审批程序。据此说明光电高斯包括改制在内的重大事项发行了股东审批流程，符合《企业国有资产法》的规定，亦按照《公司法》进行了工商登记备案，合法合规。

综上所述，光电高斯设立、增资及改制等重大事项均依据光电集团章程由光电集团董事会审议通过，符合《企业国有资产法》第三十条、第三十三条的规定。同时光电高斯重大事项也已履行其董事会、股东大会决策程序，并进行了工商登记备案，符合《公司法》的规定，履行了全部必备程序，因此，光电高斯的改制程序完备、合法、有效。

【案例 4.3】北京赫宸环境工程股份有限公司（以下简称“赫宸有限公司”）注册于北京市密云经济技术开发区，注册资本金 4,200 万元，是由清华大学启迪创业投资有限公司、北京中关村创业投资有限公司、国家发改委引导基金富汇创业投资有限公司、银杏创业投资有限公司，以及京西创投等机构共同投资。在新三板挂牌过程中遇到的问题：2012 年 8 月 22 日，北京中关村创业投资发展有限公司以 1,000 万元的货币对有限公司投资，占有限公司注册资本的 15.11%；2013 年 3 月 29 日，北京服务新首钢股权创业投资企业（有限合伙）以 1,000 万元的货币对有限公司投资，占有限公司注册资本的 11.337,9%。上述股东均为国有控股的投资公司，其持有的赫宸环境公司股权均为国有股权。上述投资主体设立及向赫宸有限公司投资是否履行必要程序？国有股权设立的合法合规性如何？

问题剖析及解决方案如下。

1. 投资主体设立的程序

（1）北京中关村创业投资发展有限公司设立的程序

北京中关村创业投资发展有限公司的前身为北京京试高科技术发展中心。1998 年 9 月 29 日，北京市国有资产管理局为北京京试高科技术发展中心办理了企业国有资产产权登记，确认北京京试高科技术发展中心的出资单位为北京市新技术产业发展服务中心，注册资本金及实收资本均为 1,000 万元，系国家资本。

1998 年 10 月 5 日，主办单位北京市高技术产业发展服务中心签署了《北京京试高科技术发展中心章程》，规定如下：拟成立企业名称为北京京试高科技术发展中心，企业经济性质为全民所有制，企业注册资本金总额为 1,000 万元等。

2009 年 1 月 5 日，北京市发展和改革委员会出具了《关于北京中关村创业投资发展中心备案的通知》（京发改［2009］12 号），对北京中关村创业投资发展中心（北京中关村创业投资发展有限公司系由北京中关村创业投资发展中心更名而来）予以备案。

（2）北京服务新首钢股权创业投资企业（有限合伙）设立的程序

2010 年 10 月 29 日，北京京煤集团有限责任公司通过董事会决议：北京市发改委倡议并联合石景山区政府、首钢总公司、京煤集团作为联合发起人，拟设立政府引导、市场化运作的“北京服务新首钢产业股权投资基金”，经京煤集团董事会研究决定，同意京煤集团参与合作设立此投资基金。

2010 年 12 月 28 日，首钢总公司董事会办公室印发首董办发［2010］7 号《首钢总公司董事会会议决议》（2010 年 12 月 7 日通过），同意市发改委、首钢总公司和京煤集团合作设立“北京服务新首钢产业股权投资基金”。

2011 年 1 月 25 日，北京市发展和改革委员会提交北京市人民政府《北京市发展和改革委员会关于设立“北京服务新首钢产业股权投资基金”有关事项的请示》（京发改文［2011］24 号），其中基金设立方案的相关内容如下：基金名称为“北京服务新首钢产业股权投资基金”；“北京服务新首钢产业股权投资基金”采取有限合伙的组织模式，普通合作人（北京京西创业投资基金管理有限公司）负责执行基金经营事务，其他投资者为有限合伙人，出资但不执行基金事务。

（3）核查意见

1）投资主体北京中关村创业投资发展有限公司的设立，其主办单位北京市新技术产业发展服务中心签署了《北京京试高科技术发展中心章程》；并到北京市国有资产管理局办理了企业国有资产产权登记；于2009年1月5日在北京市发展和改革委员会办理了创业投资企业的备案手续。所以投资主体北京中关村创业投资发展有限公司的设立发行了必要的程序，合法合规。

2）另一投资主体北京服务新首钢股权创业投资企业（有限合伙），2012年6月1日设立时向北京市金融工作局办理了创业投资企业的备案手续，但未在国家发展改革委备案，因其有限合伙人出具了相关的决策文件，所以其有限合伙人出具的决策文件合法合规。

2. 投资主体向赫宸有限公司投资的程序分析

（1）投资主体北京中关村创业投资发展有限公司投资的程序

1）2012年6月25日，北京华德恒资产评估有限公司出具华评报字[2011]第075号《评估报告》，确认股东全部权益评估价值。

2）2012年7月12日，北京中关村创业投资发展有限公司召开了2012年第4次投资决策委员会会议，5名委员中4名委员签署同意北京中关村创业投资发展有限公司向北京赫宸有限公司投资1,000万元。

3）2012年8月14日，赫宸有限公司通过股东会决议：同意接纳北京中关村创业投资发展公司成为股东，由其对公司增资1,000万元。

4）2013年11月29日，股份公司及控股股东、实际控制人出具承诺，承诺尽快办理完毕包括但不限于国有股权事项的备案、登记等合法合规性手续。

综上所述，投资主体北京中关村创业投资发展有限公司投资的程序符合国有股权事项的备案、登记规定，其办理国有股权备案、登记等合法合规性手续不存在实质性法律障碍；其持有公司的国有股权，权属清晰分明、真实确定，不存在权属争议或潜在纠纷。

（2）投资主体北京服务新首钢股权创业投资企业（有限合伙）投资的程序

1）根据《北京服务新首钢股权创业投资企业（有限合伙）之有限合伙协议》约定如下：普通合伙人执行投资项目的决策（具体由其组建的投资决策委员会

行使）。投资决策委员会共 8 名委员。投资决策委员会委员在讨论事项时，每人一票，会议方案经超过 2/3 的委员同意方可通过。

2）2013 年 2 月 3 日，北京服务新首钢股权创业投资企业（有限合伙）投资决策委员会委员投票表决《北京赫宸有限公司项目》，表决情况如下：7 票同意，1 票反对，通过北京赫宸有限公司项目。

3）2013 年 3 月 12 日，赫宸有限公司通过股东会决议：同意接纳北京服务新首钢股权创业投资企业（有限合伙）成为新股东，由北京服务新首钢股权创业投资企业（有限合伙）对公司增资 1,000 万元，公司原股东放弃优先认购权。

4）2013 年 11 月 29 日，股份公司及控股股东、实际控制人出具承诺，承诺尽快办理完毕包括但不限于国有股权事项的备案、登记等合法合规性手续。

3. 新三板核查意见

（1）北京中关村创业投资发展有限公司向赫宸有限公司投资，符合《北京中关村创业投资发展有限公司股权投资管理办法》的规定，发行了相应的决策程序。

（2）北京服务新首钢股权创业投资企业（有限合伙）向赫宸有限公司投资，符合《北京服务新首钢股权创业投资企业（有限合伙）之有限合伙协议》的约定，发行了相应的决策程序。

（3）北京中关村创业投资发展有限公司、北京服务新首钢股权创业投资企业（有限合伙）对赫宸有限公司的投资办理了工商登记，其持有股份公司的股份，权属分明、真实，不存在权属争议或潜在纠纷。

（4）两投资主体尚未办理国有股权事项备案、登记等合法合规性手续，基于此，上述股东与股份公司及控股股东、实际控制人已经分别出具尽快办理完毕包括但不限于国有股权事项备案、登记等合法合规性手续的承诺，该等承诺合法、有效，其办理国有股权备案、登记等合法合规性手续不存在实质性法律障碍。

（5）公司的历次股权变更均办理了工商变更登记，公司股权结构清晰，权属分明、真实确定，公司股东持有公司的股份不存在权属争议或潜在纠纷。

股份公司的股东均具备完全民事行为能力，股东资格符合法律、法规和规范性文件的规定。公司 36 个月内不存在未经法定机关核准擅自公开或者变相公开发行过证券的行为，符合挂牌相关条件。

小结：投资主体北京中关村创业投资发展有限公司和北京服务新首钢股权创业投资企业（有限合伙）均为国有控股的投资公司，它们的投资程序均履行了相应的投资人入股程序，并且符合国资转让相关程序的要求。虽未办理国有股权事项备案、登记等合法合规性手续，但做出了尽快办理完毕包括但不限于国有股权事项备案、登记等合法合规性手续的承诺。所以以上事项经新三板审核符合挂牌的规定。

4.1.3 威门药业整体变更时净资产存在虚增，并用货币补足对应的出资

【案例 4.4】贵州威门药业股份有限公司在挂牌过程中所遇到的问题：根据立信会计师出具的《专项复核报告》并经核查，威门药业系根据《改制审计报告》，以截至审计基准日 2001 年 4 月 30 日的净资产 32,008,331.73 元出资折合成股份 32,000,000 股，由威门药业整体变更设立。由于上述《审计报告》在审计基准日时点上未对 1997 年威门药业增资时评估增值调账等前期会计差错进行处理，导致威门药业整体变更时净资产存在虚增，经审计净资产虚增 259,154.58 元，从而导致股份公司设立时注册资本存在瑕疵，具体情况如下所示。

1. 截至 2001 年 4 月 30 日，威门药业 1997 年增资时固定资产评估增值部分累计计提折旧 31,549.43 元，未计提折旧金额为 69,960.57 元，导致净资产虚增 69,960.57 元。

2.1997 年评估增值的存货在评估后于 1997 年和 1998 年已经全部形成产成品并对外销售，由于评估调账，威门药业少计缴企业所得税 147,716.70 元，导致净资产虚增 147,716.70 元。

3. 截至 2001 年 4 月 30 日，由于威门药业 1997 年增资时评估增值的固定资产多计提折旧，威门药业因此少计缴企业所得税 2,491.46 元，导致净资产虚增 2,491.46 元。

4. 因 1997 年威门药业对固定资产未计提折旧，导致截至 2001 年 4 月 30 日，威门药业净资产虚增 38,985.85 元。

从而导致股份公司设立时注册资本存在瑕疵。威门药业股东梁斌、姚强、李孟林、俞胜、张康宁分别于 2010 年 11 月 26 日、2010 年 11 月 30 日、2010 年 12 月 6 日已将货币资金 259,154.58 元投入威门药业以替代净资产虚增审计虚增 259,154.58 元对应的出资，对上述因净资产虚增导致的出资瑕疵事宜予以补足。公司是否符合依法设立的挂牌条件?

问题剖析及解决方案如下。

威门药业整体变更为股份公司时注册资本因为威门药业 1997 年增资时经审计净资产虚增事宜而存在瑕疵。鉴于:

1. 威门药业股东梁斌、姚强、李孟林、俞胜、张康宁分别于 2010 年 11 月 26 日、2010 年 11 月 30 日、2010 年 12 月 6 日已将货币资金 259,154.58 元投入威门药业以替代净资产虚增审计虚增 259,154.58 元对应的出资，对上述因净资产虚增导致的出资瑕疵事宜予以补足。

2. 贵州省工商行政管理局已于 2013 年 10 月 23 日出具《贵州威门药业股份有限公司 1997 年增资及 2001 年股份公司设立相关事宜的确认函》，其中记载："（1）威门药业（含威门药业）上述出资瑕疵系因会计差错导致，不属于重大违法违规行为；（2）上述出资瑕疵已经予以规范解决，且解决的过程合法、合规，该等瑕疵不影响威门药业的依法设立和有效存续，威门药业 1997 年增资及 2001 年股份公司设立具有充足的法律依据；（3）我局不会就上述历史出资问题对威门药业进行行政处罚，亦不会追究其其他的任何法律责任。"

3. 2013 年 10 月 30 日，威门药业实际控制人梁斌、杨槐夫妇出具承诺函，承诺如威门药业因经审计净资产虚增事宜而遭受任何损失，其将向威门药业承担全部赔偿责任。

4. 主办券商认为：因威门药业整体变更为股份有限公司时经审计的账面净资产存在虚增的情形，威门药业的设立存在一定的法律瑕疵；股东梁斌、姚强、李孟林、俞胜、张康宁补足出资后，该瑕疵已得以规范消除；威门药业整体变更为股份有限公司时存在的瑕疵不影响其依法设立及合法存续，对威门药业本次挂牌不构成实质性影响。

5. 威门药业的律师事务所金杜所认为：威门药业设立时的股权设置及股本结构合法、有效，产权界定和确认不存在法律风险。

金杜所出具《补充法律意见书》认为：尽管威门药业整体变更时未在审计基准日对威门药业 1997 年增资时评估增值调账而导致的前期会计差错进行处理而使得股份公司设立时注册资本存在瑕疵，但威门药业相关股东事后已对此予以补足，且相关出资已经立信会计师进行专项复核、贵州省工商局已对威门药业设立的合法性予以确认，威门药业有效设立，符合挂牌条件。截至新三板核查之日，威门药业未因上述经审计净资产虚增事宜而发生相关纠纷。

综上所述，尽管威门药业整体变更时未在审计基准日对威门药业 1997 年增资时评估增值调账而导致的前期会计差错进行处理而使得股份公司设立时注册资本存在瑕疵，但威门药业相关股东事后已对此予以补足，且相关出资已经立信会计师事务所进行专项复核、贵州省工商局已对威门药业设立的合法性予以确认，因而，威门药业设立有效，符合挂牌条件。

4.1.4 新三板公司股东是大学校友会

【案例 4.5】天津市天友建筑设计股份有限公司在挂牌过程中所遇到的问题：天大校友会可否成为公司的股东？

问题剖析及解决方案如下。

1. 关于天大校友会的基本情况

天大校友会，全称为北洋大学——天津大学天津校友会。截至本法律意见书出具之日天大校友会基本情况如下所示。

（1）天大校友会现持有天津市民政局下发的《社会团体法人登记证书》（津社证字第 439 号），有效期为 2012 年 1 月 1 日至 2016 年 1 月 1 日。住所：天津市南开区鞍山西道天津大学北五村新 1-2-101；法定代表人：王德惠；活动资金：53 万元；业务主管单位：天津市教育委员会；业务范围：开展技术培训、技术咨询、校友联谊、学术交流、技术服务。

（2）根据股份公司提供的材料及核查，1999 年 8 月 20 日，经天津市社会团体管理办公室下发的《关于审定北洋大学——天津大学天津校友会为社会团体法人的批复》（津法社证字［1999］439号），天大校友会符合《社会团体登记管理条例》有关规定，确认为社会团体法人，换发社会团体法人登记证书。

（3）自2002年3月4日至2012年8月24日，天大校友会持续作为天津市天友建筑设计有限公司（下简称“有限公司”）和股份公司的股东。

2. 关于天大校友会作为有限公司及股份公司股东的合法性

（1）天大校友会可以从事经营活动

天大校友会现持有天津市民政局下发的《社会团体法人登记证书》，属于依据《社会团体登记管理条例》依法设立的社会团体法人。

根据有限公司注册时有效的《公司登记管理若干问题的规定》第17条、《关于社会团体开展经营活动有关问题的通知》第2条的规定，社团法人可以开展经营活动。社团法人开展经营活动时，可以投资设立企业法人，也可以设立非法人经营机构，但不得以社团法人自身名义从事经营活动。

因此，天大校友会对外投资设立天津市天友建筑设计有限公司和股份公司，符合《社会团体登记管理条例》及相关法律法规的规定。

（2）天大校友会具备《公司法》规定的股东资格

《公司法》和《公司登记管理条例》均没有对社会团体法人作为有限公司和股份公司股东做出限制性规定。

因此，天大校友会对外投资设立天津市天友建筑设计有限公司和股份公司，符合《公司法》及相关法律法规的规定。

（3）天大校友会的持股已经工商行政管理机关核准

根据天津市天友建筑设计有限公司设立的登记文件，天大校友会与股东宋令涛等签署了公司章程，并取得了天津市工商行政管理局核发的注册号为1201931001728的《企业法人营业执照》。

2010年8月，天津市天友建筑设计有限公司整体变更为股份有限公司，天津市工商行政管理局核发了注册号为120193000007212《企业法人营业执照》。

因此，天大校友会对外投资设立天津市天友建筑设计有限公司和股份公司，获得了工商行政管理机关的核准，符合工商行政管理的规定。

3. 关于天大校友会曾为有限公司和股份公司的股东是否构成挂牌障碍

根据新三板的审核意见，天大校友会作为有限公司和股份公司历史上的股东，符合相关法律法规的规定，不会造成股份公司挂牌的障碍。

小结：天大校友会属合法的社会团体法人，社团法人可以开展经营活动，社团法人开展经营活动时，可以投资设立企业法人，也可以设立非法人经营机构，但不得以社团自身名义从事经营活动。天大校友会的股东符合法律法规的规定，其持有的股份公司股份已经依法转让，其曾作为股份公司股东的事实不会造成股份公司挂牌的障碍。

4.2 公司设立及存续期间出资相关问题与解决方案

公司设立及存续期间，与资产相关的问题是比较常见的新三板挂牌问题，如实物出资未经评估，或者实物出资未履行转移手续、货币出资转入个人账户，公司设立时股东出资存在实际未到位即实际未缴足之瑕疵等是否符合挂牌条件，如果不符合，应如何解决。

4.2.1 设立时实物出资未经评估、货币出资转入个人账户

设立时实物出资未经评估，货币出资转入个人账户是否符合“依法设立”的挂牌条件，如果不符合，应如何解决。下面我们以已经成功挂牌上市的企业案例进行讲解。

【案例 4.6】湖北中科网络科技股份有限公司在挂牌过程中遇到的问题如下。

1. 湖北中科网络有限公司设立于 1998 年 5 月 6 日，根据公司设立时的工商登记材料，股东袁建华用于出资的实物资产未进行评估。

2. 公司设立时袁建华以货币出资 7.7 万元，曾凡俐以货币出资 29.8 万元，

工商材料显示袁建华、曾凡俐将拟用于出资的货币资金存入个人账户而非验资户。

上述出资已实际到位，但存在程序瑕疵，为规范上述事项，有限公司于2013年5月30日召开临时股东会，决议向股东分红37.5万元，各股东签署《股东确认书》，同意以分红补足公司设立时的货币出资。股东因本次分红应缴纳的个人所得税7.5万元已交予公司，由公司履行代缴义务。根据武汉市相关政策，因进入全国股份转让系统挂牌而产生的各项税费可以暂缓缴纳，故公司暂未将税款缴纳给税务机关。

3. 因原出资房产无法办理房产证书，2013年2月4日，公司召开股东会，全体股东一致同意股东袁建华以货币出资置换2008年4月以公司房产作价300万元的出资。

2013年2月6日，湖北长江会计师事务所有限公司出具《资本替换验资报告》（鄂长会验字［2013］第0204号），验证截至2013年2月5日，股东袁建华用于替换出资的300万元货币已全部到位。

问题剖析及解决方案如下。

1. 关于中科网络有限公司设立时实物出资未经评估是否符合届时适用《公司法》的要求，是否符合"依法设立"的挂牌条件。

湖北中科网络有限公司设立于1998年5月6日，其股东的出资行为应适用当时的《公司法》（1993年12月29日公布、1994年7月1日起施行）。1993年的《公司法》第24条第1款规定，股东可以用实物作价出资。对作为出资的实物，必须进行评估作价，核实财产，不得高估或者低估作价。中科网络有限公司设立时，股东袁建华用于出资的实物资产未经评估，不符合1993年《公司法》的前述规定。

由于公司成立时间较早，成立时股东法律规范意识不足，且当时湖北省工商行政管理局未要求公司提供相应的资产评估报告，故实物资产未经评估，实物出资存在一定瑕疵。对此，公司律师出具法律意见，认为实物出资未经评估存在瑕疵，不符合原《公司法》的规定，但上述作为出资的实物是以实际购买价格作价出资，且袁建华购买该设备时间为1998年3月，出资时间为1998年4月，不存在减值情形，该实收资本已经过验资及湖北省工商行政管理局核准登记，公司确已收到该批设备，股东出资到位。

经新三板审核，中科网络有限公司设立时股东袁建华的前述实物出资已到位，符合《业务规则》第 2.1 条第 1 项和《标准指引》第 1 条“依法设立”的规定。

2. 关于中科网络有限公司设立时货币出资相关行为是否符合届时适用《公司法》的要求，是否符合“依法设立”的挂牌条件。

公司设立时股东袁建华、曾凡俐将拟用于出资的货币资金存入个人账户而非验资户。因年代久远，公司已无法提供前述货币出资已到位的相关资料。为查明前述货币出资过程，拟向验资机构武汉汉江会计师事务所核查，但因该验资机构已注销十余年，无法获得当时验资的相关文件。为消除因前述货币出资情况不明所致的出资瑕疵风险，中科网络有限公司于 2013 年 5 月 30 日召开临时股东会，决议向股东分红 37.5 万元，各股东签署《股东确认书》，同意以分红补足公司设立时的货币出资。股东因本次分红应缴纳的个人所得税 7.5 万元已交予公司，由公司履行代缴义务。根据武汉市相关政策，因进入全国股份转让系统挂牌而产生的各项税费可以暂缓缴纳，故公司暂未将税款缴纳给税务机关。中科网络有限公司已于 2013 年 6 月 3 日收到全体股东的前述分红投入。

新三板核查意见显示，基于中科网络有限公司已采取前述有效措施，前述货币出资事项不对本次系统挂牌构成实质性障碍，符合《业务规则》第 2.1 条第 1 项和《标准指引》第 1 条“依法设立”的规定。

小结：针对中科网络有限公司这次的问题，解决方案有三：1. 实物资产未经评估：确认不符合规定，但提供证明实物出资已到位的证据；2. 出资的货币资金存入个人账户，采取有效措施，补足出资；3. 采用全额现金投入置换无法办证的实物资产（房屋）。最终，解决好前述问题，就不会对本次系统挂牌构成实质性障碍。

4.2.2 设立时实物出资，但实物出资未办理转移手续

设立时实物出资，但实物出资未办理转移手续是否符合“依法设立”的挂牌条件，如果不符合，应如何解决。下面我们以已经成功挂牌上市的企业案例进行讲解。

【案例 4.7】江西恒大高新技术有限公司分别于 1996 年 10 月 1 日、1996 年 12 月 10 日和 1997 年 2 月 26 日召开股东会，通过决议，同意恒大有限注册资本由人民币 50 万元增加至人民币 150 万元，其中朱星河以实物和现金认缴新增注册资本 60 万元，包括设备作价 40 万元和现金 20 万元，胡长清以实物和现金作价认缴新增注册资本 30 万元，包括其自有房产一套作价 10.56 万元，设备作价 9.44 万元和现金 10 万元，胡恩雪以现金认缴新增注册资本 10 万元。发行人历史上多次以实物或资产出资，但未履行过户手续。

问题剖析及解决方案如下。

核查股东历来出资情况，得出朱星河以位于枫林大道的土地使用权（洪北土国用［2001］字第 002 号）出资当时未办理过户至恒大高新名下的登记手续，但是恒大高新、南昌恒大新材料发展有限公司和朱星河于 2002 年 4 月 26 日签署了协议书，同意恒大高新以该土地使用权投入南昌恒大新材料发展有限公司，并直接由朱星河过户至南昌恒大新材料发展有限公司名下，恒大高新以该土地使用权出资依法取得南昌恒大新材料发展有限公司相应股权并登记为该公司合法股东。由于自朱星河将该土地使用权对恒大高新出资时直至恒大高新以该土地使用权对南昌恒大新材料发展有限公司出资时止，未有包括朱星河在内的任何人提出任何形式和性质的权利主张。

故在此期间恒大高新作为该土地使用权的权利人，对该土地占有、使用、收益和依法处分的各项权能的享有和行使并未因登记过户手续的欠缺而受到任何实质性影响。

经核查，恒大高新以上述土地使用权出资当时办理了过户至南昌恒大新材料发展有限公司名下的手续，南昌恒大新材料发展有限公司取得了《中华人民共和国国有土地使用证》（洪北土国用［2002］字第 066 号）。

针对上述出资不规范问题，公司出具说明书解释朱星河以土地使用权认购恒大高新增资当时未履行过户至恒大高新名下的登记手续，在法律程序上存在一定瑕疵，但是该土地使用权已实际投入恒大高新并由恒大高新作为出资投入南昌恒大新材料发展有限公司，其权属最终已有效转移，故朱星河以上述土地使用权认购恒大高新增资以及恒大高新以该等土地使用权认购南昌恒大新材料发展有限公司增资行为的合法性、真实性和有效性，并不因该瑕疵而受到实质性影响。

综上所述，股东实物出资程序不规范已得到改正，且在公司存续期间，没有对公司、其他股东或公司债权人造成不利影响。因此，恒大高新实物出资不规范不影响公司设立的合法性。

4.2.3 实物出资无发票

实物出资无发票是否符合“依法设立”的挂牌条件，如果不符合，应如何解决。下面我们以已经成功挂牌上市的企业案例进行讲解。

【案例 4.8】厦门恒坤新材料科技股份有限公司以实物作价增资，存在发票不全的情况。2004 年 12 月经评估和验资，厦门市恒坤工贸有限公司以实物作价 126.795 万元对公司增资。根据“光明评估字（2004）第 L06 号”《资产评估报告书》，评估时实物资产 26 台（套）机器设备账面价值共计 1,359,599.99 元，而所附发票金额共计 512,999.99 元，即用于出资的 26 台机器存在发票不全的情况。

问题剖析如下。

根据《厦门市恒坤工贸有限公司固定资产评估报告书》（光明评估字（2004）第 L06 号），上述 26 台（套）机器设备账面价值共计 1,359,599.99 元，评估值为 1,267,950.00 元，所附发票金额共计 512,999.99 元。根据公司的说明，上述 26 台（套）机器中的 8 台（套）机器设备目前已报废，其余 18 台（套）机器设备仍在使用，现存机器设备按评估时点的评估价值为 970,200.00 元，截至 2014 年 9 月 30 日的净值为 49,488.18 元。依据公司及其股东出具的说明，上述机器设备均为股东恒坤工贸所有，已实际交付公司使用，股东出资真实且已缴足，不存在纠纷。公司是由恒坤精密以经审计的净资产折股整体变更设立的股份有限公司，并经兴华出具的“（2013）京会兴审字第 12220001 号”《审计报告》和“[2014] 京会兴验字第 12220001 号”《验资报告》审验，不存在出资不实的情形。

解决方案如下。

1. 如实披露固定资产出资情况和折旧情况；有限公司设立时股东陈江福出具的《说明》，其与厦门工贸未对上述实物出资事宜产生任何纠纷。

2. 现股东认可无票出资声明

股份公司现任股东易荣坤、杨辉炫、陈江福、高金飘、王廷通、资阳弘信创业投资控股有限公司、厦门神剑投资合伙企业（有限合伙）出具《声明》，声称“本人（本公司）认可恒坤精密实物出资评估价值，并确认出资真实有效，保证对上述实物资产及出资事宜不产生任何异议或纠纷。”

3. 出资方及其实际控制人承诺

厦门工贸及公司实际控制人易荣坤已承诺，上述出资实物资产不存在权属纠纷，如若今后有任何单位或个人对出资资产主张权利或提出其他任何权利要求，其承担由此产生的所有法律责任，采取包括但不限于现金补偿等方式，并赔偿由此给股份公司造成的经济损失。

主办券商及律师认为，厦门工贸上述实物出资已经进行了评估、验资、工商登记等程序，且已实际交付公司使用，股东对该等出资情况已确认，无任何纠纷；公司是由恒坤股份以经审计的净资产折股整体变更设立的股份有限公司，并经兴华出具的“（2013）京会兴审字第 12220001 号”《审计报告》和“[2014] 京会兴验字第 12220001 号”《验资报告》审验，不存在出资不实的情形，恒坤精密设立时股东实物出资购买发票不全的情况不会导致公司设立行为无效，对公司本次挂牌不构成实质性障碍。

综上所述，股东实物出资程序不规范的情况已得到改正，且在公司存续期间，没有对公司、其他股东或公司债权人造成不利影响。因此，厦门恒坤实物出资不规范的情况不影响其公司设立的合法性。

小结：发票是我国一切单位和个人在购销商品、提供或接受服务以及从事其他经营活动中，所开具和收取的业务凭证。厦门工贸用于出资的部分实物资产没有发票，在确认该实物出资已经评估、验资、工商登记等程序并已实际交付公司使用，股东对该等出资情况确认无任何纠纷且出资人做出了承诺，最终不对挂牌构成实质性障碍。

4.2.4 实物出资未过户

实物出资未过户是否符合“依法设立”的挂牌条件，如果不符合，应如何解决？下面我们以已经成功挂牌上市的企业案例进行讲解。

【案例 4.9】贵州利美康外科医院股份有限公司，以实物作价出资，但未办理其财产权转移手续。2004 年 3 月 9 日利美康设立时，发起人用于出资的车辆共 18 辆，用于出资的房产共 6 处，其中 14 辆车辆（评估值 4,498,558.00 元）及 4 处房屋（评估值 6,231,353.52 元）未办理过户手续，不符合当时有效的《公司法》（1999 年修正）第二十五条关于以实物出资的应当依法办理其财产权转移手续的相关规定，存在法律瑕疵。

问题剖析如下。

根据该公司出具的说明与承诺，通过核查公司设立时的《验资报告》和立信会计师出具的《验资复核说明》，上述未办理权属过户手续的 12 辆车辆均已于 2009 年 3 月折旧摊销完毕，并分别于 2014 年 1 月、2 月由公司进行了处置，该等车辆自公司 2004 年成立至 2009 年 3 月折旧摊销完毕并处置后的剩余收益实际由公司享有，与该等车辆有关的经济利益已全部流入公司。

解决方案如下。

1. 证明车辆占有、使用、收益、处分等所有权归属公司

经公司设立时的《验资报告》、处置上述 12 辆车辆相关的股东大会决议、二手车转让协议、收款凭证、公司出具的说明与承诺及立信会计师事务所出具的《验资复核说明》等材料证明，公司发起人用于出资的全部车辆已自 2004 年 2 月 20 日起实际交付公司使用，其中 2 辆车辆目前实际使用人仍为利美康，其余 12 辆车辆于 2014 年处置后相关处置收益由利美康实际享有，与该等车辆有关的经济利益已全部流入公司。

2. 以货币补足原房产出资

对于公司发起人利美康、骆刚用于出资但未办理过户手续的 4 处房产，贵州利美康于 2014 年 11 月 9 日召开股东大会，决定由原出资股东以货币补足出资本金 6,231,353.52 元，并按银行同期贷款基准利率计缴资金占用费，共计 2,804,950.10 元；原出资股东、发起人利美康保健、骆刚已于 2015 年 2

月向公司补足出资并向公司支付了资金占用费。

3. 会计师事务所验资复核

立信会计师事务所于 2015 年 2 月 3 日出具了《验资复核说明》，确认贵州利美康 2004 年 3 月成立时的发起人实物出资，已予以规范解决，不存在出资不实的情形。

4. 公司控股股东及实际控制人承诺

公司控股股东及实际控制人骆刚、文颖慧已于 2015 年 2 月 9 日出具了《承诺函》，承诺若因公司设立过程中实物出资存在瑕疵导致工商主管部门对公司处以行政罚款的，或因该等事宜而导致公司及未来的股东有任何法律或财务风险的，其将全额承担相应罚款及因此所产生的所有相关费用。

主办券商、律师认为，公司设立时因实物资产未办理过户而出现的出资瑕疵，未对公司行使该等车辆占有、使用、收益、处分等所有权产生不利影响，不会对公司本次挂牌产生实质性法律障碍。

综上所述，股东实物出资程序不规范的情况已得到改正，且在公司存续期间，没有对公司、其他股东或公司债权人造成不利影响。因此，利美康实物出资不规范的情况不影响公司设立的合法性。

小结：无论是何种出资瑕疵，首先要确保后续该出资已经到位，需要相关股东补足的，要以后续投入的方式使资本到位。对于已使用并摊销和处置的出资要进行重新复核，确认其占有、使用、收益、处分等所有权归属于公司；对于房产出资以货币补足出资，使得瑕疵不再损害公司、股东以及其他债权人的利益，确保该出资瑕疵不构成挂牌的实质性障碍，从而使挂牌公司符合“股票发行和转让行为合法合规”“设立合法”的挂牌条件。

4.2.5 股改程序存在瑕疵

上海天呈医流科技有限公司的股东复旦企业减资存在瑕疵，是否符合“依法设立”的挂牌条件？如果不符合，应如何解决问题。下面我们以已经成功挂牌上市的企业案例进行讲解。

【案例 4.10】上海天呈医流科技股份有限公司在挂牌过程中所遇到的问

题：上海天呈医流科技有限公司的股东复旦企业发展为国有企业，有限公司本次减资应该委托具有相应资质的评估机构进行评估，且应当将《资产评估报告》及时报相关部门备案。复旦企业发展从有限公司减持 10% 国有股权，虽依法进行了资产评估，但是存在应向而未向复旦大学进行备案的瑕疵。

问题剖析及解决方案如下。

根据上海新华资产评估有限公司出具的《资产评估报告》（上新评（2005）第 250 号），该公司以 2005 年 6 月 30 日为评估基准日的净资产评估价值为 47.43 万元，据此，复旦企业发展以 6.50 万元减持该公司 10% 的股权，高于公司净资产值，未造成国有资产流失的情形。同时，有限公司编制了资产负债表及财产清单，履行了必要的减资公告程序，并经上海市工商行政管理局杨浦分局核准。

此外，2013 年 4 月 26 日，该公司取得了复旦企业发展出具的《关于上海复旦企业发展有限公司从上海天呈科技有限公司减持 10.00% 股权的情况说明》，内容如下：“关于我司于 2005 年 11 月从上海天呈科技有限公司（以下简称‘天呈科技’）减持 10% 股权的行为现说明如下：天呈科技于 2001 年 4 月由我司、邓志龙等人共同出资设立，注册资本为 100.00 万元，我司持有天呈科技 10.00% 的股权。2005 年 11 月，因天呈科技出于经营上的考虑，我司拟从天呈科技退出。同年 11 月 28 日，天呈科技召开股东会，全体股东一致同意我司减持天呈科技 10% 的股权，天呈科技的注册资本由 100.00 万元减至 90.00 万元，因天呈科技经营亏损，我司减持上述 10.00% 的股权的价格为 6.50 万元。我司本次减持股权的价格系以天呈科技截至 2005 年 6 月 30 日的净资产评估值为基础确定。根据上海新华资产评估有限公司于 2005 年 9 月 30 日出具的上新评（2005）第 250 号《上海天呈科技有限公司整体资产评估报告书》（以下简称《资产评估报告》），截至 2005 年 6 月 30 日，天呈科技的资产总额为 967,086.99 元、负债总额为 492,750.01 元、净资产值为 474,336.98 元。本次减持股权在《资产评估报告》的有效期内并于 2006 年 5 月经主管工商行政管理机关核准变更登记。”

复旦企业发展在减资过程中，依据《国有资产评估管理办法》《国有资产评估管理若干问题的规定》等相关规定进行了资产评估，虽存在未向上级部门申请备案的瑕疵，但履行了相关的决议程序及减资程序，未造成国有资产流失等情形，并获得了上海市工商行政管理局杨浦分局核准。因此，本次减资存在的瑕疵不会对天呈医流在全国股份转让系统申请挂牌及公开转让造成实质影响。

小结：天呈有限的股东复旦企业发展虽存在未就相关事项向主管部门备案及未按照其《公司章程》规定履行董事会审批程序的瑕疵，但能提供证明本次减资的对价系参照相关股权的评估价值并经股东各方协商确定，复旦企业发展的法定代表人、主管复旦大学校办企业的负责人已同意本次减资的文件；同时复旦企业发展已就本次减资行为及评估结果再次予以确认，并且复旦企业发展对天呈医流的投资所涉金额较小，本次减资不存在纠纷或潜在纠纷，不存在损害国有股东利益的情形，没有造成国有资产的流失，所以不会对本次公开转让构成法律障碍。

4.3 公司设立及存续期知识产权相关问题与解决方案

根据《全国中小企业股份转让系统股票挂牌条件适用基本标准指引（试行）》第一条第二款第一项规定："以实物、知识产权、土地使用权等非货币财产出资的，应当评估作价，核实财产，明确权属，财产权转移手续办理完毕。"在现实的审核实践中，对拟挂牌企业涉及知识产权出资者，股转系统公司往往会予以特别关注。

从法律上讲，股东以非货币出资没有任何问题，《公司法》第二十七条规定："股东可以用货币出资，也可以用实物、知识产权、土地使用权等可以用货币估价并可以依法转让的非货币财产作价出资；但是，法律、行政法规规定不得作为出资的财产除外。"但是在股东以非货币出资的过程中需要履行必要的程序。

1. 以知识产权作为出资在实务操作中应该注意六大问题

（1）出资的无形资产所有权是否属于职务发明。即关注用于出资的知识产权是否属于出资股东所有，其中重点关注是否是职务发明的问题。

（2）出资（财产转移过户）的程序是否合法有效。即用作出资的知识产权是否经过评估和验资，是否已交付公司占有和使用。

（3）出资的比例是否复核设立时《公司法》的规定。知识产权出资的比例问题，即用作知识产权出资的比例是否符合法律法规的规定，也会引起股转公司的关注。

（4）出资资产的评估报告是否适当，评估价值是否真实合理。即用作出资的知识产权价值是否高估、作价是否公允，是否导致虚假出资，并侵害其他投资人的利益。需要有证券资质的评估机构对无形资产出资进行复核，出具资产是否减值的评估报告，如果有证券资质的评估机构评估之后发现有减值的迹象，企业要根据评估报告进行减资或者出现金补足实收资本。

（5）无形资产和公司业务是否紧密相连，是否后续对公司业绩做出贡献。如果不能对业绩做出贡献，而是为了满足出资的目的，只需对公司的知识产权出资的部分进行减资。

（6） 无形资产的产权是否明晰，是否存在潜在法律纠纷。

2. 知识产权出资的程序性事项

现行的《公司法》对知识产权出资并无评估和审验的要求。但在新三板挂牌时，就必须对知识产权进行评估和验资。

（1）知识产权评估

知识产权出资评估一般首选“收益法”。收益法的常用指标有收益额、收益期限和折现率。收益额是指由知识产权直接带来的未来超额收益。总体来说，用收益法进行评估只是一种预测，难免带有主观偏差。因此，股转系统往往会在反馈意见中要求保荐机构和券商就评估方法和作价的公允性进行核查，并发布法律意见。

（2）办理财产转移手续

对于知识产权出资，根据《公司法》的规定，公司应办理财产转移手续，即需将知识产权所有权属由出资人转移至公司，并办理变更登记手续（如需要）。

（3）验资

知识产权出资和货币出资、实物出资一样，须在出资完成后，由会计师验资后计入实收资本。

3. 由知识产权出资导致的问题及其解决方案

（1）常见问题

1）权属问题：名为出资人所有，实际为公司所有，即用于出资的知识产权为职务成果。

2）作价过高：知识产权产生的效益远远低于评估时预测的效益。

3）没有办理权属转移。分为两种情况，第一种，知识产权已交付给公司，但没有办理产权过户。第二种，既没有将知识产权交付给公司，也没有办理权属过户手续。

4）出资比例不符合规定。

5）应当进行评估，但没有评估。

6）没有验资。

（2）解决方案

针对 1）、2）、4）3 个问题，通常有 3 个解决方案。一、减资，将该部分无形资产进行减资，并相应减少公司的注册资本（如果该部分出资已享受分红，分红应予返还，因此此种方法会引起连锁反应，一般不予采用）；二、置换，即用股东用等额现金将用于出资的知识产权置换出来；三、补正，即用现金替代。

针对问题 3），通常的解决方案是办理过户，如没有交付的话，还需继续交付，并按同期贷款利率支付利息予以补偿。

针对问题 5），最常见、最简单的方法是让有证券资质的评估公司进行复核，并出具复核报告。

针对问题 6），通常的解决方案是由会计师进行复验。

4. 无形资产出资的比例

对于无形资产的出资比例，在《公司法》中有较为明确的规定。而《公司法》对于无形资产出资比例的规定，也经历了一个不断变化的过程。

（1）1999 年修改后的《公司法》第二十四条规定，“以工业产权、非专利技术作价出资的金额不得超过有限责任公司注册资本的百分之二十，国家对采用高新技术成果有特别规定的除外。”

（2）2005 年修改后的《公司法》（于 2006 年 1 月 1 日起实施）对此规定进行了变更，只是规定全体股东的货币出资金额不得低于注册资本的 30%，而没有单独对工业产权、非专利技术这类无形资产进行一个最高比例的限定。

（3）2013 年修改后的现行《公司法》，取消了原《公司法》中对货币最低出资比例的限制。

5. 除了《公司法》之外，部分针对高新企业、外资企业的法规中，对于无形资产的出资比例有着特殊的规定

（1）《关于以高新技术成果出资入股若干问题的规定》（已于 2006 年 5 月 23 日废止）则明确指出，以高新技术成果出资入股，作价总金额可以超过公司注册资本的 20%，但不得超过 35%。

（2）一些地方性政策也对高新技术企业的无形资产出资进行了规定。例如，《深圳市人民政府办公厅印发深圳市工商行政管理局关于促进高新技术企业发展若干注册问题的暂行规定的通知》（深府办 [2001] 82 号）第一条则取消了对高新技术成果作价出资的比例限制，“以高新技术成果作价出资的，其作价出资占注册资本的比例由出资各方协议约定。出资各方应当将高新技术成果的作价金额、占注册资本的比例、办理财产权转移手续等事宜记入公司章程。高新技术成果作价出资的比例超过注册资本 35% 的，全体股东应当共同出具承担企业债权债务连带责任的书面承诺。”

《北京市工商行政管理局关于中关村科技园区高新技术企业注册登记改制改组工作的试点意见》（京工商发 [2000] 127 条）第六条“鼓励投资者对园区内高新技术企业投资，以工业产权、非专利技术作价出资的，其作价出资的总金额占注册资本（金）的比例最高可达 60%，另有约定的除外。”

6. 外资企业对于无形资产出资比例的限制也有一个逐渐变化的过程

（1）2001 年的《中华人民共和国外资企业法实施细则》第二十七条规定，外国投资者以工业产权、专有技术作价出资的，该工业产权、专有技术应当为外国投资者所有。该工业产权、专有技术的作价应当与国际上通用的作价原则相一致，其作价金额不得超过外资企业注册资本的 20%。

（2）2014 年修改后的《中华人民共和国外资企业法实施细则》取消了外资企业工业产权、专业技术最高投资比例的限制。

（3）2014 年 6 月 24 日，商务部发布《商务部关于改进外资审核管理工作的通知》，取消对外商投资（含台、港、澳投资）的公司首次出资比例、货币出资比例和出资期限的限制或规定，改由投资者（股东、发起人）自主约定并在合营（合作）合同、公司章程中载明。

挂牌的股份公司，如果是由有限公司整体变更而来，则原有限公司的知识产权、资质等应变更到股份公司名下。拟挂牌公司的股东以知识产权等无形资产进行出资或增资，如果可以确定知识产权不属于职务技术成果，则不存在知识产权纠纷。但如果无法提供充足的依据证明用于增资的知识产权为非职务研究成果，此种情形是否会构成公司挂牌的实质性障碍？此外，拟挂牌公司与他人共有多项专利，拟挂牌公司从关联方受让知识产权，或者转让知识产权给关联方等情形，又是否会对公司挂牌构成实质性障碍？下面将对公司设立及存续期间出现的与知识产权相关的问题及其解决方案进行讲解。

4.3.1 无形资产出资比例达 50%，超《公司法》规定的最高比例

北京奥特美克科技发展有限公司无形资产出资比例达 50%，是否符合挂牌条件。

【案例 4.11】北京奥特美克科技发展有限公司于 2000 年 9 月 6 日，经北京市工商局行政管理局注册成立，注册资本与实收资本均为 400 万元。股权比例如表 4.1 所示。

表4.1 北京奥特美克科技发展有限公司股权比例表

序号	股东姓名或名称	出资方式	出资额（万元）	持股比例
1	北方电通	知识产权	200	50%
2	杨雪岗	货币	200	50%
合计			400	100%

其中知识产权出资已经北京方诚会计师事务所有限责任公司出具方会评报字（2000）第 034 号《关于北京部北方电通电气技术有限公司“SAS500 系

列综合终端单元”“住宅小区智能化系统远程抄收部分”两项非专利技术资产评估报告》予以评估，并经北京数码会计师事务所有限公司出具数开验字［2000］第743号《验资报告》验证。

问题剖析及解决方案如下。

根据1999年修订的《公司法》第二十四条“以工业产权、非专利技术作价出资的金额不得超过有限责任公司注册资本的百分之二十，国家对采用高新技术成果有特别规定的除外”；《中关村科技园区高新技术企业注册登记改制改组工作的试点意见》第六条“鼓励投资者对园区内高新技术企业投资，以工业产权、非专利技术作价出资的，其作价出资的总金额占注册资本（金）的比例最高可达60%”。该公司设立时的非专利技术出资比例虽然高于20%，不符合《公司法》的规定，但符合中关村科技园区对高新技术企业采用高新技术成果出资的特别规定。因此，该公司以非专利技术出资的方式设立及其出资比例不违反当时的法律法规及章程的相关规定。

小结：在对企业无形资产的出资比例进行核查的时候，需要注意两点：第一，出资的时间；第二，企业的特殊性质。出资时间的不同，决定了适用法律的不同，而不同时期的法律对于无形资产出资比例的限制性要求存在着差异；企业的性质不同，决定了企业可以适用针对性的法律法规，遵循特殊性规定。

4.3.2 新三板企业股东以职务发明出资的解决方案

对于股东以职务发明进行出资的新三板企业，在进行规制时有两种主要方案：第一，减资；第二，现金置换。

1. 减资

减资是处理以职务发明出资最为直接有效的手段。因为职务发明或职务成果已经评估、验资并过户到公司。这种情况下，一般通过减资程序在公司注册资本中减去职务发明的估值，并将通过减资置换出来的无形资产无偿赠给公司使用。

【案例4.12】上海艾融信息科技有限公司股东张岩以无形资产出资。2009年3月至2013年11月，该股东任原有限公司总经理有可能涉嫌利用公司提供物质或其他条件形成前述著作权（职务成果），可能会引起全国股转公司产生出资不实的合理怀疑。

问题剖析及解决方案如下。

上海艾融信息科技有限公司采取减资的方式，消除了以职务发明出资的嫌疑。具体过程如下所示。

2013年4月27日，该公司召开股东会，做出《上海艾融信息科技有限公司股东会决议》，公司注册资本由500万元增加至1,500万元，增加的注册资本1,000万元由股东张岩以无形资产出资。同日，股东会作出另一份决议，同意将知识产权“i2网上商城系统V3.0”著作权作为无形资产对公司进行投资，将评估机构以2013年4月1日为基准日确认的评估价值作为投资价值的参考依据。

2013年4月1日，北京中恒正源资产评估有限责任公司出具中恒正源评报字［2013］第023号《无形资产评估报告书》，结论为：在资产评估基准日2013年3月27日，知识产权“i2网上商城系统V3.0”著作权中的财产权无形资产市场价值为人民币1,000.08万元。

2013年5月2日，上海东勤会计师事务所（特殊普通合伙）做出沪东勤验字（2013）第023号《验资报告》，审验结果为：截至2013年4月27日，公司已经收到张岩缴纳的新增注册资本（实收资本）合计人民币1,000万元，新增实收资本占新增注册资本的100%。

2013年5月7日，艾融软件领取注册资本以及实收资本为1,500万元的企业法人营业执照。

2013年9月24日，该公司召开股东会，做出《上海艾融信息科技有限公司股东会决议》，公司注册资本由1,500万元减少至500万元。减资的1,000万元为股东张岩的知识产权出资。减资后，原出资股东张岩放弃其对该项无形资产的权属，减资后该无形资产仍归属公司。

小结：采取减资的方式，可以消除以职务发明出资的嫌疑。

2. 现金置换

现金置换无形资产出资指用现金替代原无形资产出资，公司的注册资本维持不变。通过现金置换来解决职务发明出资问题的案例不在少数，大多将通过减资置换出来的无形资产无偿赠给公司使用。

【案例 4.13】博益（天津）气动技术研究所有限公司的股东陈乃克以其拥有的专利技术（一种新型液体流量传感装置）增资存在以职务发明出资的嫌疑，为了消除以职务发明出资的嫌疑，公司将通过现金置换知识产权出资的方式来解决职务发明出资的问题。

问题剖析及解决方案如下。

博益（天津）气动技术研究所有限公司于 2014 年 12 月 31 日披露《公开转让说明书》。该公司于 2005 年 8 月 24 日，决定将公司的投资总额增至 54 万美元，公司股东陈乃克以其拥有的专利技术（一种新型液体流量传感装置）增加出资 7.5 万美元，变更后的注册资本为 37.8 万美元；并于 2005 年 8 月 26 日获得了天津市经济技术开发区管理委员会的批准。

2009 年 1 月 15 日，博益有限股东会作出决议，决定对公司 2007 年实现的税后利润进行分红，分红金额为 3,104,828.13 元，股东按投资比例分红。其中，对于陈乃克 2005 年 8 月 26 日以专利“一种液体层流量传感器”评估增资人民币 606,900 元，以及 2007 年 3 月 7 日以专利“摩托车二次进气补给机构性能检测机构”评估增资人民币 939,462.5 元，由陈乃克利用本次分红完税后，先转入公司实收资本以替代其原来的无形资产投资，剩余部分现金分红；并同意相应修改《公司章程》。

2009 年 7 月 2 日，天津正则有限责任会计师事务所出具《验资报告》（津正则验字（2009）内 512 号），经审验，截至 2009 年 7 月 2 日，博益有限账面列示已收到陈乃克用于置换无形资产的应分得的公司税后利润 1,160,343.20 元。

2009 年 9 月 8 日，天津市工商行政管理局核准了上述变更登记事项，并核发了新的《企业法人营业执照》。

针对博益有限以置换无形资产出资的行为，主办券商和律师认为：博益气动前身博益有限的历次股权变动已履行了内部决策程序，并在主管工商管理部门完成了变更登记手续，符合法律、法规及规范性文件的相关规定。

小结：采取现金置换知识产权出资的方式，可以消除以职务发明出资的嫌疑。

4.3.3 资本公积转增股本，用现金补足不足金额的解决方案

以下以安徽九华山酒业有限公司为例，讲解资本公积转增股本，用现金补足不足金额的解决方案。

【案例 4.14】2010 年 8 月 27 日，安徽九华山酒业有限公司召开股东会并形成决议，同意将公司的投资总额增加至 1,200 万元，同时修改九华山有限公司的章程。

2010 年 9 月 7 日，池州新鼎会计师事务所出具了“新鼎会验字（2010）第 254 号”《验资报告》，审核确认截至 2010 年 7 月 31 日，九华山有限公司已将资本公积 1,040 万元转增为注册资本。

2010 年 9 月 9 日，池州市工商局向九华山有限公司核发了《企业法人营业执照》。九华山有限公司资本公积转增注册资本后，九华山有限的股权结构如表 4.2 所示。

表4.2 安徽九华山酒业有限公司股权比例表

序号	股东姓名	出资额（万元）	出资比例	出资形式
1	吴根才	750.00	62.5%	货币、资本公积金转增
2	桂桃荣	37.50	3.125%	货币、资本公积金转增
3	吴洲龙	37.50	3.125%	货币、资本公积金转增
4	马宏志	37.50	3.125%	货币、资本公积金转增
5	蒋尚龙	37.50	3.125%	货币、资本公积金转增
6	杨桂生	37.50	3.125%	货币、资本公积金转增
7	樊万民	37.50	3.125%	货币、资本公积金转增
8	葛子俊	37.50	3.125%	货币、资本公积金转增
9	马亚琴	37.50	3.125%	货币、资本公积金转增
10	陈媛好	18.75	1.5625%	货币、资本公积金转增
11	杨磊	18.75	1.5625%	货币、资本公积金转增
12	何孔发	18.75	1.5625%	货币、资本公积金转增
13	陈独早	18.75	1.5625%	货币、资本公积金转增
14	徐五二	18.75	1.5625%	货币、资本公积金转增
15	李林富	18.75	1.5625%	货币、资本公积金转增
16	余建华	18.75	1.5625%	货币、资本公积金转增
17	方中舟	18.75	1.5625%	货币、资本公积金转增
合计		1,200.00	100.00%	——

问题剖析及解决方案如下。

根据《审计报告》，由于九华山有限财务处理不当，使得该公司可以转增实收资本的资本公积金额不足 1,040 万元。

对于 572,100.20 元的差额，九华山有限在 2012 年末、2013 年末、2014 年 5 月 31 日的财务账上挂账其他应收款。九华山有限的股东承诺，该出资款已由各股东按照出资比例在 2014 年 6 月以现金补足。

当时增资时各股东应缴纳个人所得税共计 208 万元，由九华山有限代垫并挂账其他应收款，该款项已在 2014 年 5 月 31 日前收回。

资本公积转增实收资本金额不足，属于财务处理不规范问题，实际上并没有关联方占用九华山有限的资金，个人所得税属于代扣代缴性质，因此上述事项没有对公司财务状况和经营成果造成重大影响。

小结：采取现金补足不足金额的方式，可以消除以资本公司积转增资本金额不足的问题。

4.3.4 特殊出资方式的解决方案

虽然《公司法》对公司出资方式进行了规定，但是在操作实务中仍然有企业的出资方式与《公司法》规定不符（由于特殊原因得以设立）的现象，这些现象对新三板挂牌产生了重大影响。下面以武汉联动设计股份有限公司的案例进行分析。

【案例 4.15】2003 年 6 月 8 日，武汉联动设计股份有限公司召开了股东会，全体股东决议通过了《股份公司电力有限公司章程》。决议股份公司的注册资本为 1,000 万元，其中人力资源出资 340 万元（人力资源出资部分分配：黄万良 230 万元、任德才 50 万元、朱桂兰 40 万元、黄玉娇 20 万元），留学生创业园以管理资源的方式出资 10 万元。选举唐衍发、黄万良、刘智达、任德才、龚祥桂为公司董事，选举朱桂兰、黄玉娇、唐晓庆为公司监事。

2004 年 7 月 1 日，股份公司通过股东会决议，同意公司未到位的注册资本本次全部以实物出资的方式出资到位，本次出资到位后：黄万良出资额为 360 万元，其中现金出资 91 万元，人力资源出资 230 万元，实物出资 39 万元；

衍新电力出资额为 60 万元，全部为现金出资；镇江鑫德物资有限公司出资额为 25 万元，全部为现金出资；留学生创业园出资额为 10 万元，以管理资源出资；龚祥桂出资额为 303 万元，全部以实物出资；黄玉娇出资额为 50 万元，其中现金出资 10 万元，人力资源出资 20 万元，实物出资 20 万元；朱桂兰出资额为 100 万元，其中现金出资 55 万元，人力资源出资 40 万元，实物出资 5 万元；任德才出资额为 75 万元，其中现金出资 25 万元，人力资源出资 50 万元；赖明云出资额为 15 万元，全部以实物出资；尧弘出资额为 2 万元，全部以现金出资。同意将公司经营期限变更为 60 年，同意修改公司章程。

2012 年 11 月 3 日，股份公司通过股东会决议，一致同意股东黄万良以货币 280 万元填实其在公司的 280 万元人力资源出资，以货币 342 万元填实其在公司的实物出资；股东黄玉娇以货币 20 万元填实其在公司的 20 万元人力资源出资，以货币 20 万元填实其在公司的 20 万元实物出资；股东朱桂兰以货币 40 万元填实其在公司的 40 万元人力资源出资，以货币 5 万元填实其在公司的 5 万元实物出资；股东赖明云以货币 15 万元填实其在公司的 15 万元实物出资；股东武汉留学生创业园以货币 10 万元填实其在公司的 10 万元管理资源出资。

问题剖析及解决方案如下。

1. 关于以货币资金填实人力资源出资及管理资源出资

2001 年 2 月 19 日，武汉市东湖开发区管理委员会发布了《武汉东湖开发区管委会关于支持武汉光电子信息产业基地（武汉 · 中国光谷）建设若干政策实施细则的通知》（武新管综［2001］10 号），根据该通知第七条的规定，股东以人力资源入股的，经全体股东约定，可以占注册资本的 35%（含 35%）以内。2000 年 4 月 12 日，武汉市人民政府办公厅发布了《关于加快高新技术创业服务中心建设与发展步伐的通知》（武政办［2000］63 号），该通知第七条规定："鼓励创业中心通过投资、提供优质服务等方式持有在孵企业的一定股权。"依据上述通知，2003 年股份公司设立时，股东黄万良、黄玉娇、朱桂兰、任德才均以人力资源的方式向公司出资，共计 340 万元；股东留学生创业园以管理资源的方式向公司出资 10 万元。2005 年 3 月任德才将其持有的上述人力资源管理出资

50 万元转让给黄万良。

关于有限责任公司的股东出资方式，原《公司法》（1999 年 12 月生效并实施，2006 年 1 月 1 日新《公司法》实施后失效）第二十四条规定："股东可以用货币出资，也可以用实物、工业产权、非专利技术、土地使用权作价出资（以下省略）"。现行《公司法》第二十七条规定"股东可以用货币出资，也可以用实物、知识产权、土地使用权等可以用货币估价并可以依法转让的非货币财产作价出资；但是，法律、行政法规规定不得作为出资的财产除外。对作为出资的非货币财产应当评估作价，核实财产，不得高估或者低估作价。法律、行政法规对评估作价有规定的，从其规定。全体股东的货币出资金额不得低于有限责任公司注册资本的百分之三十。"因此，该公司上述人力资源出资及管理资源出资虽然符合《武汉东湖开发区管委会关于支持武汉光电子信息产业基地（武汉 · 中国光谷）建设若干政策实施细则的通知》及《关于加快高新技术创业服务中心建设与发展步伐的通知》的相关规定，但不符合原《公司法》及现行《公司法》关于公司出资方式的规定。

为规范上述出资问题，2012 年 11 月，股份公司的股东黄万良、黄玉娇、朱桂兰及留学生创业园将各自在公司的人力资源出资、管理资源出资分别以货币出资的方式予以填实。根据武汉中天奇会计师事务所有限责任公司于 2012 年 12 月 1 日出具的武奇会验字［2012］第 004 号《验资报告》，确认截至 2012 年 12 月 1 日该公司已收到用于填实人力资源出资和管理资源出资的货币资金 350 万元。

2. 关于以货币资金填实实物出资

2004 年 7 月，股份公司股东黄万良、龚祥桂、朱桂兰、赖明云分别将其认缴的部分货币出资 382 万元变更为实物出资，该部分实物出资主要为型钢、螺纹钢筋、仪表仪器。2011 年 10 月 31 日，股东龚祥桂将其持有的上述 303 万元实物出资转让给股东黄万良。虽然该部分实物出资与公司经营关联性不大，但是，根据 2012 年 10 月 22 日武汉中天奇会计师事务所有限公司出具的武奇会专审字［2012］第 001 号《关于股份公司设计工程有限公司截至 2012

年 10 月 19 日历次出资验资复核报告》，由于时间久远，无法获取相关原始资料证明出资实物所有权已转移至公司。

为规范上述出资瑕疵，股东黄万良、朱桂兰、赖明云及黄玉娇将各自在公司的实物出资分别以货币出资的方式予以填实。根据武汉中天奇会计师事务所有限责任公司于 2012 年 12 月 1 日出具的武奇会验字［2012］第 004 号《验资报告》，确认截至 2012 年 12 月 1 日，股东黄万良以货币 342 万元填实其在公司的实物出资；股东黄玉娇以货币 20 万元填实其在公司的 20 万元实物出资；股东朱桂兰以货币 5 万元填实其在公司的 5 万元实物出资；股东赖明云以货币 15 万元填实其在公司的 15 万元实物出资。

3. 关于上述以货币填实方式进行出资变更的法律程序

2012 年 10 月 18 日，股份公司向武汉东湖新技术开发区管理委员会提交了《关于解决历史出资问题的请示》，就人力资源、管理资源及实物出资瑕疵进行规范事宜进行了请示。

2012 年 10 月 19 日，股份公司向武汉市工商行政管理局东湖新技术开发区分局提交了《股份公司设计工程有限公司注册资本及股权结构说明》，拟以 350 万元现金填实人力资源出资和管理资源出资，以 382 万元现金填实实物出资。

2012 年 10 月 20 日，武汉市工商行政管理局东湖新技术开发区分局做出《关于指定武汉中天奇会计师事务所有限公司对股份公司设计工程有限公司实收资本进行验资的函》，指定武汉中天奇会计师事务所有限公司对股份公司的实收资本进行验资。

2012 年 10 月 22 日，武汉中天奇会计师事务所有限公司出具了《关于股份公司设计工程有限公司截至 2012 年 10 月 19 日历次出资验资复核报告》（武奇会专审字［2012］第 001 号），验证：2003 年 7 月 8 日股东第一次出资中，管理资源出资 10 万元、人力资源出资 340 万元，共计 350 万元，是依照武汉东湖开发区管理委员会文件武新管综［2001］10 号文件出资；2004 年 7 月 5 日股东第二次出资中实物出资 382 万元，由于时间久远，无法获取相关原始资料，证明出资实物所有权已转移至公司。

2012 年 11 月，股份公司股东黄万良、黄玉娇、朱桂兰、赖明云及留学生创业园将各自在公司的人力资源出资、管理资源出资及实物出资共计 732 万元，分别以货币出资的方式予以填实。2012 年 12 月 1 日，武汉中天奇会计师事务所有限责任公司出具了武奇会验字 [2012] 第 004 号《验资报告》，确认股份公司已收到上述 732 万元资金。其中，股东黄万良以货币 280 万元填实其在公司的 280 万元人力资源出资，以货币 342 万元填实其在公司的 342 万元实物出资；股东黄玉娇以货币 20 万元填实其在公司的 20 万元人力资源出资，以货币 20 万元填实其在公司的 20 万元实物出资；股东朱桂兰以货币 40 万元填实其在公司的 40 万元人力资源出资，以货币 5 万元填实其在公司的 5 万元实物出资；股东赖明云以货币 15 万元填实其在公司的 15 万元实物出资；股东武汉留学生创业园以货币 10 万元填实其在公司的 10 万元管理资源出资。

综上所述，虽然股份公司历史沿革中以人力资源及管理资源出资的出资方式不符合原《公司法》及现行《公司法》的有关规定，实物出资与公司关联性不大且无法核实所有权转移情况，但股份公司已通过以货币资金填实人力资源出资、管理资源出资以及实物出资的方式将出资方式变更为货币出资，规范了出资行为，且该出资填实履行了适当的法律程序，并经全体股东一致同意，并不侵害债权人或其他股东的利益，也不存在纠纷、潜在纠纷或行政处罚。因此，该次出资方式变更不会对本次挂牌申请构成实质性影响。

小结：由于地方政策与法律的冲突或者历史遗留问题，导致部分公司的出资存在瑕疵。但新三板挂牌要求公司在出资方面不能存在重大瑕疵，所以在解决此类问题的过程中，要注意以下 3 点。

1. 通过出资填实的方式需要履行适当的法律程序（含验资程序）。

2. 规范过程中，不得损害债权人和其他股东的利益，不能存在任何纠纷。

3. 出资人或者实际控制人要出具承诺书，如果因为出资及规范出资等问题产生行政处罚、纠纷、侵权，由出资人或实际控制人承担相应法律责任。

4.4 公司实际控制人认定等问题及解决方案

控股股东和实际控制人是公司的关联方。拟在新三板挂牌的公司控股股东和实际控制人的认定问题，关系到《法律意见书》对公司关联方认定问题，进而影响到对公司关联交易情况和同业竞争情况的披露问题。对控股股东和实际控制人的认定与披露，目的也是让潜在的投资者知道谁在决定和控制公司的财务和经营决策。

如何认定拟挂牌公司的多名股东为公司的共同控制人呢？一是根据公司历史上的决策情况，各股东对公司发展战略、重大经营决策、日常经营活动是否总是发表相同的意见，共同实施重大影响，在公司历次股东（大）会、董事会上是否有相同的表决意见；二是核实各股东是否担任过公司董事长、董事或总经理等重要职务，是否能够实际支配公司董事会和日常经营活动；更重要的是，各股东是否正式签署《一致行动协议》，以保证在参加公司股东大会行使表时按照各方事先协调所达成的一致意见行使表决权。此外，股东之间是否存在夫妻关系、直系亲属关系等，也是认定共同实际控制人所要考虑的重要因素。

拟挂牌的公司股东向公司增资后，又向公司借走此等增款项，此种情形是否属于抽逃出资行为？此外，拟挂牌公司由于业务发展需要，采用向项目现场负责人及实施人员（包括控股股东）预先借支数额巨大的备用金，是否属于不规范行为？以上情形是否会对公司挂牌构成实质性法律障碍？未成年人能否成为挂牌公司的股东？对于拟挂牌公司设立后的经营过程中，如何对股利进行合理性分配等问题，本节将进行详细讲解。

4.4.1 控股股东及实际控制人的认定问题

以无锡华精新材股份有限公司为例，讲述控股股东及实际控制人的认定过程。

【案例 4.16】无锡华精新型材料有限公司的股权结构情况：无锡华精投资发展有限公司持有无锡华精新材股份有限公司股份 20,513,876 股，占公司股份总额的 34.19%，为公司第一大股东，是公司的控股股东。（无锡华精投资发展有限公司对华精投资所占公司股份比例虽不足 50%，但足以对公司的发展战略、重大经营决策、日常经营活动产生重大影响。）

龚明达直接持有公司股份 7,988,873.00 股，占股份总额的 13.13%，同时担任公司董事长。另外，龚明达通过无锡华精投资发展有限公司持有公司股份 19,488,182.20 股，占公司股份总额的 32.48%；通过无锡华精经济管理咨询有限公司（公司另一法人股东）持有公司股份 6,155,498.871 股，占公司股份总额的 10.26%。龚明达合计持有公司 56.05% 的股份，为公司的实际控制人。

龚明达之子龚一飞直接持有公司股份 3,475,256.00 股，占股份总额的 5.79%，同时担任公司总经理、法定代表人；另外，龚一飞通过华精投资持有公司股份 1,025,693.80 股，占公司股份总额的 1.71%；通过无锡华精经济管理咨询有限公司持有公司股份 4,187,716.903 股，占公司股份总额的 6.98%。龚一飞合计持有公司 14.48% 的股份，为公司的共同实际控制人。

相关链接：依《中华人民共和国公司法》第 216 条的规定，控股股东是指其出资额占有限责任公司资本总额 50% 以上或者其持有的股份占股份有限公司股本总额 50% 以上的股东；出资额或者持有股份的比例虽然不足 50%，但依其出资额或者持有的股份所享有的表决权已足以对股东会、股东大会的决议产生重大影响的股东。实际控制人是指虽不是公司的股东，但通过投资关系、协议或者其他安排，能够实际支配公司行为的人。

对于公司的部分股东为企业法人的公司，控股股东和实际控制人的认定问题除了依据《公司法》的相关规定，还应参考《企业会计准则第 2 号——长期股权投资》的相关规定。

4.4.2 只认定一人为实际控制人的依据

以江阴钟舟电气股份有限公司为例，讲述只认定一人为实际控制人的依据及过程。

【案例 4.17】江阴钟舟电气股份有限公司在挂牌过程中遇到的问题：公司控股股东顾方钟与股东夏玲系夫妻关系，与股东顾萍霞和顾平娟系兄妹关系，此三人分别持股 6.38%、9.00% 和 8.00%，如何认定顾方钟一人为公司实际控制人？

问题剖析及解决方案如下。

1. 根据《上市公司收购管理办法》第 83 条的规定，“如无相反证据，投资者有下列情形之一的，为一致行动人：（九）持有投资者 30% 以上股份的自然人和在投资者任职的董事、监事及高级管理人员，其父母、配偶、子女及其配偶、配偶的父母、兄弟姐妹及其配偶、配偶的兄弟姐妹及其配偶等亲属，与投资者持有同一上市公司股份。”目前，该公司的前几大股东的持股情况，如表 4.3 所示。

表4.3 江阴钟舟电气股份有限公司部分股权比例表

序号	股东姓名或名称	持股股数（万股）	持股比例
1	江阴科豪服装色织有限公司	322	40.25%
2	顾方钟	132	16.50%
3	顾萍霞	72	9.00%
4	顾平娟	64	8.00%
5	张淑英	62	7.75%
6	夏玲	51	6.38%
合计		703	

根据表 4.3 可知，顾方钟为公司实际控制人。因为股东夏玲与顾方钟系夫妻关系，股东顾萍霞和顾平娟与顾方钟系兄妹关系，所以，夏玲、顾萍霞和顾平娟为实际控制人顾方钟的法定一致行动人。

同时，夏玲在 2011 年 11 月至 2012 年 6 月期间担任公司董事，2012 年 6 月至 2013 年 9 月担任公司监事会主席；顾萍霞及顾平娟自 2012 年 6 月至今担任公司董事。在此期间，公司“三会”作出的表决中，此三人与顾方钟意见表示相同，表决结果一致。综上所述，我们可以认定：“夏玲、顾萍霞和顾平娟与实际控制人顾方钟为一致行动人。”

2. 根据《上市公司收购管理办法》第八十四条的规定，“有下列情形之一的，为拥有上市公司控制权：（一）投资者为上市公司持股 50% 以上的控股股东；（二）投资者可以实际支配上市公司股份表决权超过 30%；（三）投资者通过实际支配上市公司股份表决权能够决定公司董事会半数以上成员选任；（四）投资者依其可实际支配的上市公司股份表决权足以对公司股东大会的决议产生重大影响；（五）中国证监会认定的其他情形。”

顾方钟系公司创始人之一，自公司设立至今担任公司董事长兼总经理；顾方钟现直接持有公司 16.5% 的股份，并作为公司控股股东科豪色织的实际控制人（其持有科豪色织 87% 的股权，并担任法定代表人、董事长）间接持有公司 40.25% 的股份。

顾方钟通过其持股数量及所任职位对公司财务、人事、经营决策等具有控制力，为公司的实际控制人。顾萍霞和顾平娟虽为顾方钟的一致行动人，但其持股数量及任职均对公司的财务、人事、经营决策等不具有实际控制力，不符合实际控制人认定情况。因此未将顾萍霞和顾平娟认定为实际控制人。

综上所述，认定顾方钟一人为实际控制人是依据相关法律法规的规定，并结合各股东持股情况及其对公司经营管理施加的影响做出的决定，合法合规。

小结：可以根据股东的持股数量及任职，对公司的财务、人事、经营决策等是否具有实际控制力，来进行实际控制人认定。

4.4.3 将多人共同认定为实际控制人的依据

以上海飞田通信股份有限公司为例，讲解认定多人为实际控制人的依据及过程。

【案例 4.18】上海飞田通信股份有限公司在挂牌过程中遇到的问题：请解释于秀珍、吴宝林、吴建俊（James Jianjun Wu）和陆桂华（Anne Guihua Lu）四人共同为公司实际控制人的原因和对公司的实际支配情况。将前述四人共同认定为实际控制人的依据是否充分、是否合法合规？

问题剖析及解决方案如下。

根据中国证监会《关于印发〈首次公开发行股票并上市管理办法〉第十二条“实际控制人没有发生变更”理解和适用——证券期货法律适用意见第 1 号》第二条规定“公司控制权是能够对股东大会的决议产生重大影响或者能够实际支配公司行为的权力，其渊源是对公司的直接或间接的股权投资关系。因此，认定公司控制权的归属，既需要审查相应原股权投资关系，也需要根据个案的实际情况，综合对发行人股东大会、董事会决议的实质影响、对董事和高级管理人员的提名及任免所起的作用等因素进行分析判断。”第三条规定：“主张多人共同拥有公司控制权的，应当符合以下条件：（一）每人都必须直接持有公司股份和/或者间接支配公司股份的表决权；（二）发行人公司治理结构健全、运行良好，多人共同拥有公司控制权的情况不影响发行人的规范运作；（三）多人共同拥有公司控制权的情况，一般应当通过公司章程、协议或者其他安排予以明确，有关章程、协议及安排必须合法有效、权利义务清晰、责任明确，该情况在最近3年内且在首发后的可预期期限内是稳定、有效存在的，共同拥有公司控制权的多人没有出现重大变更；（四）发行审核部门根据发行人的具体情况认为发行人应该符合的其他条件。”

1. 认定于秀珍、吴宝林为实际控制人的原因

于秀珍直接持有飞田股份1,395.301万股，占总股本的46.51%，另外通过上海飞诚持有飞田股份43.510,4万股，合计持有1,438.811万股，占总股本的47.960,3%，为飞田股份的控股股东。吴宝林直接持有飞田股份150万股，占总股本的5%。于秀珍与吴宝林为夫妻关系，二人持有飞田股份的股权比例超过51%，因此，应认定为飞田股份的实际控制人。

2. 认定吴建俊和陆桂华为实际控制人的原因

吴建俊和陆桂华虽然不直接持有公司的股权，但吴建俊系于秀珍、吴宝林之子，长期担任公司董事长、总经理、法定代表人；吴建俊之妻陆桂华担任公司董事会秘书。吴建俊和陆桂华实际参与公司经营，能够决定和实质影响公司的经营方针、决策和经营管理层的任免。因此，根据实质重于形式的原则，应当认定为飞田股份的实际控制人。

3. 于秀珍、吴宝林、吴建俊和陆桂华签订了《一致行动人协议》，约定对于公司经营过程中须经股东大会、董事会等机构决策的事项，须经各方事先协商并形成一致意见，并由各方在公司股东大会、董事会上根据各方达成的一致意见投票表决。在公司股东大会任何议案进行表决时，各方应确保各方持有的全部有效表决权保持一致行动。该约定合法有效、权利义务清晰、责任明确，

在可预期期限内是稳定、有效存在的。

4. 飞田股份已经制定了符合《公司法》《证券法》《管理办法》《业务规则》《章程必备条款》等法律、法规和规范性文件规定的《公司章程》、三会议事规则以及《关联交易决策制度》《对外投资管理制度》《对外担保管理制度》《内部控制制度》《信息披露管理制度》《投资者关系管理制度》等基本公司治理制度。飞田股份自整体变更以来，“三会一层”按照公司治理制度规范运作，公司治理结构健全、运行良好，于秀珍、吴宝林、吴建俊和陆桂华共同拥有公司控制权的情况不影响飞股份的规范运作。

5. 于秀珍、吴宝林、吴建俊和陆桂华出具承诺：于秀珍、吴宝林与吴建俊、陆桂华无任何股权代持关系。

综上所述，公司认定于秀珍、吴宝林、吴建俊和陆桂华为飞田股份的共同实际控制人的依据充分、合法合规。

小结：可以根据股东的持股数量及任职，对公司的财务、人事、经营决策等是否具有实际控制力，认定多人为公司的实际控制人。

4.4.4 公司不存在实际控制人的依据

以深圳市山本光电股份有限公司为例，讲解公司不存在实际控制人的依据及判断过程。

【案例 4.19】深圳市山本光电股份有限公司在挂牌过程中遇到的问题：股份公司不存在实际控制人，如何理解？是否合法合规？

问题剖析及解决方案如下。

股份公司共有 12 名股东，其中第一大股东周晓斌持有 21.74% 的股份，第二大股东孙威持有 13.04% 的股份，第三大股东赵后鹏和深圳市创鑫道投资合伙企业（有限合伙）分别持有 10.14% 的股份，其他股东持股比例均低于 10%。股份相对分散，没有单一股东持有股份公司 30% 以上的股份，没有单一股东可以对股份公司股东大会的决策形成实质性影响。

其他相关的持股情况：周晓斌持有深圳市创鑫道投资合伙企业（有限合伙）42.86% 的出资额，持有股份公司 7.25% 股份的王志高持有深圳市创鑫道投资合伙企业（有限合伙）42.86% 的出资额。据此，周晓斌、王志高和深圳市创鑫道投资合伙企业（有限合伙）具有除共同投资股份公司以外的其他关联关系。周晓斌和赵后鹏均为股份公司的关联方深圳市宇顺电子股份有限公司的股东，除此以外，股份公司的 12 名股东之间不存在除共同投资股份公司以外的其他关联关系。

股份公司现有董事 5 名，董事会成员为：周晓斌、王志高、赵后鹏、龚裕和、徐敏，这 5 名董事均为股份公司的股东，不存在任何单一董事可以对该股份公司董事会的决策形成实质性影响的现象。

综上所述，股份公司不存在实际控制人。

小结：可以根据股东的持股数量及任职，对公司的财务、人事、经营决策等是否具有实际控制力，认定股份公司不存在实际控制人。

4.4.5 股东往来款的说明问题

北京世纪竹邦能源技术有限公司增资后，对股东天宇宏与世纪竹邦发生往来款 2,400 万元的问题做出说明，分析是否存在抽逃注册资本的行为。

【案例 4.20】北京世纪竹邦能源技术有限公司在挂牌过程中所遇到的问题：关于股东往来款的问题的说明。2008 年 12 月 1 日，北京世纪竹邦能源技术有限公司召开股东会做出如下决议：同意世纪竹邦注册资本由 600 万元增加至 3,000 万元，由北京天宇宏建筑咨询有限公司增加货币出资 2,400 万元。

北京中永焱会计师事务所出具了（2008）中永焱验字 727 号《验资报告》，验证：截至 2008 年 12 月 3 日，公司已收到天宇宏缴纳的新增注册资本（实收资本）2,400 万元，各股东以货币出资共计 3,000 万元。

2008 年 12 月 3 日，公司办理了工商变更登记手续。

2008 年 12 月 5 日，股东天宇宏与世纪竹邦发生往来款人民币 2,400 万元。

北京世纪竹邦能源技术有限公司增资后，股东天宇宏与世纪竹邦对发生往来款 2,400 万元的问题做出说明，是否存在抽逃注册资本的行为。

问题剖析及解决方案如下。

北京中永焱会计师事务所就本次增资出具了《验资报告》，确认天宇宏已完全履行出资义务，公司已办理本次增资的工商变更登记手续，并经主管工商部门批准核发了《公司法人营业执照》，因此该公司本次增资的行为合法合规、真实有效。

1. 增资的经营行为

（1）北京中永焱会计师事务所就本次增资出具了《验资报告》，确认天宇宏已完全履行出资义务。

（2）北京世纪竹邦能源技术有限公司已办理本次增资的工商变更登记手续。

（3）天宇宏在对世纪竹邦完成增资后，系因经营需要与世纪竹邦发生往来款，且该行为并未影响世纪竹邦的生产经营。

2. 增资的经营行为分析

通过对上面的经营行为进行分析，我们得知以下几点。

（1）股东天宇宏已完全履行了出资义务，且公司办理完成工商变更登记手续，并经主管工商部门批准核发了《企业法人营业执照》，因此公司本次增资的行为合法合规、真实有效。

（2）北京世纪竹邦能源技术有限公司在完成增资后，因经营需要与其他公司发生往来款并非抽逃注册资本的行为。

（3）从法律意义上讲，公司一经成立，即和股东形成两个完全独立的法律主体，而两个独立的法律主体之间发生的民事借贷关系，并不存在借款人侵占公司合法财产权的行为。发生上述往来款后，天宇宏有陆续偿还借款行为，截止到目前，天宇宏与公司的借款已经全部清偿完毕，不存在恶意抽逃的主观目的。

（4）从会计处理上，该笔款项被股东借走后，公司进行了适当的会计处理，将本笔往来款列入公司应收款上。公司的财产并没有发生减少，只是财产存在的状态不同，由货币资金变成了应收款项。

（5）从注册资金的作用来看，设立注册资金的根本目的是由股东以其投入公司的财产对公司的债务承担责任。即公司以其全部财产对其债务承担责任，而股东只以其出资对公司债务承担有限责任。在股东投入资本又被股东借走的情况下，公司和股东对债权人的担保并没有发生变化：第一，公司以其全部财产对其债务承担责任，被股东借走的款项仍然属于公司财产的一部分，公司对其债务的担保程度没有因为股东借款这一事件而降低；第二，借款股东对公司债务的担保责任。借款股东承担着无条件的偿还责任，在公司破产清算时，所有公司的债务人必须归还所借款项，作为破产财产的一部分，用于对公司债权人的清偿，借款股东作为公司的债务人亦不能例外。因此借款股东对公司债务的担保责任除了对公司的出资外，还包括其所借走的款项。因此，他对公司的担保责任并没有因为借款这一行为而降低。所以，公司与天宇宏往来款的行为并不损害公司债权人的利益。

（6）从决策程序上来看，公司的现有股东（包括发生拆借期间的其他股东冯亚林）已经对拆借行为进行了追认，履行了相关的程序，同意了历史上的资金拆借行为，不存在潜在纠纷或争议。因此，没有损害公司其他股东的利益。

（7）公司已经承诺，保证今后不再以借款、代偿债务、代垫款项或者其他任何方式将资金出借给关联方使用。实际控制人冯亚林承诺，对于公司以往发生的资金互借行为，如需承担任何责任，由其个人承担。

3. 抽逃出资行为

根据最高人民法院关于适用《中华人民共和国公司法》若干问题规定（三）（法释［2011］3号）第十二条，具体内容如下：公司成立后，公司、股东或者公司债权人以相关股东的行为符合下列情形之一且损害公司权益为由，请求认定该股东抽逃出资的，人民法院应予支持：

（1）将出资款项转入公司账户验资后又转出；

（2）通过虚构债权债务关系将其出资转出；

（3）制作虚假财务会计报表虚增利润进行分配；

（4）利用关联交易将出资转出；

（5）其他未经法定程序将出资抽回的行为。

结合以上5点，可以确定：该公司在完成增资后，因经营需要与其他公司发生往来款并非抽逃注册资本的行为。

小结：可以根据增资的过程，从股东借出资金的会计处理、实际经营需要等方面说明股东往来款的问题。

4.4.6 未成年人成为公司股东的问题

下面以北京朗威视讯科技股份有限公司为例，对未成年人成为公司股东是否对挂牌构成实质性障碍进行分析。

【案例4.21】北京朗威视讯科技股份有限公司在挂牌过程中所遇到的问题：公司的股东李X怡，女，1998年2月出生，中国国籍，无境外永久居留权，持有朗威公司285万股股份。李X怡在中国证券登记结算公司深圳分公司的股份登记和结算是否存在障碍？

问题剖析及解决方案如下。

根据《国家工商行政管理总局关于未成年人能否成为公司股东问题的答复》，《公司法》对未成年人能否成为公司股东没有做出限制性规定。因此，未成年人可以成为公司股东，其股东权利可以由法定代理人代为行使。

根据《全国中小企业股份转让系统过渡期登记结算暂行办法》第2条的规定，投资者应持有中国证券登记结算有限责任公司深圳市场人民币普通股票账户参与挂牌公司股票的转让。证券账户的开立、挂失补办、资料查询、资料变更和账户注销等业务，按照中国结算证券账户管理相关业务规则办理。根据《证券登记结算管理办法》第十九条的规定，投资者开立证券账户应当向证券登记结算机构提出申请。前款所称投资者包括中国公民、中国法人、中国合伙企业及法律、行政法规、中国证监会规章规定的其他投资者。

李X怡系中国公民，已于2013年9月2日在中信证券股份有限公司北京安外大街营业部开立了深圳市场人民币普通股票账户，账号为0155883615，并于同日开立了资金账户。

综上所述，李X怡在中国结算公司深圳分公司的股权登记和结算符合相关法律法规规定，不存在法律障碍。

小结：未成年人可以成为公司股东，其股东权利可以由法定代理人行使。

4.4.7 挂牌时账上挂账应付股利的问题及解决方案

湖北安华智能股份公司在挂牌时，账上有应付股利挂账是否对挂牌构成实质性障碍？以下进行分析。

【案例 4.22】湖北安华智能股份公司在挂牌过程中所遇到的问题：财务报表附注显示，截至 2013 年 6 月 30 日应付股利 400 万元，分别是应付股东杨剑波 223.16 万元和应付姚美君 176.84 万元。但公开转让说明书上称，报告期内，未发生股利分配事项。二者存在矛盾。请公司说明应付股利的形成原因，是否经过董事会提案和股东大会的审议，以及对应付股利的未来支付计划，利润分配是否具有合规性？

问题剖析及解决方案如下。

2013 年 4 月 22 日，安华有限公司召开董事会，审议通过了《关于公司 2012 年度利润分配方案的提案》。

2013 年 5 月 13 日，安华有限公司召开股东会，审议通过了《关于公司 2012 年度利润分配方案的提案》，武汉市安华电子技术工程有限责任公司 2012 年度财务报告经大会会计师事务所审计，出具大信审字［2013］第 2-00750 号审计报告。经审计安华有限公司 2012 年税后净利润 3,206,894.73 元。截至 2012 年 12 月 31 日安华公司累计未分配净利润为 4,799,384.36 元。安华有限公司对股利进行如下分配：1. 按母公司 2012 年度税后净利润 3,127,609.17 元的 10% 提取法定盈余公积 312,760.92 元；2. 将安华有限公司 2012 年及以前年度未分配利润中的 4,000,000.00 元对全体股东进行现金分配，各股东按 2012 年 12 月 31 日的持股比例进行现金股利分配。

安华有限公司上述关于本次股利分配的事项经过了董事会提案和股东会审议，本次股利分配符合《公司法》及关法律、法规、规范性文件以及安华有限公司《公司章程》的规定。

小结：需要对公司的利润分配方案及未分配利润进行说明。

第5章

持续经营能力问题及解决方案

“业务明确，具有持续经营能力”是拟挂牌公司必须达到的第二个条件。《全国中小企业股份转让系统股票挂牌条件适用基本标准指引（试行）》将该条件具体细化为以下 3 个标准。

1. 业务明确，是指公司能够明确、具体地阐述其经营的业务、产品或服务、用途及其商业模式等信息。

2. 公司可同时经营一种或多种业务，每种业务应具有相应的关键资源要素，该要素组成应具有投入、处理和产出能力，能够与商业合同、收入或成本费用等相匹配。

（1）公司业务如需主管部门审批，应取得相应的资质、许可或特许经营权等。

（2）公司业务须遵守法律、行政法规和规章的规定，符合国家产业政策以及环保、质量、安全等要求。

3. 持续经营能力，是指公司基于报告期内的生产经营状况，在可预见的将来，有能力按照既定目标持续经营下去。

（1）公司业务在报告期内应有持续的营运记录，不应仅存在偶发性交易或事项。营运记录包括现金流量、营业收入、交易客户、研发费用支出等。

（2）公司应按照《企业会计准则》的规定编制并披露报告期内的财务报表，公司不存在《中国注册会计审计准则第 1324 号——持续经营》中列举的影响其持续经营能力的事项，并由具有证券期货资格的会计师事务所出具标准无保留意见的审计报告。

出具带强调事项段的无保留意见的财务报表时，应全文披露审计报告正文以及董事会、监事会和注册会计师对强调事项的详细说明，并披露董事会和监事会对审计报告涉及事项的处理意见，说明该事项对公司的影响是否重大、影响是否已经消除、违反公允性的事项是否已予以纠正。

（3）公司不存在依据《公司法》第一百八十条规定解散的情形，或法院依法受理重整、和解或者破产申请。

对于上述条件所细化的几个标准，本章将以详尽的案例对其进行分析。在已经成功挂牌的公司中，该条件及细化标准中最容易出现的问题有如下几个方面：公司开展经营活动所需要具备的资质等问题，公司经营问题，同业竞争问题，公司土地房屋等影响公司持续经营能力的问题，公司所面临的法律风险所造成的对公司持续经营能力的影响问题，等等。从已经成功挂牌的公司中总结经验，对公司如何针对“业务明确，具有持续经营能力”克服障碍、解决问题的重点进行详细讲解。

5.1 公司业务所需资质相关问题及解决方案

毫无疑问，拟挂牌的公司具备经营业务所需的全部资质，是公司成功挂牌的必要条件。根据拟挂牌公司所处行业的不同，资质要求也不一样。同时还会出现公司拥有的资质是否在有效期内；如果拟挂牌公司某段时间几名客户的营业收入占公司全部主营业务收入的 100%，存在客户依赖，此种情形是否属于公司不具备持续经营能力，是否会构成公司挂牌的实质性障碍等问题。

以下将通过已经成功挂牌的公司案例，进行详细讲解。

5.1.1 公司没有申领产品生产许可证

无锡华昊电器股份有限公司和广州绿洲生化科技股份有限公司没有申领产品生产许可证，是否具备经营业务所需的全部资质，是否对挂牌产生不利影响？

【案例 5.1】无锡华昊电器股份有限公司在挂牌过程中所遇到的问题：（1）公司是否具有经营业务所需的全部资质？（2）公司于 2011 年 8 月 30 日获得无锡市交通局新区运输局管理处核发的“苏交运营许可锡字 320292301677 号”《道路运输经营许可证》，有效期至 2015 年 7 月 4 日，经营范围：普通货运。请核查公司此项业务资质的情况，公司是否发生普通货运相关业务？

问题剖析及解决方案如下。

1. 公司营业执照和《公开转让说明书》指出，公司主要生产和销售 CCC、UL、CSA、PSE、CE 各种温度等级的阻燃绝缘电线电缆，所属行业为C383电气机械和器材制造业中的电线、电缆、光缆及电子器材制造业。

国家质量监督检验检疫总局颁布实施的《质检总局关于公布电线电缆等13类产品生产许可证实施细则的公告》（文号为2013年第60号，于2013年4月16日颁布，2013年5月1日起实施），对6个产品单元、26个产品品种的电线电缆实施产品生产许可证制度。对照公司的产品规格，公司生产的电线电缆产品均不在产品生产证的规定范围内，因此，公司不需要申领产品生产许可证。因而，公司具有业务经营所需的全部资质。

2. 公司的《审计报告》并经公司说明，公司未从事普通货运相关业务，公司的《道路运输经营许可证》仅供公司车辆向客户运送产品或采购原材料使用。

小结：可以通过公司说明公司产品所属的行业，以此解释公司是否具有业务经营所需的全部资质。

【案例5.2】广州绿洲生化科技股份有限公司在挂牌过程中所遇到的问题：（1）公司生产的产品是否属计量器具，是否须取得计量产品认证？（2）公司的生产经营活动是否必须取得《制造计量器具许可证》？

问题剖析及解决方案如下。

1. 公司生产的产品不属计量器具，无须取得计量产品认证。

（1）《计量法实施细则》第六十一条规定："计量器具是指能用以直接或间接测出被测对象量值的装置、仪器仪表、量具和用于统一量值的标准物质，包括计量基准、计量标准、工作计量器具。"《依法管理的计量器具目录》对计量器具的具体范畴做出详细规定。

（2）公司的《企业法人营业执照》及公司章程指出，公司的经营范围为研究、开发、生产、销售[食品和环境快速检测的检测试剂、测试片、检测管及与上述产品相关的仪器设备（危险化学品及其他涉及行政许可项目除外、生产仅限分支机构经营）]、检测技术服务。

（3）根据《审计报告》以及公司的实际经营状况，公司的主要产品为农药残留快速检测类产品、微生物快速检测类产品、食品化学有害物检测产品以及食品仪器套装类产品，不属于《计量法实施细则》第六十一条、《依法管理的计量器具目录》所规定的"计量器具"的范畴。

因此，公司不需要根据《计量法》《计量法实施细则》的规定进行计量产品认证。

2. 公司的生产经营活动无须取得《制造计量器具许可证》。

《计量法》第十二条规定："制造、修理计量器具的企业、事业单位，必须具备与所制造、修理的计量器具相适应的设施、人员和检定仪器设备，经县级以上人民政府计量行政部门考核合格，取得《制造计量器具许可证》或者《修理计量器具许可证》。"制造、修理计量器具的企业未取得《制造计量器具许可证》或《修理计量器具许可证》的，工商行政管理部门不予办理营业执照。

3.《制造、修理计量器具许可监督管理办法》规定：本办法所称计量器具是指列入《中华人民共和国依法管理的计量器具目录（型式批准部分）》的计量器具。制造、修理计量器具的单位和个人，必须具备相应的条件，并经质量技术监督部门考核合格，取得制造计量器具许可或者修理计量器具许可。

4. 根据《依法管理的计量器具目录（型式批准部分）》，绿洲公司目前的主要产品——"农药残留快速检测类产品、微生物快速检测类产品、食品化学有害物检测产品以及食品仪器套装类产品"，并未包含在内。

因此，公司的生产经营活动无须取得《制造计量器具许可证》。

小结：通过说明公司的产品所属行业，生产经营活动的具体范围，解释公司是否具有业务经营所需的全部资质。

5.1.2 委托外包生产方式是否对公司生产经营产生重大影响

山东中瑞电子股份有限公司存在委托外包生产方式，是否对挂牌产生不利影响？

【案例 5.3】山东中瑞电子股份有限公司在挂牌过程中所遇到的问题：该公司实行自主生产和委外加工相结合的模式。粉料、磁芯等核心产品主要由公司自行生产，电子元器件产品的部分加工环节采用委托外包方式进行生产。公司披露外协劳务生产报告期内与公司的交易金额、定价依据以及公司各类产品成本构成中外协部分占公司生产成本的比重，公司控股股东、实际控制人及公司董事、监事、高级管理人员与外协厂商是否存在关联关系？是否对一家或几家外协企业存在重大依赖？公司现有生产研发能力是否能满足公司业务发展需要？

问题剖析及解决方案如下。

1. 公司的生产情况说明：公司将电子元器件产品的部分加工环节采用委托外包方式委托给 10 余家单位或个人进行加工，其中主要厂商为山西欣业农牧有限责任公司、山西正昊农工贸有限公司、山西省大同下寨农场有限责任公司等。主要外协加工厂商为国有独资公司设立的一人有限公司。公司与外协单位之间是单一的委托加工合作关系，公司的控股股东、实际控制人及董事、监事、高级管理人员未在前述企业担任董事、监事、高管职务。就此，主要外协厂商、公司控股股东、实际控制人及公司董事、监事、高级管理人员均出具了相互间不存在关联关系的承诺函。所以，公司控股股东、实际控制人及公司董事、监事、高级管理人员与主要外协加工单位不存在关联关系。

2. 公司独立拥有与其经营相关的生产系统，以及与产品相关的核心技术等。公司主要产品中的电子元器件具有数量多、规格杂的特点，部分加工环节为技术含量要求低的劳动密集型加工环节，如电感线圈加工等，该部分加工环节采用委托外包方式进行，有助于减少公司人工及固定资产的投入、提高生产效率、降低产品成本，符合公司目前加工场地、人员和设备等规模不大的特点，为公司在现有产能下，充分发挥核心技术优势、降低生产成本、满足不断增长的市场需求提供了便捷而有效的保障。同时，在国内市场具有公司所需外包产品加工能力的企业众多的情况下，通过将一般加工环节委托外包，公司可以充分发挥技术优势，使公司能够重点抓住技术含量高、附加值高的关键环节做精做强，进一步提高公司的竞争优势，同时也不会使公司对外包加工企业形成严重依赖。

因此，公司拥有与其经营相关的生产系统和核心技术，具有独立的研发和生产能力，其仅将技术要求不高、劳动密集型的部分加工环节外包，且存在较多的符合公司外协要求的可替代加工企业的市场环境下，公司能够自主选择外协加工商，对外协单位不存在重大依赖，公司现有生产研发能力能够满足公司业务发展需要。

小结：可以从公司的实际经营情况，控股股东、实际控制人及公司董事、监事、高级管理人员已出具的相互间不存在关联关系的承诺函证明，说明公司对外协企业不存在重大依赖和关联关系，对公司业务发展不存在影响。

5.1.3 资质是否在有效期内

北京世纪竹邦能源技术股份有限公司的资质是否在有效期内，是否对挂牌产生不利影响？

【案例 5.4】北京世纪竹邦能源技术股份有限公司在挂牌过程中所遇到的问题：公司取得的北京市住房和城乡建设委员会颁发的城市及道路照明专业承包二级资质等业务资质是否在有效期内？公司是否存在持续拥有该等资质的障碍？

问题剖析及解决方案如下。

2010 年 3 月 3 日，北京市住房和城乡建设委员会向公司颁发了城市及道路照明工程专业承包二级证书。股份公司成立后，2013 年 9 月 5 日，北京市住房和城乡建设委员会对公司进行了复审工作，重新颁发了新的资质证书。

根据《建筑业企业资质管理规定》（建设部令第 159 号）第十二条规定："建筑业企业资质证书分为正本和副本，正本一份，副本若干份，由国务院建设主管部门统一印制，正、副本具备同等法律效力。资质证书有效期为 5 年。"《建筑业企业资质管理实施意见》（建市［2007］241 号）第三十二条规定，"资质证书有效期为 5 年。有效期的起始时间：以企业首次取得最高等级主项资质的日期为资质证书有效期计算起始时间。企业资质发生变更的，有效期不变，其中涉及主项升级，或分立、合并事项的，按新批准时间作为有效期的起始日。"第三十三条规定："资质证书的续期：

1. 企业应于资质证书有效期届满 60 日前，按原资质申请途径申请资质证书有效期延续。在资质证书有效期内遵守有关法律、法规、规章、技术标准和职业道德，信用档案中无不良记录且注册资本和专业技术人员满足标准要求的，经资质许可机关同意，在其资质证书副本上签发有效期延续五年的意见；对有违法违规行为、信用档案中有不良记录或企业资质条件发生变化的，资质许可机关应对其资质情况进行重新核定。

2. 企业在资质证书有效期届满 60 日内申请资质延续的，资质受理部门可受理其申请，但自有效期到期之日至批准延续的时间内资质证书失效。资质证书有效期届满仍未提出延续的，其资质证书自动失效。如需继续开展工程建设活动，企业必须重新申请建筑业企业资质。”公司城市及道路照明工程专业承包二级证书有效期至 2015 年 3 月 2 日。

北京市住房和城乡建设委员会对辖区内建筑业企业进行不定期检查，对不符合要求的企业提出整改要求，对限期内不整改的企业撤销建筑企业资质，目前该公司已通过了北京市住房和城乡建设委员会的所有检查；公司严格按照资质标准要求相关的人员资质，财务人员、工程管理人员均有职称证书，现在在职人员的资质证书持证上岗数额已超过资质标准要求；由于业务发展需要，公司新招聘的人员在资质方面也有严格的要求，能够保证公司持证上岗人员满足资质标准的要求。因此，公司不存在持续拥有该等资质的障碍。

小结：可以通过说明资质的获取条件和有效期规定及公司的情况，说明公司不存在持续拥有该等资质的障碍。

5.1.4 现有商业模式说明

上海基美影业股份有限公司在申请挂牌过程中，是否对现有商业模式的合规合法性做出说明，是否对挂牌产生不利影响?

【案例 5.5】上海基美影业股份有限公司在挂牌过程中所遇到的问题：股份公司现有商业模式如何?

问题剖析及解决方案如下。

股份公司的主营业务为电影的投资制作、发行、协助推广及衍生业务，股份公司赖以取得收入的商业模式主要包括进口影片协助推广、外国影片版权销售以及非进口影片的投资、制作及发行。

1. 进口影片协助推广

股份公司目前主要从事进口影片的协助推广，即由股份公司与进口影片的国内发行方合作，负责电影发行过程中的宣传、策划、营销和传播工作，并在影片公映后就影片票房收入进行分账。

根据《电影管理条例》的规定，国家对电影摄制、进口、出口、发行、放映和电影片公映实行许可制度，未经许可，任何单位和个人不得从事电影片的摄制、进口、发行、放映活动，不得进口、出口、发行、放映未取得许可证的电影片。根据前述法规以及国家广播电影电视总局对电影的规定，影片协助推广不属于上述需取得行政许可的经营行为。所以，股份公司从事进口影片的协助推广符合现行有关法律、法规以及规范性文件的规定。

2. 境外影片版权销售

股份公司控股子公司香港基美主要从事国外影片版权的销售，即由香港基美通过与国外电影经营机构签署发行协议、国际许可协议等方式取得相关国外影片在国内的电影发行权以及信息网络传播权、音像制品权等版权，再由香港基美将前述取得的国外影片在国内的发行权许可给具有相关资质的电影经营机构如中国电影集团公司，并将前述取得的国外影片版权除电影发行权之外的其他权利许可给包括股份公司在内的其他公司。

香港基美系经中华人民共和国商务部编号为商境外投资证第 3100201200196 号的《企业境外投资证书》批准，由股份公司的前身基美影画于 2011 年 4 月 4 日在香港特别行政区设立的公司。根据我国香港地区的法规，香港基美在香港特别行政区从事国外电影版权贸易无需取得香港特别行政区政府的行政许可。

根据《电影管理条例》的规定，国内电影片的制作、进口、出口、发行和放映等活动需要遵守条例的规定，国家对电影制作、发行、放映、进出口经营资格实行许可制度，其中电影进口业务由国务院广播电影电视行政部门指定电影进口经营单位，未经指定，任何单位或者个人不得经营电影进口业务；根据《电影企业经营资格准入暂行规定》的规定，国内公司、企业和其他经济组织经营电影制作、发行、放映、进出口业务及国外公司、企业和其他经济组织参与经营电影制作、放映业务的需遵守该暂行规定的规定，国外影片的进口经营业务由国家广播电影电视总局批准的电影进口经营业务专营，进口影片的全国发行业务由国家广播电影电视总局批准的具有进口影片全国发行权的发行公司发行。

香港基美许可给国内的电影发行权的被许可方为具有国外电影进口、发行资质的中国电影集团公司，符合《电影管理条例》以及《电影企业经营资格准入暂行规定》的相关规定。

3. 非进口影片的投资、制作及发行

股份公司还在国内从事影片的投资、制作及发行。因为基美公司拥有以下与该项业务相关的经营许可。

（1）基美有限公司已于 2012 年 5 月 22 日取得国家广播电影电视总局电影管理局颁发的编号为证发字［2012］第 028 号的《电影发行经营许可证》，经营项目为国产影片发行，经营区域为全国，有效期为两年。股份公司说明，前述《电影发行经营许可证》中的企业名称由基美有限公司变更为股份公司的手续正在办理过程中。

（2）根据国家广播电影电视总局电影管理局于 2011 年 12 月 13 日颁发的《中外合作摄影电影片许可证》（影合证字［2011］第 71 号）及国家广播电影电视总局电影管理局于 2012 年 4 月 24 日出具的《广电总局电影局关于合拍动画片〈王子和 108 个魁煞〉变更出品单位的批复》（［2012］影字 282 号），基美有限公司作为中方出品单位之一的合拍影片《王子与 108 个魁煞》已取得了国家广播电影电视总局电影管理局颁发的《中外合作摄制电影片许可证》，前述许可证至《王子和 108 个魁煞》领取《电影片公映许可证》后即行作废。所以股份公司已就其在国内从事影片的投资、制作及发行根据现行有关法律、法规以及规范性文件的规定取得了相应的经营许可。

根据股份公司于 2013 年 10 月 8 日出具的《关于公司从事进口电影协助推广业务以及子公司香港基美从事境外电影版权销售业务相关事宜的说明》，香港基美作为国外电影发行权许可方与被许可方即发行方之间不存在必须将从香港基美处取得发行权的影片委托股份公司进行协助推广的合同、协议或任何书面或口头约定，发行方有权自主决定影片协助推广的合作方。此外，股份公司所从事的进口影片协助推广业务并不局限于发行方从香港基美处取得发行权的影片，发行方从其他版权方处取得发行权的影片也可以委托股份公司进行协助推广。所以，股份公司从事进口影片协助推广、香港基美从事国外影片版权销售两种业务模式之间相互独立、不存在捆绑合作的情形。

4. 关于香港基美从事国外电影版权贸易的问题

香港基美自设立至今一直从事电影版权贸易，即通过与国外电影经营机构签署发行协议、国际许可协议等方式取得相关国外影片在国内的电影发行权以及信息网络传播权、音像制品权等其他版权，再将前述取得的国外影片在国内的发行权许可给具有相关资质的电影经营机构如中国电影集团公司，并将前述取得的境外影片除电影发行权之外的其他权利许可给包括股份公司在内的其他公司。

根据《国务院关于非公有资本进入文化产业的若干决定》的规定，非公有资本不得从事书报刊、影视片、音像制品成品等文化产品进口业务。根据《音像制品管理条例》《音像制品进口管理办法》的规定，音像制品，是指录有内容的录音带、录像带、唱片、激光唱盘、激光视盘等。根据股份公司的说明，香港基美将其取得的国外影片在国内的发行权许可给具有相关资质的电影经营机构的过程中，由具有相关资质的电影经营机构负责办理录有影片内容的介质及素材的进口审批手续；香港基美将其取得的国外影片除电影发行权之外的其他权利许可给包括股份公司在内的其他公司的过程中不涉及任何载有影片内容的介质的进口环节。所以，股份公司国外影片的信息网络传播权、音像制品权（复制权以及发行权）的引进属于电影版权的引进，而并不属于影视片、音像制品成品的引进，香港基美将进口影片除电影发行权之外的其他权利许可给包括股份公司在内的其他公司不违反《国务院关于非公有资本进入文化产业的若干决定》的规定。

因而，香港基美取得进口影片版权并将进口影片版权销售至国内的经营行为不违反现行有关法律、法规以及规范性文件的要求。

小结：通过对主要的经营合作方香港基美及主要经营方式的说明，说明现有商业模式合法合规，对持续经营不构成实质性障碍。

5.1.5 报告期最近一期存在大规模亏损

江苏恒神股份有限公司在申请挂牌过程中，报告期最近一期存在较大规模亏损，是否对持续经营产生不利影响？

【案例 5.6】江苏恒神股份有限公司在挂牌过程中所遇到的问题：报告期最近一期存在较大规模亏损。2014 年和 2013 年，公司净利润分别为 -25,127.38 万元、528.17 万元，2014 年当年亏损，同时影响毛利率、净资产收益率、每股收益等各项与利润相关的财务指标均为负数。2014 年和 2013 年，公司主要产品毛利率分别为 -30.08%、20.47%，且碳纤维系列产品多项产品毛利率均为负数。

问题剖析及解决方案如下。

江苏恒神股份有限公司属于碳纤维企业，其生产特点为固定生产成本相对稳定，不会随产能增加而大幅增加。2014 年公司将大量在建工程转为固定资产，产能尚未大规模释放，但大额固定生产成本已形成，使得碳纤维系列产品生产成本高于销售价格，尚未达到盈亏平衡。公司短期内仍存在盈利能力不足的风险。

1. 盈利能力分析

2014 年和 2013 年，公司净利润分别为 -25,127.38 万元、528.17 万元。2013 年公司因丹强丝等产品的销售及部分政府补助而产生少量利润。2013 年公司相关碳纤维系列产品项目尚在调试期，调试期间发生的相关成本如材料费用、人工费用、能耗、项目占用资金的利息以及产生的试生产产品收入全部计入在建工程；2014 年碳纤维一期、复合材料一期、公用工程一期、办公楼、工程中心等大量在建工程转为固定资产后，与项目对应的当年度大量支出、收入均在损益中体现，致使当年亏损，同时影响毛利率、净资产收益率、每股收益等各项与利润相关的财务指标均为负数，2014 年和 2013 年，公司加权平均净资产分别为 1,215,303,906.53 元、921,648,511.96 元，加权平均股本分别为 975,000,000.00 元、766,666,666.67 元，公司由于净资产及股本均很大，而收入暂未大规模实现，故净资产收益率和每股收益均不高。

2. 营业收入和利润的变动趋势分析

公司 2014 年营业收入较 2013 年增加了 22,201,397.97 元，主要受以下 3 个原因的协同影响：

（1）碳纤维一期项目由在建工程转入固定资产后，碳纤维系列产品收入由计入在建工程转为确认营业收入，增长了 65,259,094.44 元，增幅超过了总体营业收入的增幅；

（2）公司将业务重点置于碳纤维系列产品的同时加大了碳纤维系列产品的开发及销售力度；

（3）由于生产丹强丝及其他产品的生产车间面临政府拆迁征地问题，2014 年下半年公司逐渐关闭丹强丝相关产品的生产车间，致使丹强丝及其他产品的收入大幅缩减，2014 年较 2013 年减少了 47,156,101.75 元；

（4）公司因处置废原丝等产生的其他业务收入 2014 年较 2013 年增长了 4,098,405.28 元。

由于碳纤维系列产品收入增幅大于丹强丝及其他产品收入的降幅，且其他业务收入相对主营业务收入影响较小，综合上述四方面因素，公司体现出 2014 年营业收入增幅为 24.66%。

公司于 2014 年出现亏损，较 2013 年营业利润、利润总额、净利润分别下降了 308,786,400.12 元、304,713,590.49 元、256,555,472.85 元，主要原因为：（1）自 2014 年 1 月转固后，计提的固定资产折旧大幅增加；（2）碳纤维一期工程转固后，原计入在建工程的碳纤维系列产品的收入及成本均体现于损益中，致使碳纤维系列产品成本 2014 年较 2013 年增加了 106,843,186.23 元；（3）报告期内，公司碳纤维系列产品订单尚未大规模释放，致使尚未实现大量收入，加之生产线调试成熟之初生产成本较高，故体现于 2014 年的收入的绝对金额小于成本的绝对金额。

2013 年公司实现净利润 5,281,650.72 元的主要原因为：（1）丹强丝及其他产品贡献部分利润，该等非碳纤维类产品共实现营业毛利 16,948,108.27 元；（2）2013 年 4,136,657.96 元的营业外收入也对当年的盈利构成较大影响。

3. 毛利率分析

（1）成本的归集、分配、结转方法。

成本归集主要体现在：生产部门根据生产指令要求领料，仓库根据材料的不同类别和用途，分门别类地进行仓储管理；财务部根据仓储管理提供的信息，按产品归集原料费用；月末，财务部根据实际归集的原材料费用，以不同产品的实际成本耗用进行分配；直接人工、燃料动力、制造费用因所占比例很少，按不同生产车间及不同产品的产成品生产数量分配；月末对结存在生产车间的原材料，自制半成品进行盘点，对于已完成检测的并贴牌发出的产品，作为发出商品处理；月末归集的生产成本，在完工产品与自制半成品间进行分配，完工并经检测的转入库存商品，完工未检测、未完工的转入自制半成品。

（2）公司最近两年主营业务收入、成本、毛利率之间的变化趋势。

2014 年和 2013 年，公司 5 项主要产品综合毛利率分别为 -30.08%、20.47%，公司总体毛利率变化较大。丹强丝及其他产品是成熟产品，2014 年毛利率下降不到 1% 属正常变化范围之内，由于拆迁征地原因，公司 2015 年已不再生产并将相关生产及办公设备全部转让。

碳纤维系列产品是公司业务发展重点。在碳纤维整体产业链中，从碳纤维到预浸料，不同阶段产品价格大幅增值。2014 年公司碳纤维、织物、预浸料 3 个阶段产品的毛利率分别为 -190.59%、-153.28%、21.05%，其总体呈上涨趋势，符合行业规律。预浸料毛利率大幅度提升的原因，除了因其是碳纤维产业链后端产品附加值有所提高外，主要是其中部分销售对象系中航工业所属公司，该类供货产品毛利率相对较高。

公司主要定位于预浸料等碳纤维产业链后端高附加值产品的销售，故 2014 年碳纤维系列产品中，预浸料的占比最高，公司未来拟继续加大产业链后端产品的开发，提升高毛利率产品在公司产品结构中的比例，进而带动公司整体毛利率的提高。

公司在向军品客户销售产品时，需通过客户的产品质量与服务能力审验，且需保障“专线生产”。“专线生产”并非完全为军品客户定制某一条生产线只能生产该客户的某些产品，而是在某阶段调试通用生产线达到客户产品需求并确保产品质量、稳定性和产量，该生产线在完成阶段性产品生产任务后将恢复生产其他产品。确保“专线生产”才能获得高毛利率的军品客户订单，但在生产能力不足的情况下，“专线生产”将大大占用生产力，降低实际有效开车时间，待整体产能提高后，“专线生产”对其他产品供货的影响变小，又能获得优质客户，具有竞争优势。

碳纤维、碳纤维织物的毛利率暂时较低，主要原因是碳纤维产能未能释放，造成单位固定成本较高，具体如下所示。

1）公司目前在重大装备领域正开展多个项目的材料认证工作，认证的产品需要专线生产，大大占用了公司现有生产线的资源，使得公司生产的实际有效开车时间严重不足，产能尚有较大的释放空间。

2）公司一期碳纤维项目是千吨级生产线，由于碳纤维的生产线长，控制点多，生产技术、工艺极其复杂，在国内没有成熟的碳纤维产业化技术人员、生产工艺和设备装置，国外技术封锁的情况下，生产效率的提高需要一个渐进的过程。

公司碳纤维复合材料生产采用以销定产的方式，生产的多款预浸料已通过中航工业所属公司等多个单位的检验，主要用于航空航天重大装备项目，现已开始稳定供货。随着产品在重大装备、民用市场上的进一步开拓，各项认证工作的不断进行，应用范围的不断延伸，公司碳纤维系列产品的产量会进一步扩大，届时毛利将有质提升。

小结：通过对公司的盈利能力分析、营业收入和利润的变动趋势分析和毛利率分析，说明公司是可以持续经营的。

5.2 公司经营范围涉及的问题及解决方案

拟挂牌公司从事的经营活动和业务范围应与公司现已取得的资质相匹配，公司的实际经营不得超过《企业法人营业执照》所载的经营范围，同时公司应该取得经营其业务所需的一切资质、证照或许可。

如拟挂牌公司报告期内发生的超经营范围经营的行为是否会构成公司挂牌的实质性障碍？拟挂牌公司的股东所持有权益的公司与拟挂牌公司之间存在经营相近或者相似的业务，是否影响公司独立性或损害公司利益？如果拟挂牌公司属于外商投资企业投资或再投资企业，公司业务领域应不应该属于禁止或限制外商投资或再投资的业务领域，对以上问题，本节将进行详细分析并提供解决方案。

5.2.1 报告期内发生的超经营范围经营的行为

上海亚杜润滑材料股份有限公司在申请挂牌过程中，报告期内发生的超经营范围经营的行为，应如何解决?

【案例 5.7】上海亚杜润滑材料股份有限公司在挂牌过程中所遇到的问题：公司未按照规定编制环境影响评价文件并报环境保护行政主管部门审批，存在超范围经营行为，是否存在被处罚的风险，是否对本次挂牌构成障碍？公司是否符合产品质量标准与劳动用工、消防安全?

问题剖析及解决方案如下。

1. 关于超经营范围经营问题

报告期内股份公司登记的经营范围并未包含“润滑剂调配”。因此，公司报告期发生的润滑剂调配行为，超出了核准的经营范围，不符合《公司法》和《公司登记管理条例》的规定。

根据《公司法》第十二条规定：“公司的经营范围由公司章程规定，并依法登记。公司可以修改公司章程，改变经营范围，但是应当办理变更登记。”同时《公司登记管理条例》规定：“公司登记事项发生变更时，未依照本条例规定办理有关变更登记的，由公司登记机关责令限期登记；逾期不登记的，处以 1 万元以上 10 万元以下的罚款。其中，变更经营范围涉及法律、行政法规或者国务院决定、规定须经批准的项目而未取得批准，擅自从事相关经营活动，情节严重的，吊销营业执照。”因而，股份公司在报告期发生的润滑剂调配行为存在被处罚的风险。但股份公司已经将相关超范围经营的业务进行了委托外包处理，公司实际控制人丁敏亮、孙瑾已做出承诺，如果因此被行政主管部门处罚从而给公司造成的经济损失，由其补偿全部实际损失。截至目前，相关行政主管部门未对公司上述情形做出行政处罚。据此，股份公司报告期内超经营范围经营行为不构成实质性法律障碍。

2. 关于产品质量标准

股份公司的主要产品是根据公司专有技术调配，并严格执行了公司制定的内部质量标准和要求，未因产品质量问题或违反国家产品质量标准而受到行政处罚。

2013 年 11 月 11 日，上海市徐汇区质量技术监督局出具《证明》，证明内容为，该公司自 2010 年 1 月 2 日至今，在该局管辖范围内无相关行政违法记录。

小结：通过公司对超经营范围经营行为采取的补救措施及实际控制人做出的承诺证明，消除对构成挂牌存在的实质性障碍。

5.2.2 公司股东所持有权益的公司与拟挂牌公司之间存在经营相近或者相似的业务

湖北安华智能股份公司的股东所持有权益的公司与拟挂牌公司之间存在经营相近或者相似的业务，是否影响公司独立性或损害公司利益，应如何解决？

【案例 5.8】湖北安华智能股份公司在挂牌过程中所遇到的问题：公司股东武汉东湖创新创业投资基金有限公司与武汉浙商中部投资中心的成立时间及业务范围等情况如何？上述公司及其持有权益的公司是否与公司存在相近或相似的业务？是否存在影响公司独立性，是否存在损害公司利益的情形？

问题剖析及解决方案如下。

1. 武汉浙商中部投资中心成立于 2011 年 6 月 27 日，经营范围包括：对高新产业的投资；投资咨询（不含证券、期货的投资咨询）；市场营销策划、企业管理咨询（上述范围中国家有专项规定需经审批的项目经审批后或凭有效许可证方可经营）。

所以，武汉浙商中部投资中心所持有权益的公司与安华公司之间不存在相近或相似的业务，不存在影响公司独立性或损害公司利益的情形。

2. 武汉东湖创新创业投资基金有限公司成立于 2011 年 6 月 14 日，经营范围包括：创业投资业务；代理其他创业投资企业等机构或个人的创业投资业务；创业投资咨询业务；为创业企业提供管理服务业务；参与设立创业投资企业与创业投资管理顾问机构（上述经营范围中国家有专项规定需经审批的项目经审批后或凭有效许可证方可经营）。

所以，武汉东湖创新创业投资基金有限公司所持有权益的公司与安华公司之间不存相近或相似的业务，不存在影响公司独立性或损害公司利益的情形。

小结：按要求进行如实说明，消除对构成挂牌存在的实质性障碍。

5.2.3 公司业务领域是否涉及限制领域

北京随视传媒科技股份公司在挂牌过程中，公司业务领域是否涉及限制领域，应如何解决?

【案例 5.9】北京随视传媒科技股份公司在挂牌过程中所遇到的问题：公司业务领域是否涉及限制外商投资或再投资的业务领域?

问题剖析及解决方案如下。

1. 公司业务领域

中瑞岳华会计师事务所有限公司出具的中瑞岳华审字（2012）第 7532 号《审计报告》以及公司的书面说明，公司的主营业务为互联网精准营销及数字营销，主要产品包括“精准 +”和“社交 +”。其中，“精准 +”是基于公司 AdMan 智能广告网管理平台积累的少量用户数据和跨平台、跨终端、跨媒体的用户定向技术，向客户提供精准化的广告投放和营销的整合性效果网络平台，“精准 +”业务主要应用于数字广告及营销领域，可通过互联网、移动互联网，未来可延展至数字互联网媒体和数字电视网络渠道，向品牌广告主、效果广告主和国际及地区性广告代理公司提供精准营销服务；而“社交 +”是基于公司 AdMan 智能广告网管理平台少量的社会化媒体用户数据、精准的用户定向技术以及与微博、微信、人人网等主流社会化媒体高级战略伙伴合作关系，针对企业在社会化媒体营销的需求推出的系统化产品。目前，“社交 +”主要有 4 种产品模式：①内容流（Feeds）广告 + 意见领袖（KOLs）推广的整合营销；②微信营销服务；③微博客服产品包；④社会化媒体整合传播策划方案。

据此，公司现有业务领域主要涵盖互联网广告业务和互联网技术服务业务，其中，互联网广告业务由公司下属全资子公司随视广告和随视科技经营，互联网技术服务业务由公司自身经营。

2. 公司业务领域不涉及限制外商投资或再投资的业务领域

（1）公司从事的互联网广告不属于限制外商投资或再投资的业务领域。根据《外商投资产业指导目录（2011 年修订）》，互联网广告业务未被列为禁止类或限制类产业，因此，互联网广告行业应属于允许外商投资的行业。

《外商投资广告企业管理规定》虽然对外商投资广告企业的设立设定了一定条件，但并未对外商投资企业再投资广告企业做任何规定。根据 2000 年 9 月 1 日颁布实施的《关于外商投资企业境内投资的暂行规定》，外商投资企业的非限制类产业领域，无需商务主管部门或行业主管部门审批，可直接向被投资企业所在地公司登记机关提出设立登记。

另外，根据《广告管理条例》第六条的规定，经营广告业务的单位和个体工商户，应当按照本条例和有关法规的规定，向工商行政管理机关申请，分情况办理审批登记手续：1. 专营广告业务的企业，发给《企业法人营业执照》；2. 兼营广告业务的事业单位，发给《广告经营许可证》。而《广告经营许可证管理办法》第二条规定，"从事广告业务的下列单位，应依照本办法的规定向广告监督管理机关申请，领取《广告经营许可证》后，方可从事相应的广告经营活动：（一）广播电台、电视台、报刊出版单位；（二）事业单位；（三）法律、行政法规规定应进行广告经营审批登记的单位。"因此，专营广告业务且不属于《广告经营许可证管理办法》第二条列举的企业，无需向广告监督管理机关申请取得《广告经营许可证》。

综上规定，外商投资企业境内再投资属于允许类的外商投资产业的互联网广告行业，可直接依据《广告管理条例》《广告管理条例施行细则》的规定向被投资境内广告企业所在地的工商行政管理局申请设立或变更登记，而无需向广告监督管理机关先行申请核发《广告经营许可证》或取得商务主管部门的批准。

据此，该公司属于外商投资企业再投资企业，公司所从事的互联网广告行为不属于限制外商投资或再投资业务领域；境外企业 Intel、Farallon 及境外自然人段嘉瑞、翁启育通过外商投资企业百联奇奥和百视欣公司再投资于公司，不属于《外商投资广告企业管理规定》管辖的外商投资广告业情形。

（2）互联网技术服务业务不属于限制外商投资或再投资的增值电信业务。

公司除互联网广告业务外，还包括一部分互联网技术服务业务，即为相关企业提供数据采集、数据分析、技术保障等互联网技术服务。根据《外商投资产业指导目录（2011 年修订）》，互联网技术服务业务未被列为禁止类或限制类产业，应属于允许外商投资的行业。

截至目前，被《外商投资产业指导目录（2011 年修订）》列入限制类的互联网服务业务为增值电信业务，限制外资比例不超过 50%。但根据《电信条例》和《互联网信息服务管理办法》，只有经营性互联网信息服务业务被认为是增值电信业务，需要取得《增值电信业务经营许可证》，而经营性互联网信息服务业务是指通过互联网向上网用户有偿提供信息或者网页制作等服务活动。其中，“有偿提供信息”具体是指互联网信息服务商以盈利为目的而向用户提供收费信息（即互联网用户须事先或事后向互联网信息服务商缴纳一定的费用才能通过互联网浏览或下载的语音、文字、数据、图片等信息）等经营活动；“网页制作服务”是指互联网信息服务商以盈利为目的，事先或事后收取用户一定费用后，按照用户的要求为其制作网页并在网站上予以发布的经营活动。但该公司并未通过其自身网站平台（www.adsit.cn）提供有偿信息服务，公司目前从事的为相关客户提供数据采集、数据分析等技术服务，与上述经营性互联网信息服务业务有明显区别，不属于增值电信业务。

小结：通过对公司的主要业务进行分析，与相关法律规定的条件进行比较，最终说明了公司虽然属于外商投资企业再投资企业，但是公司现有互联网广告业务不属于《外商投资广告企业管理规定》管辖的外商投资广告业的情形；公司从事的互联网技术服务业务不属于经营性互联网信息服务领域，所以公司的业务领域不存在限制或禁止外商投资或再投资的情形。

5.2.4 公司资产自建房无房产证

新三板对于拟挂牌公司资产的基本要求是来源合法、权属清晰，比如房地产，要求取得房地产证。本案例中，新兴药业自建厂房，未办理建筑工程相关审批手续，未取得房地产证，在此情况下，能否通过股转公司的审核？以下对新兴（铁岭）药业股份有限公司在挂牌过程中遇到的问题及解决方案进行详细分析。

【案例 5.10】新兴（铁岭）药业股份有限公司在挂牌过程中所遇到的问题：股份公司目前有两处房产系公司为堆放原材料及药品自行搭建的辅助性房产，因尚未办理相关审批手续，故未能取得房产权属证书，请说明（1）房产的权属是否清晰，是否存在权属纠纷或潜在纠纷；（2）房产对于公司正常生产经营的重要性；（3）无法办理产权证的原因，是否存在完全无法办理的问题，补办事项的进展及是否可行、可预期；（4）分析公司存在的风险、相应的风险管理措施及其有效性、风险可控性，量化发生房屋拆迁将给公司带来的搬迁费用和经济损失；（5）以上事项是否影响公司的持续经营能力。

问题剖析及解决方案如下。

1. 房产的权属清晰，不存在权属纠纷或潜在纠纷

目前公司未取得房产权属证书的房产情况：银州区龙山乡前八里村原料库（1174.8m^2）、药二成品库（128m^2）。上述两处房产系公司为堆放原材料及药品自行搭建的辅助性房产，由公司在已拥有的建设用地使用权的土地上投资建设并使用，由于尚未办理相关审批手续，故尚未取得房产权属证书。截至本补充法律意见书出具之日，公司已与铁岭市银州区城乡建设局、铁岭市银州区房产管理局接洽上述两处房产的补办手续，并启动补办工作。

铁岭市银州区城乡建设局、铁岭市银州区房产管理局亦于 2015 年 2 月 10 日出具证明，确认“截至本证明出具日，新兴（铁岭）药业股份有限公司不存在因违反建设规划 / 房产建设、管理的法律、行政法规及规章而受到行政处罚且情节严重的情况”。

上述两处房产由公司投资建设并使用，虽尚未取得房产权属证书，但并未被相关政府部门认定为非法建筑，且公司已采取积极的补办措施，相关主管部门亦出具了公司房产不存在重大违法违规情况的证明，因此上述房产权属清晰，不存在权属纠纷或潜在纠纷。

2. 房产对于公司正常生产经营的重要性说明

上述两处房产公司仅用于白土、药用炭、包装箱等原材料及部分成品的存放，相对于生产性厂房车间而言，两处房产均具有可替代性，且替代成本较低，所以上述两处房产对公司的正常生产经营不存在重要影响。

3. 无法办理产权证的原因，补办事项的进展及是否可行、可预期

公司已启动上述两处房产产权证的补办手续。公司已按照上述要求准备补办材料，补办手续正在积极推进，截至目前，不存在完全无法办理的问题，公司补办的进展具有可行及可预期性。

4. 分析公司存在的风险、相应的风险管理措施及其有效性、风险可控性，量化发生房屋拆迁将给公司带来的搬迁费用和经济损失

公司正在积极推进上述两处房产的产权证补办工作，补办具有可行及可预期性；即使产权证无法办理，公司可按现有方式继续使用或可选取替代性仓库来存放原材料或成品，不会对公司的持续经营产生实质性不利影响。对于“公司原材料及部分产成品仓库无房产证的风险”，公司已于《公开转让说明书》中补充提示，具体内容如下：“该副土地已经取得国有土地使用权证，但由于房屋建筑时间较长等历史原因，公司尚未就上述房屋建筑物取得房屋所有权证。虽然房产证手续正在补办过程中，但存在上述建筑物无法办理房屋所有权证、无法正常使用的风险。”

此外，为预防上述房产不能办理产权证而可能导致的风险，公司控股股东中航新兴于 2015 年 2 月 9 日出具承诺函，承诺如下：“若新兴药业的上述两处房产最终无法办理房产权属证书并且根据有权部门的认定需要拆除或被给予其他形式的处罚，本公司承诺将足额补偿新兴药业因此承担的任何损失或罚款。”

据此，公司已采取积极的措施应对上述可能风险，且控股股东已承诺承担公司因上述房产因行政处罚而遭受的所有损失，风险管理措施有效、具有可操作性。

5. 以上事项对公司的持续经营能力影响

公司尚未取得上述两处房产权属证书对公司持续经营能力不存在重大影响，对公司本次挂牌不构成实质性法律障碍。

小结：针对无证房产的问题可以通过所涉房产体量较小、重要性低，具备可替代性且替代成本低，大股东又兜底承诺，所以即便被拆除，对公司持续经营能力影响有限进行说明，从而对挂牌不构成实质性障碍。

5.3 公司同业竞争相关问题及解决方案

同业竞争是指新三板挂牌公司的关联方从事与挂牌公司相同或相似的业务，从事与公司的主营业务构成或可能构成直接或间接竞争关系的业务或活动。关联方如果从事与挂牌公司具有竞争关系的业务，则会与挂牌公司产生利益冲突，可能会损害挂牌公司的利益，并进而损害挂牌公司的小股东（投资者）的利益。

同时，禁止同业竞争也是新三板挂牌公司独立性（业务上的独立）的要求。在企业挂牌过程中，主办券商和律师也应当对拟挂牌公司的同业竞争情况进行尽职调查，并在《公开转让说明书》和《法律意见书》中对同业竞争情况及解决措施进行披露。

新三板出现同业竞争怎么办？关于同业竞争，最好的解决方式就是在企业重组过程中，对拟挂牌企业的业务进行合理重组并选择合适的控股股东。而律师会根据《公司法》等相关规定，披露企业在挂牌前所存在的一系列法律问题。同时，主办券商和律师可以对同业竞争情况尽职调查，本节就企业挂牌新三板同业竞争的相关问题详细介绍。

5.3.1 公司的控股股东同时参股股份公司的子公司受到同业竞争问题的质疑

著名舞蹈家杨丽萍控股的云南文化于 2014 年 11 月在新三板挂牌，成为舞蹈演艺类公司第一股。云南文化控股的子公司因为同时有杨丽萍的个人参股而受到同业竞争问题的质疑，这一问题是如何构成又是如何解决的呢？

【案例 5.11】云南杨丽萍文化传播股份有限公司在挂牌过程中所遇到的问题：公司控股子公司北京杨丽萍艺术发展有限公司、北京杨丽萍科技发展有限公司的少数股权股东为杨丽萍。请说明：（1）杨丽萍参股子公司的具体原因、目的；（2）公司与子公司之间是否存在潜在的同业竞争、关联交易，分析是否存在对实际控制人输送不当利益而损害投资者利益或公司利益的潜在风险，为应对以上风险公司采取的相应规范措施和实施情况。

相关链接：同业竞争问题一般被关注的对象是控股股东、实际控制人及其控制的其他企业，即母公司或兄弟公司等，拟挂牌公司合并报表的全资、控股子公司通常并非关注对象，原因在于，子公司的收益会归结到拟挂牌公司，所以即便存在同业问题也无妨。但本案例中，云南文化的两家控股子公司受到了同业竞争的质疑，这是由于实际控制人杨丽萍除了通过云南文化间接持有和控制这两家子公司外，还通过直接持股方式另行持有部分子公司股权。所以，凡此类股权结构，都应引起重视，应当关注同业竞争问题。

问题剖析及解决方案如下。

1. 杨丽萍参股子公司的具体原因、目的。

杨丽萍个人参股杨丽萍股份子公司的具体原因及目的为：根据北京市工商行政管理局网站公布的《企业名称预先核准一次性告知单》，企业名称使用自然人姓名的，该自然人应当是投资人。因此，公司如在拟设立的子公司名称中使用“杨丽萍”字样，需要由杨丽萍作为持有拟设立公司的股权。为保留公司“杨丽萍”品牌的持续性和影响力，促进北京子公司业务经营的开展，杨丽萍股份与杨丽萍合资设立北京艺术发展公司、北京科技发展公司，其中，北京艺术发展公司的股权结构为杨丽萍股份持股 95%，杨丽萍持股 5%；北京科技发展公司的股权结构为杨丽萍股份持股 79%，杨丽萍持股 1%，胡彬持股 20%。

说明：从杨丽萍个人在两家子公司仅持有象征性比例的股权来看，符合其所说为使用个人姓名作公司品牌以适应工商部门管理要求的解释，如果有利益输送等需求，不应该是这样的股权比例结构。

2. 公司与子公司之间是否存在潜在的同业竞争、关联交易，是否存在对实际控制人输送不当利益而损害投资者利益或公司利益的潜在风险，以及为应对以上风险公司采取的相应规范措施和实施情况。

除北京艺术发展公司、北京科技发展公司外，公司并无与实际控制人杨丽萍女士合资持有其他公司股权的情况。

北京艺术发展公司、北京科技发展公司的重大经营决策均根据《公司法》及该等子公司的公司章程，由公司（作为股东）及其委派至该等公司的董事决定，且自该等子公司成立至今，该等子公司并未进行过任何利润分配行为，未进行过股权转让行为，杨丽萍未因投资该等子公司获取任何投资收益，亦未与该等子公司存在关联交易情况。

为规范及消除杨丽萍股份与北京艺术发展公司、北京科技发展公司之间潜在的关联交易及同业竞争情况，2014 年 8 月 12 日，杨丽萍女士做出承诺，自愿放弃参与北京艺术发展公司、北京科技发展公司的利润分配事项，并将由其享有的分红权无偿转让予杨丽萍股份；并承诺由该等子公司的另一方股东（杨丽萍股份）全权负责该等子公司的业务经营，将其对所有事项的提案权、表决权等一切股东权利全权委托予杨丽萍股份行使。基于上述，公司与该等子公司之间并不存在潜在的同业竞争、也不存在通过不公允的关联交易为实际控制人输送利益的情况，不存在对实际控制人输送不当利益而损害投资者利益或公司利益的潜在风险。

基于上述理由，并不能必然得出子公司与云南文化之间就不存在同业竞争的结论。是否构成同业竞争是要看公司之间是否存在相同或相似业务等情况，而非仅分析股权结构就能判定。只不过通过上述处理，即便构成同业竞争，也因为利益最终归结至云南文化而使问题得以化解。

解决原因分析如下。

本案例这一问题之所以能够得到化解，主要原因在于：

1. 杨丽萍在两家子公司中的持股比例极低，保留股权是为满足工商部门对于个人名称使用规定的说法成立；

2. 即便在杨丽萍持股比例极低的情况下，杨丽萍仍追加做出承诺，将子公司的分红权无偿转让给云南文化，将参与决策权等股东权利全部委托云南文化行使，彻底切断了可能发生利益输送的通道。既然子公司利益全部归结至云南文化，同业竞争问题自然得到化解。

小结：很多时候我们所见到的案例都是公司与母公司或兄弟公司（受同一控制人控制）之间发生同业竞争问题，本案例被质疑的却是与控股子公司同业竞争。如果公司与子公司业务相同或相似，在市场上确实存在业务竞争（或潜在竞争）关系，而子公司相当部分股权被实际控制人持有，这样的结构就为同业竞争、利益输送提供了潜在动力和便利，受到质疑是有道理的。解决的方法可以是实际控制人将在子公司的利益及权利转交给拟挂牌公司。

5.3.2 转让股权消除同业竞争

上海华宿电气股份有限公司控股股东通过转让股权方式消除同业竞争，以下进行详细分析。

【案例 5.12】上海华宿电气股份有限公司通过转让股权消除同业竞争。公司的实际控制人停止构成同业竞争的业务，并承诺尽快注销该公司，注销前不从事构成同业竞争的业务，在挂牌前以转让股权的方式消除同业竞争关系。

问题剖析及解决方案如下。

公司控股股东上海研科在有限公司成立之前曾从事过电气火灾监控系统的生产和销售，但为避免同业竞争，从 2012 年开始，已不再从事电气火灾监控系统的生产和销售。2013 年 1 月 25 日，上海研科与余龙山出具了《关于上海研科信息技术有限公司情况说明及股东承诺》，承诺：“上海研科拥有独立的管理机构和人员，与上海华宿之间不存在员工、机构、渠道等方面重叠。”

为了避免同业竞争，公司控股股东、实际控制人余龙山承诺：“尽快将上海研科注销。为避免同业竞争，上海研科承诺：在上海研科注销之前，将不在中国境内外直接或间接从事或参与任何在商业上对上海华宿构成竞争的业务及活动。”

余龙山将其持有的上海研科的全部股权作价人民币 49.5 万元全部转让给自然人王晓宇，王晓宇与上海华宿电气股份有限公司不存在关联关系。双方在 2013 年 5 月 26 日签订了股权转让协议，同时上海研科股东会就股权转让事项做出决议同意转让，其他股东放弃有限购买权，并相应修改公司章程，相关转让款，上海研科新股东王晓宇已于 2013 年 6 月 3 日向余龙山支付完毕，公司也于 2013 年 5 月 31 日向上海市青浦区工商行政管理局申请变更备案。上海研科与公司不存在同业竞争关系。

小结：解决方法可以是公司的控股股东、实际控制人通过转让股权方式消除同业竞争。

5.3.3 董监高对外兼职

上海长合信息技术股份有限公司的公司董事、监事和高级管理人员存在对外兼职的情况，怎样解决这类问题？以下进行详细分析。

【案例 5.13】上海长合信息技术股份有限公司在挂牌过程中所遇到的问题：公司董事、监事、高级管理人员存在对外兼职的情况。“董监高”是否违反《公司法》关于竞业禁止的规定及约定竞业禁止协议（如有）？

问题剖析及解决方案如下。

《公司法》（2014 年实施）第一百四十七条规定董事、监事、高级管理人员应当遵守法律、行政法规和公司章程，对公司负有忠实义务和勤勉义务。第一百四十八条第五项规定董事、高级管理人员不得有下列行为：未经股东会或者股东大会同意，利用职务便利为自己或者他人谋取属于公司的商业机会，自营或者为他人经营与所任职公司同类的业务。该公司董事、监事、高级管理人员兼职单位的主营业务及是否存在竞业禁止情况，如表 5.1 所示。

表5.1 公司董事、监事、高级管理人员兼职单位情况表

序号	兼职单位名称	主营业务	是否存在竞业禁止情况
1	上海益诚汉明投资合伙企业	投资、咨询、管理类业务	与公司主营业务存在明显区别，不涉及竞业禁止的情形
2	上海嘉辰投资管理有限公司	投资、咨询、管理类业务	与公司主营业务存在明显区别，不涉及竞业禁止的情形
3	河北永益生态环境有限公司	主营环境污染治理工程、环境污染治理技术设备销售、环境污染治理设施运营服务、技术服务、技术咨询	与公司主营业务存在显著区别，不涉及竞业禁止的情形
4	上海西马特机械制造有限公司	主营生产家用车床、万能铣床、台钻、台虎钳、锯片机（BS-12）、电动工具、销售自产产品并承接和上述产品相关的加工维修业务	与公司主营业务存在显著区别，不涉及竞业禁止的情形
5	上海真奕实业有限公司上海分公司	主营机电设备及配件（除特种设备）的加工、销售，仪器仪表、电子产品、五金工具的销售	与公司主营业务存在显著区别，不涉及竞业禁止的情形
6	中国联合网络通信集团有限公司	主营电信及移动网络运营	与公司从事的地铁通信系统解决方案存在显著区别，不涉及竞业禁止的情形
7	丰泰过滤系统（上海）有限公司	主营环境治理工程及监测、治理技术的研发及相关产品的生产、销售	与公司从事的地铁通信系统解决方案存在显著区别，不涉及竞业禁止的情形

董事、监事、高级管理人员出具了《避免同业竞争承诺函》。

小结：通过如实说明董事、监事、高级管理人员所兼职单位与公司不存在竞业禁止的情形，并提供董事、监事、高级管理人员出具的《避免同业竞争承诺函》，消除挂牌的实质性障碍。

5.3.4 多名实际控制人和高管都曾任职于相同的两个公司

大禹电气科技股份有限公司的多名实际控制人和高管都曾任职于相同的两个公司，是否对挂牌构成实质性影响，应如何解决？

【案例 5.14】大禹电气科技股份有限公司在挂牌过程中所遇到的问题：公司 4 名实际控制人中的 3 位曾任职于孝感市大禹电气厂，4 位实际控制人全部、5 位董事全部、3 位监事中的 2 位、9 位核心技术人员中的 4 位曾任职于孝感市大禹电气有限公司。（1）请说明孝感市大禹电气厂、孝感市大禹电气有限公司与公司、公司实际控制人的联系。（2）报告期内，包括但不限于上述两家企业在内的实际控制人控制的企业是否存在于公司经营相同、相似的业务？（3）公司实际控制人、董事、监事、高级管理人员及核心技术人员是否存在成为任何与上述两家企业有关的纠纷或潜在纠纷的主要责任人？是否能够持续稳定的继续持有、管理公司？是否对公司持续经营产生重大不利影响？

问题剖析及解决方案如下。

1. 关于孝感市大禹电气厂、孝感市大禹电气有限公司与公司、公司实际控制人的联系。

（1）孝感市大禹电气厂成立于 1996 年 7 月 29 日，于 2002 年 4 月 3 日将名称变更为孝感市天河电气厂，因政策原因，系由周连华与王艳阶等人投资、挂靠在孝感市轻工业机械厂外下的集体企业。公司成立后，一直由上述人员经营，孝感市轻工业机械厂并未参与任何经营、决策。经营范围为电气控制柜、起动柜、补偿柜及医用电子仪器（凭生产许可的）生产销售；电子元件、化工原料（不含危险品）零售。孝感市天河电气厂因未按时年检，于 2008 年 12 月 25 日被孝感市工商局吊销企业法人营业执照，因此，其与公司并无关联关系。

公司共同控制人之一的王艳阶、周连华分别担任过孝感市大禹电气厂、孝感市天河电气厂的法定代表人。上述二人出具承诺，若因该厂注销等相关事项给公司及相关债权债务人造成损失的，责任均由上述二人承担。

（2）孝感市大禹电气有限公司成立于 2002 年 1 月 23 日，设立时情况如下。2001 年 12 月 30 日，王艳阶以货币出资 66 万元，石洲、周连华、王旺兴、祝新舟、李国俊均以货币出资 33 万元，法人股东孝感市锦华广告装饰工程有限责任公司以货币出资 7 万元，共同设立孝感市大禹电气有限公司。2002 年 1 月 18 日，经孝感市工商局登记注册，取得注册号为 4209001500227 的《企业法人营业执照》。设立时，注册资本为 238 万元，法定代表人为王艳阶，住所为孝感市槐荫大道 134 号，经营范围为高低压成套设备和开关柜、电气控制柜、起动柜、补偿柜、电子仪表元件、机械电器生产、销售；电子元件、化工原料（不含危险品）销售（未取得专项许可的项目除外）。

公司设立后，于 2007 年 6 月 25 日更名为湖北大禹电气有限公司，又于 2011 年 12 月 26 日更名为湖北大禹投资有限公司，经营范围变更为对金融业、商业、房地产业、电力电子产品和机械制造业进行投资；企业管理和咨询服务（上述经营范围中由国家法律法规规定需审批的经营项目，经审批后方可经营）。

综上所述，孝感市大禹电气有限公司（即变更名称后的“湖北大禹电气有限公司”“湖北大禹投资有限公司”）为与公司系受相同控制人控制的公司。

2. 关于报告期内，包括但不限于上述两家企业在内的实际控制人控制的企业是否存在与公司经营相同、相似的业务。

（1）孝感市大禹电气厂（后更名为“孝感市天河电气厂”）于 2008 年 12 月 25 日被孝感市工商局吊销企业法人营业执照，之后未进行生产和经营。公司成立于 2009 年 3 月 10 日，在报告期内，不存在与公司经营相同、相似的业务的情形。

由于生产技术改进和设备更新，孝感市大禹电气厂资产至吊销时已大部分被淘汰；孝感市大禹电气有限公司、大禹电气股份设立时均由自然人货币出资，上述两个公司并未使用孝感市大禹电气厂的任何资产。

（2）孝感市大禹电气有限公司（后于 2007 年 6 月 25 日更名为“湖北大禹电气有限公司”，又于 2011 年 12 月 26 日更名为“湖北大禹投资有限公司”）于 2009 年 5 月 28 日召开第三次股东大会，全体股东一致同意以 2009 年 5 月 31 日为基准日转让湖北大禹电气有限公司起动柜、高低压开关柜类经营性资产，转让价款以转让基准日转让资产账面价值作为定价依据，共计 14,487,822.94 元。湖北大禹电气有限公司（即孝感市大禹电气有限公司更名后）于 2009 年 6 月 16 日与公司签订了《资产转让协议书》，并分别于 2009

年6月16日、2009年12月31日将上述资产移交给公司。由于截至2009年12月31日，公司净资产为5,508万元，上述资产交易金额未达到重大资产重组标准。

孝感市大禹电气有限公司在报告期内，并未从事与公司相同、相似业务，而在2011年12月26日变更名称为湖北大禹投资有限公司，其经营范围也发生了变更，不存在与公司从事相同、相似业务的情形。

（3）实际控制人控制的企业报告期内亦不存在与公司经营相同、相似业务的情形。

3. 关于实际控制人、董事、监事、高级管理人员及核心技术人员是否存在成为任何与上述两家企业有关的纠纷或潜在纠纷的主要负责人，是否能够持续稳定地继续持有、管理公司，是否对公司持续经营产生重大不利影响。

（1）孝感市大禹电气厂（后更名为“孝感市天河电气厂”）已于2008年12月25日被孝感市工商局吊销企业法人营业执照。孝感市大禹电气有限公司已于2007年6月25日更名为湖北大禹电气有限公司，又于2011年12月26日更名为湖北大禹投资有限公司，目前尚在经营，不存在纠纷或潜在纠纷。因此，公司的实际控制人、董事、监事、高级管理人员及核心技术人员不存在成为任何与上述两家企业有关的纠纷或潜在纠纷的主要责任人，上述人员能够持续稳定地继续持有、管理公司，不会对公司持续经营产生重大不利影响。

（2）周连华为孝感市天河电气厂被吊销营业执照时的法定代表人，根据2005年《公司法》第一百四十七条“有下列情形之一的，不得担任公司的董事、监事、高级管理人员：（四）担任因违法被吊销营业执照、责令关闭的公司、企业的法定代表人，并负有个人责任的，自该公司、企业被吊销营业执照之日起未逾三年”，首先，周连华不负有个人责任；其次，周连华于2012年3月至今，担任大禹电气股份董事，任期3年，其担任本届董事会董事，具备董事资格；再次，周连华于2009年3月至2012年3月担任大禹电气股份董事，存在瑕疵，但并未对公司治理及公司经营造成重大影响。

小结：通过说明多名实际控制人和高管共同任职的两家企业的情况，说明这两家企业不构成挂牌的实质性障碍。

5.4 公司土地房屋对公司经营造成的问题及解决发案

土地和房屋是拟挂牌公司最重要的资产之一，公司经营场地对公司持续发展而言，非常重要和关键。但是在公司挂牌过程中，土地、房屋等方面的资产可能存在各种各样的问题。

从已经挂牌的新三板企业中，租赁房产、集体土地、无证房屋等情况屡见不鲜，且这些企业均已成功挂牌，本节我们将详细地分析其问题及解决办法。

5.4.1 租赁无产权证的集体用地，租赁的厂房建设也没有取得相关政府部门的审批手续

北京易丰印捷科技股份有限公司租赁无产权证的集体用地，租赁的厂房建设也没有取得相关政府部门的审批手续是否对挂牌构成实质性影响，应如何解决？

【案例 5.15】北京易丰印捷科技股份有限公司在挂牌过程中所遇到的问题：公司从赵士军、皇木厂村委会租赁经营场所。该场所土地证及建筑相关审批手续取得情况如何？该经营场所租赁、使用是否合法、合规？

问题剖析及解决方案如下。

2010 年 3 月 14 日，易丰有限公司与赵士军、北京市通州区张家湾镇皇木厂村村民委员会签订《房屋租赁合同》，约定赵士军将其所有的北京市凯达包装材料厂厂房出租给易丰有限公司，厂房所占土地所有人村民委员会同意赵士军将厂房所占范围内的土地及地上建筑物转租给易丰有限公司，租赁厂房坐落于北京通州区张家湾镇皇木厂村西南，该厂房使用面积为 2,300 平方米，土地使用面积约 4,000 平方米，租金为每年 25 万元，租赁期限为 10 年，自 2010 年 9 月 1 日起，至 2020 年 9 月 30 日止。

上述所租赁的厂房所占用的集体土地没有取得土地证书，厂房的建设也没有取得相关政府部门的审批手续。

与上述租赁行为相关的事实有：2004 年 1 月 1 日，村民赵士军与杜志民

委员会签订了《土地使用合同》，约定村民委员会同意将本村西南边界土地 37 亩提供给赵士军租用，用来建设北京市凯达包装材料厂，赵士军有权在该土地上建造厂房和生产性房屋。随后，赵士军以该租用土地为住所注册了经济性质为集体所有制的北京市凯达包装材料厂并获得北京市工商行政管理局通州分局颁发的《企业法人营业执照》。

2010 年 3 月 25 日，针对易丰有限公司与赵士军及村民委员会签订的《房屋租赁合同》，村民委员会专门出具了《关于赵士军租用通州区张家湾镇皇木厂村西南土地使用年限的说明》，声明“赵士军利用张家湾镇皇木厂村西南土地（现地面建筑物为北京凯达材料厂——厂房），在 2010 年 3 月 17 日至 2020 年 3 月 31 日共计 10 年即赵士军租用皇木厂村民委员会的年限内，皇木厂村民委员会不另作他用。”

依据《土地管理法》第四十三条规定：“任何单位和个人进行建设，需要使用土地的，必须依法申请使用国有土地；但是，兴办乡镇企业和村民建设住宅经依法批准使用本集体经济组织农民集体所有的土地的，或者乡（镇）村公共设施和公益事业建设经依法批准使用农民集体所有的土地的除外。” 易丰有限公司所租赁厂房的出租人赵士军使用本村集体经济组织所有的土地，举办注册乡镇企业北京市凯达包装材料厂，并兴建厂房符合法律规定。北京市工商行政管理局通州分局对赵士军以该处土地注册成立北京市凯达包装材料厂予以登记，表明相关政府部门也对此认可。集体土地使用权的出租受到法律限制，但集体土地上建筑物的出租，我国法律没有明确禁止性规定，租赁集体土地上的厂房，所租赁的标的是地上建筑物，集体土地使用权仍属于集体经济组织，并未发生实质的流转。因此，由于赵士军将其所建成的厂房出租给易丰有限公司是其真实意思的表示，并且得到村民委员会的背书，该《房屋租赁合同》合法、有效。

该《房屋租赁合同》签订后，易丰有限公司对所租赁厂房不曾改变使用用途、按时缴付租金，其使用一直严格按照合同规定进行，合法合规，从未与赵士军或村民委员会产生纠纷。

尽管占用的集体土地没有取得土地证书，厂房的建设也没有取得相关政府部门的审批手续，上述集体土地的使用存在一定瑕疵，但即使相关政府部门认定存在违反土地管理、建筑审批管理的行为，亦应当由出租方赵士军承担责任，与承租方易丰有限公司无关。

公司的主要资产不包括所租赁的厂房，对租赁厂房建设投入较少，即便该租赁合同出现问题，公司亦可以在短时间内寻找到可替代的厂房，转换租赁厂房对公司造成的损失较小，不会对公司正常的经营活动产生重大不利影响。同时，为避免因租赁厂房出现问题给公司造成损失，公司实际控制人罗非、芦红出具《承诺函》，承诺若因第三人主张权利或政府部门行使职权而致使《房屋租赁合同》无效或出现任何纠纷，导致公司需要搬迁并遭受经济损失、被有权政府部门处罚、被其他第三方追索的，公司实际控制人承担赔偿责任，对公司所遭受的一切经济损失以足额补偿。

综上所述，公司从赵士军、村民委员会处租赁厂房合法、有效，公司对该经营场所租赁、使用合法、合规。由于该租赁合同的可替代性和易替代性，加之公司实际控制人承诺承担一切潜在风险，即使该租赁合同出现问题，亦不会对公司正常的经营活动产生重大不利影响、对本次挂牌未构成重大法律障碍。

小结：公司通过说明以下几点关键事项：1. 村民委员会的背书——在租赁期限内，村民委员会不另作他用；2. 工商行政管理部门的背书——允许公司在此注册；3. 我国没有明确禁止租赁集体土地上的厂房；4. 拟挂牌企业严格按照租赁合同履行义务；5. 该租赁合同具有可替代性和易替代性。最后得出该租赁合同不会对公司正常的经营活动产生重大不利影响，对本次挂牌不构成重大法律障碍。

5.4.2 未经批准在租赁土地上自建房屋

广州金鹏源康精密电路股份有限公司租赁土地存在程序瑕疵，公司未经批准在租赁土地上自建房屋是否对挂牌构成实质性影响，应如何解决?

【案例 5.16】2005 年 4 月 30 日，广州金鹏源康精密电路股份有限公司与永和来安水泥构件厂签订了《租赁合同》，租赁永和来安水泥构件厂位于永和镇贤江村地块；2013 年 7 月 19 日，公司与刘海波签订了《广州市房地产租赁合同》；公司在永和来安水泥构件厂地块上自建的部分厂房和办公楼未经规划设计批准、工程规划和施工批准等开工建设批准程序。

问题剖析及解决方案如下。

1. 租赁的集体建设用地未取得集体经济组织成员的村民会议三分之二以上成员或者三分之二以上村民代表的书面同意以及进行公示的直接书面证明文件。

解决措施：集体土地的所有权人出具书面文件《说明》，明确确认已依法经法定程序将该土地出租。

2. 拟挂牌企业在租用的集体用地上自建部分厂房、办公楼，该部分厂房和办公楼未经规划设计批准、工程规划和施工批准等开工建设批准程序。

解决措施：

（1）积极联系相关行政部门以完备自建厂房部分的报建及消防验收等手续；

（2）将该部分的建房费用计入了长期待摊费用科目，用以区别其他固定资产的项目；

（3）完善公司内控和规范治理方面的制度；

（4）公司现有股东出具《股东保证函》。

小结：房产土地类问题中最典型也是最严重的情形就是租赁集体用地、自建无证房产。审核机构对此问题的审核标准较为缓和，拟挂牌企业存在土地、房产等资产的瑕疵并不一定构成挂牌的实质障碍，只要企业生产经营具有固定且确定生产经营场所，无论是购买的还是租赁的土地和房产，都是可行的。如果存在法律风险，由大股东、实际控制人出具承诺进行兜底，至少在经济责任上不会造成损害挂牌企业利益的影响。

5.4.3 租赁房产存在权属不清而导致搬迁风险的解决方案

东莞市意普万尼龙科技股份有限公司所租赁的房产存在权属不清是否对挂牌构成实质性影响，应如何解决？

【案例 5.17】东莞市意普万尼龙科技股份有限公司在挂牌过程中遇到的问题：公司所有租赁房产的取得、使用及权属情况如何？是否存在因权属不清而导致搬迁风险及应对措施？租赁房产的租金价格、定价依据及公允性、报告期各期租金金额，即将到期租赁合同的续签情况，与出租方是否存在关联关系？

问题剖析及解决方案如下。

公司目前生产经营及办公场所为东莞松山湖科技产业园区北部工业城中小科技企业创业园第4栋厂房第一层、第二层，分别系2006年5月和2010年11月租赁而来。2006年8月8日，公司与东莞市松山湖工业发展有限公司签订了租赁合同，租赁东莞松山湖科技产业园区北部工业城中小科技企业创业园第4栋厂房第一层，建筑面积1,494平方米，租赁期限为10年（2006年9月1日至2016年8月31日），租金第一年标准为每月每平方米建筑面积12元，每两年递增10%，装修期4个月免收租金。2010年11月24日，公司与东莞市松山湖工业发展有限公司签订了租赁合同，租赁东莞松山湖科技产业园区北部工业城中小科技企业创业园第4栋厂房第二层，建筑面积1494平方米，租赁期限自2010年12月1日至2016年8月31日，租金标准为每月每平方米建筑面积13元，租金每3年递增10%，装修期2个月免收租金。公司2011年度、2012年度、2013年1—6月分别支付租金473,956.56元、493,378.56元、246,689.28元，不存在拖欠租金的情形。

根据2008年12月25日东莞松山湖科技产业园区房产管理局出具《住所（经营场所）使用证明书》，位于东莞松山湖科技产业园区北部工业城中小科技企业创业园第4栋厂房的产权归东莞市松山湖工业发展有限公司所有。根据《国有土地使用权证书》《建设用地规划许可证》《建设工程规划许可证》《基本建设投资项目备案证》以及《中小科技企业厂区竣工环保验收意见》，东莞市松山湖工业发展有限公司系公司租赁房产的合法所有人，前述厂房不存在产权不清晰的情形，也不存在产权不清晰所导致的搬迁风险。

根据东莞市松山湖工业发展有限公司出具的《关于东莞市意普万尼龙科技股份有限公司的情况说明》，出租方东莞市松山湖工业发展有限公司与公司之间不存在关联关系，前述厂房出租给公司的租金标准符合市场公允价格。

根据东莞市松山湖工业发展有限公司出具的《关于东莞市电普万尼龙科技股份有限公司的情况说明》，公司均按时缴纳租金、管理费等款项，与东莞市松山湖工业发展有限公司合作良好。届时，租赁期满，出租方将优先续租给公司。

综上所述，1. 公司所租赁房产产权清晰，公司是自租赁房产的合法所有权人处承租相应房产，公司对于所租赁房产的使用符合相关房产的性质及用途，不存在搬迁的风险。2. 公司与所有租赁房产的出租方不存在关联关系，租赁房产的租金标准符合市场公允价格；公司均按时缴纳租金，于租赁期满时，有优先续租的权利。

小结：公司通过说明租赁房产情况和列出实际支付租金水平，最后得出结论，该租赁合同不会对公司正常的经营活动产生重大不利影响，对本次挂牌不构成重大法律障碍。

5.5 公司法律风险对持续经营能力的影响及解决方案

拟挂牌企业存在未决诉讼，是否会构成影响公司挂牌的法律障碍？在已经挂牌的公司中，有的涉诉数量非常大。例如，北京中搜网络技术股份有限公司及其子公司、分公司，自 2011 年 1 月 1 日至 2013 年 7 月 29 日，公司已了结诉讼共 103 宗，未了结诉讼共 52 宗；公司被诉案件共 154 宗，其中已了结公司被诉案件共 102 宗，未了结公司被诉案件共 52 宗。关于此类公司是如何解决其影响持续经营能力的因素而成功挂牌的，本节将进行详细分析和讲解。

5.5.1 因买卖合同纠纷被起诉的解决方案

上海上电电机股份有限公司发生买卖合同纠纷被起诉是否对挂牌构成实质性影响，应如何解决这一问题？

【案例 5.18】上海上电电机股份有限公司在挂牌过程中所遇到的问题：未决诉讼的情况如何？对公司持续经营能力有何影响？

问题剖析及解决方案如下。

上电有限公司因与建龙钢铁控股有限公司发生买卖合同纠纷，向人民法院提起诉讼。

1. 基本案情

2009 年 8 月 12 日，上电有限公司与建龙钢铁签订了《黑龙江建龙钢铁有限公司中 273mm 连轧无缝钢管工程连思机电机设备供货合同》，合同约定：建龙钢铁向上电有限公司采购系列电机，其中：YYP500 – 6/675KW 电机 12 台，YYP450 – 6/450KW 电机 6 台，合同总价款为 305.256 万元整，交货地点为黑龙江建龙钢铁有限公司 273mm 连轧无缝钢管工程施工现场，质保期从设备安装完毕，连续负荷运行考核合格之日起满 1 年或设备全部到货满 18 个月（两者以先到日期为准）。另根据《供货合同》关于付款的约定，合同价款中 10% 作为质保金，于质保期满后无质量问题结清。

合同签订后，上电有限公司根据《供货合同》约定向建龙钢铁交付了 18 台电机，且自完成交货之日至今质量保证期已经届满。根据《供货合同》约定，建龙钢铁应将合同总价款中的 10%，即 30.525,6 万元支付给上电有限公司，但至今建龙钢铁未支付剩余款项。

上电有限公司已委托律师向人民法院提起诉讼，要求建龙钢铁支付剩余款项 30.525,6 万元并支付逾期付款利息。

2. 对持续经营能力的分析

综上所述，上电电机有限公司与建龙钢铁买卖合同纠纷涉案标的较小，不会对上电电机有限公司持续经营能力产生重大不利影响。

小结：公司可以通过说明诉讼的案情和涉案标的金额较小，最后得出结论，该法律风险不会对公司正常的经营活动产生重大不利影响、对本次挂牌不构成重大法律障碍。

5.5.2 公司股东将其已质押的部分股权转让给公司的重要员工

北京瑞斯福高新科技股份有限公司将其已质押的部分股权转让给公司重要员工，其潜在的法律纠纷是否对挂牌构成实质性影响，应如何解决这一问题?

【案例 5.19】北京瑞斯福高新科技股份有限公司在挂牌过程中所遇到的问题：2012 年 12 月 18 日，公司向中信信托（债权人已变更为北京银行）借款 1,000 万元，股东邹怀森以其全部财产及所持有瑞斯福 81.25% 的股权向北京中小企业信用再担保公司提供股权质押反担保。2013 年 1 月 17 日、1 月 21 日，邹怀森及其他部分股东以合计 81.25% 的股权就两笔贷款向北京海淀科技融资担保公司提供股权质押反担保。邹怀森个人是否办理了股权质押登记手续？2012 年 12 月有限公司第二次股权转让，邹怀森将其持有公司的部分股权转让给公司重要员工，该股权转让是否取得了质权人的同意？该股权是否存在潜在的法律纠纷？合法合规性如何？

问题剖析及解决方案如下。

1. 邹怀森个人股权质押事项的说明

（1）邹怀森以其所持有瑞斯福有限公司的股权向北京中小企业信用再担保有限公司提供反担保。

1）2010 年 12 月 15 日，瑞斯福有限公司与国家开发银行股份有限公司签署《人民币资金借款合同》，瑞斯福有限公司借款 2,000 万元，借款期限自 2010 年 12 月 15 日起至 2013 年 12 月 14 日止，瑞斯福有限公司应于 2012 年 12 月 14 日前偿还 1,000 万元，于 2013 年 12 月 14 日前偿还 1,000 万元。北京中小企业信用再担保有限公司（以下简称再担保公司）为该笔贷款提供连带担保责任担保。

根据瑞斯福有限公司与再担保公司于 2010 年 12 月 10 日签署的《委托保证合同》，再担保公司为瑞斯福有限公司上述 2,000 万元借款提供连带责任担保，邹怀森与瑞斯福有限公司向再担保公司提供如下反担保措施；邹怀森出具个人无限连带责任承诺函、股权质押、瑞斯福有限公司设备抵押、专利质押、应收账款质押等。根据该《委托保证合同》，邹怀森与再担保公司于 2010 年 12 月 10 日签订了《股权质押反担保合同》，由邹怀森以其所持瑞斯福有限公司 81% 的股权向再担保公司提供反担保，双方已到主管工商局办理了股权出质登记手续。2011 年 12 月，因瑞斯福有限公司办理减资手续和货币增资手续，经再担保公司同意，双方到主管工商局办理了股权出质注销登记手续。2012 年 1 月 13 日，在瑞斯福有限公司增资手续完成后，双方又重新办理了邹怀森所持瑞斯福有限公司 81% 股权的出质登记手续。

2）2012 年 11 月 8 日，瑞斯福有限公司与中信托有限责任公司签订了《借款合同》（该借款的债权人已于 2012 年 11 月 9 日变更为北京银行），瑞斯福有限公司贷款 1,000 万元，借款期限为 12 个月，自 2012 年 11 月 8 日至 2013 年 11 月 8 日。再担保公司为上述借款提供连带责任担保。根据瑞斯福有限公司与再担保公司于 2012 年 10 月 23 日签署的《委托保证合同》，再担保公司为瑞斯福有限公司上述 1,000 万元借款提供连带责任担保，邹怀森与瑞斯福有限公司向再担保公司提供如下反担保措施：邹怀森出具个人无限连带责任承诺函、股权质押、瑞斯福有限公司设备抵押、瑞斯福有限公司应收账款质押。根据该《委托保证合同》，邹怀森与再担保公司于 2012 年 10 月 23 日签订了《股权质押反担保合同》，由邹怀森以其所持有的瑞斯福有的限公司 81.25% 的股权向再担保公司提供反担保。因邹怀森所持 81% 的股权已于 2012 年 1 月 13 日瑞斯福有限公司向同一质权人即再担保公司办理过了股权质押登记手续，本次邹怀森以其所持有 81.25% 的股权不能再重复办理股权质押登记手续。

2012 年 12 月 20 日，瑞斯福有限公司、邹怀森与再担保公司签署了《〈股权质押反担保合同〉解除协议书》，协议约定再担保公司同意自协议签署之日起解除邹怀森的上述股权质押反担保责任，再担保公司不再是公司任何股东股权出质的质押权人，邹怀森有权将其所持公司的股权质押给其他第三方。

2012 年 12 月 24 日，出质人邹怀森与再担保公司到主管工商局办理了股权出质注销登记手续。

（2）邹怀森以其所持瑞斯福有限公司的股权向北京海淀科技企业融资担保有限公司提供反担保。

1）根据瑞斯福有限公司与华夏银行股份有限公司北京魏公村支行分别于 2013 年 1 月 21 日及 5 月 15 日签订的《流动资金借款合同》及《补充协议》，瑞斯福有限公司借款 1,000 万元人民币，借款期限为 2013 年 5 月 21 日至 2014 年 5 月 21 日。北京海淀科技企业融资担保有限公司为本次借款提供连带责任保证担保。根据瑞斯福有限公司与海淀科技担保签署的《委托担保协议书》及相关方签署的《股权质押（反担保）协议书》，邹怀森以其所持瑞斯福有限公司 72.13% 的股权向海淀科技担保提供担保，宁战友、帕提玛、王青武、付云龙、周建华以其合计持有的瑞斯福有限公司 9.72% 的股权向海淀科技担保提供反担保。

2）2013 年 1 月 31 日，瑞斯福有限公司与北京国际信托有限公司签订《借款合同》（该借款的债权人于 2013 年 2 月 6 日变更为上海浦东发展银行股份有限公司北京分行），瑞斯福有限公司借款 2,000 万元，借款期限为 12 个月。海淀科技担保为本次借款提供连带责任保证担保。根据瑞斯福有限公司与海淀科技担保签署的《委托担保协议书》及相关方签署的《股权质押（反担保）协议书》，邹怀森以其所持瑞斯福有限公司 72.13% 的股权向海淀科技担保提供反担保，宋战友、帕提玛、王青武、付云龙、周建华以其合计持有的瑞斯福有限公司 9.72% 的股权向海淀科技担保提供反担保。

2013 年 1 月 31 日，上述股权质押在主管工商局办理了股权质押登记手续。2013 年 4 月，因瑞斯福有限公司改制，经各出质人与质权人海淀科技担保协商一致，各方于 2013 年 4 月 8 日办理了股权出质注销手续。在股份公司设立完成后，出质人持有的公司股份（合计占公司股本总额的 81.25%）重新向海淀科技担保办理了股权质押登记手续。

2.2012 年 12 月瑞斯福有限公司第二次股权转让，邹怀森将其持有公司的部分股权转让给公司重要员工，请公司披露该股权转让是否取得了质权人的同意，该股权是否存在潜在的法律纠纷。邹怀森及其他部分股东将其持有公司合计 81.25% 的股权质押于不同的质权人，上述事项是否存在潜在法律纠纷。

2012 年 12 月瑞斯福有限公司进行第二次股权转让，邹怀森将其持有公司的部分股权转让给公司重要员工，本次股权转让已经取得了质权人再担保公司的同意。根据 2012 年 12 月 24 日昌平工商局出具的股质登记注字［2012］第 00004202 号《股权出质注销登记通知书》，再担保公司于 2012 年 12 月 24 日向昌平工商局办理了股权出质注销登记手续。上述股权质押注销登记手续办理完毕后，瑞斯福有限公司于当日办理了股权转让的工商变更登记手续。因此，本次股权转让不存在潜在的法律纠纷，本次股权转让合法有效。

综上所述，截至目前，邹怀森及其他部分股东仅将其持有瑞斯福股份合计 81.85% 的股权质押给海淀科技担保，不存在同一时间邹怀森及其他部分股东将同一股权质押给不同的质权人的情形。因此，邹怀森及其他部分股东将股权质押给海淀科技担保合法有效，不存在纠纷或潜在纠纷。

小结：通过对公司股权质押，后来又取消质押、重新质押的情况进行说明，得以解决构成挂牌的实质性障碍。

5.5.3 重大业务合同金额巨大、工期未定的潜在风险

北京湖北安华智能股份公司存在重大业务合同金额巨大、工期未定的潜在风险，应如何解决？

【案例 5.20】北京湖北安华智能股份公司在挂牌过程中所遇到的问题："重大业务合同及履行情况"中"1. 建筑合同"第 7 项金额（与法律意见书不符）。该合同金额巨大，工期未定，请说明其履行情况，有无潜在风险？

问题剖析及解决方案如下。

公司说明，该合同系《新疆气象影视平台视音频设备采购安装及系统集成合同》，合同金额 973 万元，合同工期为 2013 年 4—7 月。截至 2013 年 8 月 27 日，该项目已全部完工，相关完工验收资料已交甲方新疆维吾尔自治区气象服务中心，等甲方组织相关人员验收。因此，该合同不存在不能履行的潜在风险。

小结：通过对公司此重大业务合同的情况进行说明，得以解决构成挂牌的实质性障碍。

第6章

公司治理机制与经营规范问题及解决方案

“公司治理机制健全，合法规范经营”是拟挂牌公司必须达到的第3个条件。《全国中小企业股份转让系统股票挂牌条件适用基本标准指引（试行）》将该条件具体细化为以下几个标准。

1. 公司治理机制健全，是指公司按规定建立股东大会、董事会、监事会和高级管理层组成的公司治理制度，并能证明有效运行，保护股东权益。

（1）公司依法建立“三会一层”，并按照《公司法》《非上市公众公司监督管理办法》及《非上市公司监管指引第 3 号——章程必备条款》等规定建立公司治理制度。

（2）公司“三会一层”应按照公司治理制度进行规范运作。在报告期内的有限公司阶段应遵守《公司法》的相关规定。

（3）公司董事会应对报告期内公司治理机制执行情况进行讨论、评估。

2. 合法合规经营，是指公司及其控股股东、实际控制人、董事、监事、高级管理人员须依法开展经营活动，经营行为合法、合规，不存在重大违法违规行为。

（1）公司的重大违法违规行为是指公司最近 24 个月内因违犯国家法律、行政法规、规章的行为，受到刑事处罚或适用重大违法违规情形的行政处罚。

1）行政处罚是指经济管理部门对涉及公司经营活动的违法违规行为给予的行政处罚。

2）重大违法违规情形是指，凡被行政处罚的实施机关给予没收违法所得、没收非法财物以上行政处罚的行为，属于重大违法违规情形，但处罚机关依法认定不属于的除外；被行政处罚的实施机关给予罚款的行为，除主办券商和律师能依法合理说明或处罚机关认定该行为不属于重大违法违规行为的外，都视为重大违法违规情形。

3）公司最近 24 个月内不存在涉嫌犯罪被司法机关立案侦查，尚未有明确结论意见的情形。

（2）控股股东、实际控制人合法合规，最近 24 个月内不存在涉及以下情形的重大违法违规行为：

1）控股股东、实际控制人受刑事处罚；

2）受到与公司规范经营相关的行政处罚，且情节严重；情节严重的界定参照前述规定；

3）涉嫌犯罪被司法机关立案侦查，尚未有明确结论意见。

（3）现任董事、监事和高级管理人员应具备和遵守《公司法》规定的任职资格和义务，不应存在最近 24 个月内受到中国证监会行政处罚或者被采取证券市场禁入措施的情形。

3. 公司报告期内不应存在股东包括控股股东、实际控制人及其关联方占用公司资金、资产或其他资源的情形。如有，应在申请挂牌前予以归还或规范。

4. 公司应设有独立财务部门进行独立的财务会计核算，相关会计政策能如实反映企业财务状况、经营成果和现金流量。

对于上述条件所细化的几个标准，本章将以详尽的案例对其进行分析。在已经成功挂牌的公司中，该条件及细化标准中最容易出现的问题有以下几个方面：公司管理层架构是否符合挂牌条件、关联交易及资金占用、拆借问题、公司运作经营是否合法合规、行政处罚是否影响挂牌、如何防范和处理竞业禁止及劳动用工问题、环评是否符合相关要求、是否存在偷税、漏税情形，等等。从已经成功挂牌的公司中总结经验，如何针对“公司治理机制健全，合法规范经营”克服障碍、解决问题的重点进行详细讲解。

6.1 公司管理层问题及解决方案

公司管理层主要是指公司内部管理人员层，大多指实际领导、上司、经理、主任，他们的职务主要包括人员管理、资金管理、账物管理、业务管理、基层管理、车间管理、成本管理、企划管理和销售管理，等等，一般划分为高层管理者、中层管理者和基层管理者三类。本章中所指的是公司的高层管理者，主要包括董事长、监事长、总经理（或者首席执行官）、副总、总经理助理、行政、运营、人事、财务、市场、销售、信息、技术、质量、公关等部门的主要负责人。

公司高管与公司实际控制人之间存在关联关系及公司高管在公司的关联公

司兼职，是否影响公司的正常运转？公司的法人治理结构是否完善，股东会、董事会和监事会是否正常运作？公司高管或实际控制人在国外拥有居留权且较长时间驻留境外是否会对其勤勉履行职责造成不利影响？这些都将对公司挂牌产生实质的影响。本节将以成功挂牌的公司案例进行讲解。

6.1.1 监事长是实际控制人的兄弟

武汉三灵科技产业股份有限公司的监事长陈建国为实际控制人陈建明的兄弟，是否对挂牌产生不利影响，如何解决这一问题？

【案例 6.1】武汉三灵科技产业股份有限公司在挂牌过程中遇到的问题：监事长陈建国为实际控制人陈建明的兄弟。此关联关系是否对陈建国有效履行监事会职能构成影响？

问题剖析及解决方案如下。

1. 公司监事会主席陈建国与公司实际控制人陈建明系兄弟关系，此种关联关系对陈建国有效履行监事会职能可能构成潜在影响。

2. 2013 年 11 月 7 日，公司做出如下承诺：“为消除因公司监事会主席陈建国与公司控股股东、实际控制人陈建明之间存在关联关系而对陈国建有效履行监事会职能可能构成潜在影响之情形，公司将尽快依据《公司法》等法律、法规、规范性文件以及《公司章程》的规定改选公司监事。”

3. 2013 年 11 月 7 日，公司控股股东、实际控制人陈建明做出如下承诺：由于本人与武汉三灵科技产业股份有限公司监事会主席陈建国系兄弟关系，为消除因公司监事会主席陈建国与本人之间存在的关联关系而对陈建国有效履行监事会职能可能构成潜在影响之情形，公司拟改选监事；在公司监事改选之前，本人保证严格按照《公司法》等相关法律、法规、规范性文件以及《武汉三灵科技产业股份有限公司章程》之规定，不干涉陈建国履行监事职责和监事会职能。

4. 2013 年 11 月 7 日，公司监事会主席陈建国做出如下承诺：由于本人与武汉三灵科技产业股份有限公司控股股东、实际控制人陈建明系兄弟关系，为消除因本人与陈建明之间存在的关联关系而对本人有效履行监事会职能可能构成潜在影响之情形，公司拟改选监事；在公司监事履行之前，本人保证严格按照《公司法》等相关法律、法规、规范性文件以及《公司章程》之规定，切实履行监事责任和监事会职能，不受本人与公司控股股东、实际控制人陈建明之间存在的关联关系的影响。

综上所述，我们可以得出如下结论。

1. 公司监事会主席陈建国与公司实际控制人陈建明系兄弟关系，此种关联关系对陈建国有效发行监事会职能可能构成潜在影响。

2. 上述承诺未违反相关法律、法规的禁止性规定，合法有效；如果公司控股股东、实际控制人陈建明以及监事会主席陈建国能够履行上述承诺，能够严格按照相关法律、法规、规范性文件及《公司章程》的规定，切实履行各自职现。那么，在公司监事改选之前，公司监事会主席陈建国与公司实际控制人陈建明之间的关联关系对陈建国有效发挥监事会职能不会构成实质性影响。

小结：公司通过提价实际控制人及监事会主席做出承诺的证明，并在事后做出监事改选的补救措施，解决监事会主席影响有效发挥监事会职能的问题，消除挂牌的实质障碍。

6.1.2 公司董事在外兼职任同行业企业高管等职务

上海百傲科技股份有限公司的董事在外兼职、在同行业企业担任高管等职务，是否对挂牌产生不利影响？如何解决。

【案例 6.2】上海百傲科技股份有限公司在挂牌过程中遇到的问题：公司董事在外兼职、在同行业企业担任高管等职务是否违反《公司法》第一百四十八条、一百四十九条的规定？

问题剖析及解决方案如下。

经主办律师核查，董事朱滨、梁栋、郭晓东、成栋任职单位所从事的行业与公司截然不同，因此，上述董事在外兼职并担任高管对公司利益未造成损害。

董事薛建欣任职单位虽然也从事医疗器械销售业务，但并不销售与公司存在竞争关系的产品，因此，未对公司造成损害。

董事梁玉祯任职单位虽然也从事医疗器械销售业务，但并不销售与公司存在竞争关系的产品，因此，未对公司造成损害。另外，梁玉祯已经从广州市德宏医疗技术有限公司辞职。

根据上述董事兼职单位的营业执照显示，上述单位与公司不存在直接的竞争关系；同时，自股份公司设立以来，上述董事均按时参加了董事会会议，能够履行董事职责；因此，朱滨、梁栋、郭晓东、成栋、薛建欣在外兼职并担任高管等职务不违反《公司法》第一百四十八条、一百四十九条的规定；梁玉祯在广州市德宏医疗技术有限公司兼职涉嫌违反公司法第一百四十八条的规定，但其已经辞职，因此，并不影响其继续担任公司董事。

小结：公司通过说明董事兼职的单位情况，及某些董事已辞职的信息，消除了挂牌的实质性障碍。

6.1.3 公司高管长期驻留国外

北京网动网络科技股份有限公司的董事、总经理和财务负责人长期驻留国外，是否对挂牌产生不利影响，如何解决这一问题?

【案例 6.3】北京网动网络科技股份有限公司在挂牌过程中所遇到的问题：朱云同时担任公司董事、总经理和财务负责人，其为续签澳大利亚永久居留权而需较长时间驻留境外，是否会对勤勉履行职责造成不利影响?

问题剖析及解决方案如下。

公司实际控制人朱云于 2003 年通过技术移动形式获得澳大利亚永久居留权。澳大利亚永久居留权的有效期是 5 年，获得澳大利亚永久居留权后需要于 5 年内在该国境内累计住满两年，才可获得续签。2008 年朱云通过了永久居留权的续签。

根据澳大利亚移民局关于澳大利亚永久居留权的规定，如果不在澳大利亚连续居住，则永久居留权的有效期为 5 年，在 5 年期间需要在澳大利亚住满两年，才可获得永久居留权的续签。该两年期间的计算可以连续或是累计。

朱云已经就其在驻留澳大利亚期间如何履行公司管理职责事项承诺如下：根据本公司现有管理职位设置、人事安排以及公司管理制度的规定，在本人驻留澳大利亚期间能够通过电话、电子邮件、即时通信等通信方式对公司的经营活动进行有效管理，并掌控公司的控制权。如在驻留澳大利亚期间本公司发生任何需本人亲自处理的重大事项，本人亦可随时返回国内进行有效的安排、处理。本人驻留澳大利亚不会造成本公司生产、经营的停顿或产生任何不利影响。

综上所述，公司实际控制人朱云较长时间驻留境外不会对其勤勉履行职责造成不利影响。

小结：公司通过提供朱云在驻留澳大利亚期间为履行公司管理职责事项做出的安排和承诺，消除了挂牌的实质性障碍。

6.2 公司关联交易及资金占用、拆借问题及解决方案

1. 关联交易的概念

所谓关联交易，是指关联方直接转移资源、劳务或义务的行为，而不论是否收取价款或价款的数额。在公司的经营活动中，是一个极为重要的法律概念，涉及财务监督、信息披露、少数股东权益保护等一系列法律环境方面的问题。

所谓关联方或关联人，包括关联法人、关联自然人和潜在关联人。具体包括以下几种情形。

（1）具有以下情形之一的法人，为关联法人：

1）直接或间接地控制拟挂牌公司，以及与拟挂牌公司同受某一企业控制的法人（包括但不限于母公司、子公司、与拟挂牌公司受同一母公司控制的子公司）；

2）符合所列的关联自然人直接或间接控制的企业。

（2）本条 A、B 项所述人士的亲属，包括：父母；配偶；兄弟姐妹；年满 18 周岁的子女；配偶的父母、子女的配偶、配偶的兄弟姐妹、兄弟姐妹的配偶。

（3）因与拟挂牌公司关联法人签署协议或做出安排，在协议生效后符合上述第（1）条和第（2）条规定的，为拟挂牌公司潜在关联人。

2. 关联交易的形式

常见的关联交易形式主要有以下几种（包括但不限于下列事项）：

（1）资产交易

资产交易既包括个别实物资产（如具体的设备）买卖、股权及期权的专卖，也包括整个企业之间的并购。这类交易是关联交易最突出的类型。因为它涉及的金额多，时间长，业务复杂而且牵连的对象很多。

1）实物资产的买卖

这一类交易在关联方之间发生频繁，对利润影响最大。2000 年度的结果显示，在公布年报的 1,000 余家公司中，有 500 余家公司向其关联方销售商品或提供服务，总金额达 1,200 余亿元。

2）股权转让

如 1999 年上海梅林与关联方之间股权转让的收益占利润总额的一半，而该公司本年的营业收益为负。

3）公司的转让

出售亏损子公司、购买盈利公司是公司转让的主题。出售亏损公司一般是上市公司把全资子公司出售给母公司，这样做对损益表有两个好处，第一，可以在合并报表中把亏损公司剔除；第二，该笔交易本身也会带来盈利。

4）其他无形资产之间的买卖：例如粤宏远以 6.6 亿元巨额资金收购与大股东共享的品牌“宏远”。虽然粤宏远在公告中说是为了优化资源配置、规范企业运作，但有业内人士认为此理由十分牵强，有损中小股东和债权人利益。

（2）资金融通

关联方的资金融通是双向的，如有公司向关联方提供资金，也有关联方向公司提供资金，不过前者占主要比例。例如猴王集团一方面通过向 ST 猴王支付巨额租赁费、资金占用费等关联交易，以使 ST 猴王成功进行配股和增发 B 股；另一方面，猴王集团又通过占用资金、贷款等关联交易，将 ST 猴王掏得空空如也。而控股股东向公司提供资金往往是作为掏空公司的手段。

（3）接受及提供担保

拟挂牌公司和控股股东、大股东及其控制的子公司、附属企业之间互相担保事项在公司中十分普遍，从整体上看，拟挂牌公司向关联方提供担保比接受担保的金额要大得多。如猴王股份为大股东猴王集团实际担保贷款的金额高达

4.3 亿元，其中进入诉讼程序的为 2.27 亿元。这些或有负债目前已变成了猴王股份现实的负债。

3. 资金占用及拆借

在已挂牌的上市公司里，较为普遍的存在关联关系及关联交易的问题，如关联企业之间可能存在的同业竞争，一般的做法为调整企业之间的业务结构，对相关业务结构进行整改等方式；对于关联关系问题，较多的做法是相关关联人全部主动退出公司管理层，其他高管或股东做相应的书面承诺。

关于公司之间资金占用、拆借问题。依据法律法规的规定，非金融企业之间不得进行资金拆借，否则属于违法行为。以北京瑞斯福高新科技股份有限公司为例，因企业之间临时性资金支持原因，公司与几个企业之间的资金比较频繁，显然，这种行为是违法的。但在公司整体股改后，公司之间的资金往来通过委托贷款的方式进行，并根据公司章程履行相应的董事会、股东大会审议决策程序，通过积极整改的方式来规范资金拆借行为。大大降低了资金拆借的法律风险，对挂牌也不存在实质性的影响。

6.2.1 公司以超出经审计的净资产价值将子公司的部分股权转让给实际控制人

浙江中一检测研究院股份有限公司以超出经审计的净资产价值将子公司的部分股权转让给实际控制人，是否对挂牌产生不利影响，如何解决这一问题?

【案例 6.4】浙江中一检测研究院股份有限公司在挂牌过程中所遇到的问题：中一门诊股权转让前的基本情况，包括但不限于该门诊公司的股权结构、主要业务及营收利润情况；公司以超出经审计的净资产价值将中一门诊 55% 的股权转让给公司实际控制人的作价依据。上述资产重组的交易程序是否合法合规、交易价格是否公允?

问题剖析及解决方案如下。

2013 年 6 月 25 日，中一股份股东大会决议，决定转让对中一门诊的股权投资，将中一门诊 55% 的股权以 275 万元的价格转让给应赛霞。2013 年 6 月 28 日，公司与应赛霞签订股权转让协议。

根据宁波汇兴会计师事务所出具的汇兴审字[2013]5568号《审计报告》，截至2013年6月30日，中一门诊净资产价值约为385万元。

综上所述，中一股份转让中一门诊股权经中一股份股东大会决议程序，关联股东回避表决，转让价格高于账面净资产，价格公允。

小结：公司通过说明转让的情况，并说明表决过程关联股东已回避表决，消除了挂牌的实质性障碍。

6.2.2 如何解决公司与关联公司存在同业竞争的问题

北京星立方科技发展股份有限公司与关联公司北京柏文思计算机网络技术有限公司之间存在同业竞争，如何解决？

【案例6.5】北京星立方科技发展股份有限公司在挂牌过程中所遇到的问题：请依据《公司法》及《企业会计准则》核查公司全部关联方及关联交易：（1）公司与北京柏文思计算机网络技术有限公司之间的关联交易机制、交易内容、公司所履行的决策程序是否公允？（2）公司与北京柏文思计算机网络技术有限公司同业竞争解决的过程如何？（3）公司与柏文思的资金拆借作为偶发性关联交易如何？

问题剖析及解决方案如下。

1. 星立方股份公司的关联方包括如下各方：

（1）星立方股份公司的股东

1）刘宇明，是星立方股份公司的控股股东，现持有星立方股份公司94%的股份，补充法律意见书出具日，刘宇明除持有星立方股份公司股份外，未持有其他公司股份。

2）蒋苏，是持有星立方股份公司5%以上股份的股东，现为星立方股份公司第二大股东，持有星立方股份公司6%的股份，补充法律意见书出具日，蒋苏除持有星立方股份公司股份外，未持有其他公司股份。

（2）董事、监事、高级管理人员与其关系密切的家庭成员

报告期内及期后星立方股份公司董事、监事、高级管理人员为星立方股份公司的关联方，前述人员的配偶、父母、年满18周岁的子女及其配偶、兄弟

姐妹及其配偶、配偶的父母、兄弟姐妹、子女配偶的父母，均构成星立方股份公司的关联方。

（3）关联方持股的关联企业

星立方股份公司股东刘宇明报告期内曾持有北京柏文思计算机网络技术有限公司 50% 的股权，并担任该公司法定代表人。2013 年 6 月 10 日，刘宇明将所持该公司的股权全部转让给李有恒，2013 年 7 月 26 日，该公司法定代表人更名为李有恒，该公司更名为北京中科汇安科技发展有限公司。

截至核查之日，星立方股份公司无董事、监事、高级管理人员在外投资持股的关联企业。

（4）关联方任职的关联企业

截至核查之日，星立方股份公司自然人股东、董事、监事及高级管理人员除如下情形外，其他人员没有在其他企业、单位担任董事、监事及高级管理人员的情形。

星立方股份公司董事田琼现就职于北京航空航天大学经济管理学院企业管理系，任该学院副教授。

星立方股份公司监事张赛芬现就职于亿雅捷交通系统（北京）有限公司，任该公司财务总监。

2. 报告期内及期后星立方股份公司与关联方之间的关联交易均为星立方有限公司与北京柏文思计算机网络技术有限公司之间的商业往来，具体如下。

（1）2011 年 5 月 27 日，国家工商行政管理总局商标局核准北京柏文思计算机网络技术有限公司将一注册商标让与星立方有限公司，该注册商标的注册证号码为 5386294，核定使用商品第 9 类，转让价款 0 元，星立方有限公司受让该注册商标时，刘宇明为北京柏文思计算机网络技术有限公司的控股股东。

（2）2011 年 11 月 18 日，星立方有限公司与北京柏文思计算机网络技术有限公司签订《安心卡系统施工合同分包协议书》，北京柏文思计算机网络技术有限公司承担分包工程项目的实施，工程总款项为 950,000.00 元。

（3）2012 年 4 月 20 日，星立方有限公司与北京柏文思计算机网络技术有限公司签订《购销合同》，约定星立方有限公司向北京柏文思计算机网络技术有限公司购买设备，合同价款总额为 204,283.00 元，付款方式为：签订合同支付总额 5%，货物交收完毕付清全部余款。

（4）2012 年 11 月 20 日，星立方有限公司与北京柏文思计算机网络技术有限公司签订《北京云岗中学智能监控视频报警系统工程施工合同》，北京柏文思计算机网络技术有限公司承担北京云岗中学智能监控视频报警系统工程的施工、设备安装、协助调试等工作，星立方有限公司承担验收、培训及质保服务，合同工期为 30 天，合同总额为 63,870.00 元，工程将会验收合格后 10 个工作日内，星立方有限公司全额支付合同款。

（5）2013 年 1 月 18 日，星立方有限公司与北京柏文思计算机网络技术有限公司签订《购销合同》，约定星立方有限公司向北京柏文思计算机网络技术有限公司购买设备，合同总额为 83,600.00 元，付款方式为签订合同后 10 个工作日内预付 63,600.00 元，货物交收完毕付清全部余款。

（6）依会计师出具的审计报告，2011 年度，星立方有限公司曾向北京柏文思计算机网络技术有限公司借用资金；截至 2011 年期末，星立方有限公司向北京柏文思计算机网络技术有限公司借用资金；截至 2011 年期末，星立方有限公司向北京柏文思计算机网络技术有限公司借款余额为 1,296,150.94 元，该款项星立方有限公司于 2012 年已经全部归还。

综上所述，上述关联交易内容合法、有效，交易价格公允，且均获得有效履行，不存在损害星立方股份公司利益的情形。

3. 同业竞争的解决过程

星立方股份公司股东刘宇明报告期内曾持有北京柏文思计算机网络技术有限公司 50% 的股权，并担任该公司法定代表人，该公司成立于 2000 年 1 月 3 日，《企业法人营业执照》注册号码为 110108001144037，住所为北京市海淀区上地三街 9 号 F 座 905 号，注册资本 200 万元，公司类型为有限责任公司（自然人投资或控股），营业期限至 2020 年 1 月 2 日，经营范围为“技术开发、技术推广、技术转让、技术咨询、技术服务；销售计算机、软件及辅助设备、建筑材料、电子产品、机械设备、通信设备；专业承包（未取得行政许可的项目除外）。”

为消除同业竞争，2013 年 6 月 10 日，刘宇明已将所持北京柏文思计算机网络技术有限公司的股权全部转让给李有恒，2013 年 7 月 26 日，北京柏文思计算机网络技术有限公司更名为北京中科汇安科技发展有限公司，法定代表人由刘宇明变更为李有恒。

小结：通过说明公司的关联交易的情况，及实际控制人出售出现同业竞争的关联公司消除同业竞争的影响，消除挂牌的实质性障碍。

6.2.3 公司向关联方借款

北京赫宸环境工程股份有限公司在报告期内向关联方借款，如何认定其公允性。

【案例 6.6】北京赫宸环境工程股份有限公司在挂牌过程中所遇到的问题：报告期内关联方借款是否签署相关协议？约定利息是多少？利息实际支付情况如何？利息的公允性及关联交易的决策程序怎样？

问题剖析及解决方案如下。

报告期内关联方借款均是关联方借款给公司，具体情况如下。

2011 年 1 月 18 日北京金河谷百货商贸有限公司借给赫宸有限公司 50,000.00 元，以及 2011 年 5 月 18 日、2011 年 6 月 8 日、2011 年 6 月 14 日赵健飞分别借给赫宸有限公司 1,000,000 元、90,000 元、69,000 元，均系无息借款。同时，当时的《公司章程》未对关联交易的决策做出相应规定，上述借款经过了总经理办公会同意。

根据王爱强于 2013 年 9 月出具的《确认函》，2012 年 12 月 21 日，王爱强借给赫宸有限公司 250,000.00 元系无息借款。该借款经过了总经理办公会同意，但未依据当时《公司章程》的规定由董事会对上述关联方借款事项做出决策。

根据公司提供的材料，上述关联方借款以书面协议形式进行，协议以明确、具体的条款确定了双方之间的权利义务关系；且股东及其他关联方借款给公司使用是无偿的，虽未履行相应的决策程序，但不存在损害公司及其他股东利益的情形。

小结：公司通过说明借款的利息及约定情况，消除了关联借款对公司利益的影响，消除了挂牌的实质性障碍。

6.2.4 公司向关联方收购股权

北京天润康隆科技股份有限公司向关联方收购股权，如何认定其公允性。

【案例 6.7】北京天润康隆科技股份有限公司在挂牌过程中所遇到的问题：天润康隆于 2012 年 2 月收购苗永康、谢惠丽、赵刚持有的信达维康全部股权，于 2012 年 3 月收购苗永康、谢惠丽、马志林持有的新疆三和胜全部股权的关联交易定价是否公允、履行的内部审批程序是否合规?

问题剖析及解决方案如下。

天润康隆为解决关联交易及同业竞争问题，分别于 2012 年 2 月收购达维康全部股权，2012 年 3 月收购新疆三和胜全部股权。具体情况如下。

1. 收购信达维康为全资子公司

信达维康系由自然人苗永康、谢惠丽、赵刚三人共同出资设立，注册资本为 100 万元人民币，其中苗永康出资 80 万元，占信达维康注册资本的 80%；谢惠丽出资 15 万元，占信达维康注册资本的 15%；赵刚出资 5 万元，占信达维康注册资本的 5%。

2012 年 2 月 28 日，天润康隆召开股东会并做出决议，全体股东一致同意天润康隆收购苗永康、谢惠丽、赵刚持有的信达维康全部股权。对于本次股权转让，双方同意参考信达维康的注册资本、2011 年年底的资产净值以及软件著作权等无形资产的市场价值确定股权转让价格，不对信达维康的资产进行评估。最终经双方协商确定股权转让价格为每 1 元出资作价 1 元。随后，天润康隆分别与谢惠丽、苗永康、赵刚签订《股权转让协议》，其中，谢惠丽将其持有的信达维康 15% 的股权以 15 万元的价格转让给天润康隆；苗永康将其持有的信达维康 10% 的股权以 80 万元的价格转让给天润康隆；赵刚将其持有的信达维康 5% 的股权以 5 万元的价格转让给天润康隆。

2012 年 3 月 16 日，信达维康就上述股权转让事项在北京市工商行政管理局延庆分局办理了变更登记备案，并于 2012 年 3 月 26 日取得了变更后的《企业法人营业执照》。

2. 收购新疆三和胜为全资子公司

新疆三和胜系自然人苗永康、谢惠丽、马志林三人共同出资设立，注册资本为 500 万元人民币。其中，苗永康出资 200 万元人民币，占新疆三和胜注册资本的 40%；谢惠丽出资 150 万元人民币，占新疆三和胜注册资本的 30%；马志林出资 150 万元，占新疆三和胜注册资本的 30%。

2012 年 3 月 5 日，天润康隆召开股东会并做出决议，全体股东一致同意天润康隆收购苗水康、谢惠丽、马志林持有的新疆三和胜全部股权。本次股权转让价格参考了新疆三和胜的注册资本及 2011 年年底资产净值，由于新疆三和胜自设立以来，尚未实际经营，因此，经双方协商股权转让价格为每 1 元出资作价 1 元。2012 年 3 月 25 日，马志林、谢惠丽、苗永康分别与有限公司签订了《股权转让协议》。各方约定，马志林将其持有的三和胜 30% 的股权以 150 万元的价格转让给天润康隆，谢惠丽将其持有的三和胜 30% 的股权以 150 万元的价格转让给天润康隆，苗永康将其持有的三和胜 40% 的股权以 200 万元的价格转让给天润康隆。2012 年 4 月 11 日，新疆三和胜就上述股权转让事项在新疆维吾尔自治区米东新区工商行政管理局进行了变更登记，随后新疆三和胜取得了变更后的《企业法人营业执照》。

据此，上述的两项关联并购均按照法律及公司章程规定召开了股东会，履行了有效的法律程序，但由于天润康隆公司的股东均为关联方，因此，无法履行回避程序。天润康隆收购上述两家公司的股权时，是依据信达维康和新疆三和胜的注册资本、净资产值及无形资产的价值，并结合实际经营情况制定了转让价格。2012 年 6 月 30 日为基准日的天润康隆公司的《资产评估报告》，信达维康及新疆三和胜的评估值分别为 160.21 万元和 491.75 万元，两次股权转让的价格未明显高于受让公司的评估值，故股权转让的价格是公允合理的，不存在向关联方进行利益输送从而损害股份公司或其他股东利益的情形。

小结：公司通过说明关联方转让股权的定价过程及参考依据的资产评估报告进行对比，说明股权转让定价合理，消除对挂牌的实质性影响。

6.2.5 公司向关联方收购借款

天津光电高斯通信工程技术股份有限公司向关联方借款 180 万元，所反映公司的内部资金控制制度是否有效？

【案例 6.8】天津光电高斯通信工程技术股份有限公司在挂牌过程中所遇到的问题：公司在 2011 年向天津光电高瑞电子有限公司借款形成其他应付款 180 万元，天津光电高瑞电子有限公司在 2012 年注销，公司已经将此其他应付款项归还。请问：（1）报告期与关联方资金往来的余额、发生额情况如何？（2）公司内部资金控制制度有效性如何？

问题剖析及解决方案：

1. 报告期内，光电高斯公司与关联方资金往来的余额、发生额如下：2011 年年末光电高斯公司其他应付款当年发生额为 780,806.40 元，系光电高斯公司向关联方光电高瑞公司借款 1,780,806.40 元，具体支付情况如下所示。

（1）光电高瑞公司代付公司职工马广宇人事档案转移 8 月保险 806.40 元，计入光电高斯公司其他应付款 806.40 元。

（2）光电高瑞公司代付公司 2011 年 8 月购买二手奥迪汽车价值 80,000.00 元，计入光电高斯公司其他应付款 80,000.00 元。

（3）公司在 2011 年 11 月、12 月因资金紧张分别向光电高瑞公司借款 100 万元、70 万元，计入光电高斯公司其他应付款 170 万元。

截至 2011 年年末，光电高斯公司其他应付款中应付光电高瑞公司共计 1,780,806.40 元。

（4）2012 年 1 月和 8 月，光电高斯公司向光电高瑞公司分别还款 30 万元及 172 万元，共计 202 万元。

因北京华旗数码实验室有限公司欠光电高瑞公司的货款 24 万元，由于光电高斯公司和光电高瑞公司的股东相同，因此，就该笔债权光电高斯公司与光电高瑞公司之间进行了责权转移，故光电高斯公司在应收账款中体现并支付给光电高瑞公司。

2. 上述光电高斯公司占用光电高瑞公司资金，没有向光电高瑞公司支付任何资金占用费，因此，不存在关联方向挂牌公司进行利益输送的情况。

3. 光电高斯公司在有限责任公司阶段，存在内部控制制度不完善的情况，变更为股份公司后，光电高斯公司加强了内部控制制度和财务制度，并建立了关联交易管理制度，重视健全公司治理结构以杜绝类似问题的发生。

小结：公司可以通过说明关联方借款的情况，说明不存在关联方向挂牌公司进行利益输送的情况，消除挂牌的实质性障碍。

6.2.6 公司向关联方借款利率高于银行同类贷款利率的四倍

上海行悦信息科技股份有限公司向关联方借款利率高于银行同类贷款利率四倍，该借款利率是否合法合规？

【案例 6.9】上海行悦信息科技股份有限公司在挂牌过程中所遇到的问题：张振超是公司股东和职工监事，持有公司股份比例为 0.68%。公司于 2012 年 9 月 28 日至 2012 年 10 月 27 日期间向张振超借款 25 万元，借款利率为 21.60%；于 2012 年 11 月 19 日至 2013 年 2 月 18 日期间向张振超借款 100 万元，借款利率为 30%；公司在 2013 年 5 月 3 日至 2013 年 11 月 2 日期间向张振超借款 35 万元，借款利率为 30%，借款利率较高。该借款利率是否合法合规？

问题剖析及解决方案如下。

根据行悦科技公司、张振超签署的《借款协议》以及《确认函》，公司于 2012 年 9 月 28 日至 2012 年 10 月 27 日期间向张振超借款 25 万元，年利率为 21.60%；于 2012 年 11 月 19 日至 2013 年 2 月 18 日期间向张振超借款 100 万元，年利率为 30%；截至核查之日，上述两笔借款本金及利息均已还清。公司于 2013 年 5 月 3 日至 2013 年 11 月 2 日期间向张振超借款 35 万元，年利率为 30%，截至目前，该笔 35 万元借款尚未到期，行悦科技公司尚未向张振超偿还该笔借款本金及利息。

根据行悦科技公司及张振超书面确认，该笔借款及利率的约定为双方真实意思表示，相关借款协议系平等且充分协商的情况下订立的，相关借款均用于公司经营，不存在纠纷或潜在纠纷。

根据中国人民银行公布的金融机构人民币贷款基准利率调整表，自 2012 年 7 月 6 日起金融机构人民币 6 个月以内（含 6 个月）短期贷款基准利率为 5.6%，行悦科技与张振超上述三笔借款期限均为 6 个月以内（含 6 个月），其中“25 万元”借款年利率未超过中国人民银行公布的金融机构同类人民币贷款基准利率四倍，“100 万元”“35 万元”借款年利率均已超过中国人民银行公布的金融机构同类人民币贷款基准利率四倍。

根据最高人民法院《关于人民法院审理借贷案件的若干意见》的通知第 6 条规定：“民间借贷的利率可以适当高于银行的利率，各地人民法院可根据本地区的实际情况具体掌握，但最高不得超过银行同类贷款利率的四倍（包含利率本数）。超过此限度的，超出部分的利息不予保护。”

根据《最高人民法院关于如何确认公民与企业之间借贷行为效力问题的批复》规定，公民与非金融企业之间的借贷属于民间借贷，只要双方当事人意思表示真实即可认定有效。

综上所述，行悦科技与张振超之间的借款协议系双方基于真实意愿在平等且充分协商的基础上订立的，相关借款均用于公司经营，对于借款利率未超过银行同类贷款利率四倍的利息约定合法有效，该等约定对双方均具有法律约束力；对于贷款利率超过银行同类贷款利率四倍的部分利息不符合最高人民法院《关于人民法院审理借贷案件的若干意见》规定，不受法律强制性保护。

小结：公司通过说明公司向关联方借贷的款项，只有部分利率高于银行同类贷款利率的四倍，并说明借款的用途均用于公司经营，以消除挂牌的实质性障碍。

【案例 6.10】北京瑞斯福高新科技股份有限公司在挂牌过程中所遇到的问题：报告期内公司与任丘市琴海石油钻采经销处、北京万豪物业管理有限公司、李天赐等单位和个人等发生过频繁的资金拆借行为。报告期内资金拆借的原因是什么？是否履行了必要的法律程序、是否约定利息，上述资金借贷是否符合相关法律法规的要求？

问题剖析及解决方案如下。

1. 公司作为出借方的相关资金拆借情况

根据公司出具的说明及提供的资料，2011 年前公司作为出借方累计借给任丘市琴海石油钻采经销处 1,355,810.00 元，双方在业务上没有任何合作，资金拆借的原因是资金周转的临时相互支持，公司不收取利息及其他形式的资金占用费；公司改制为股份公司后，公司对往来款项进行清理及催要，截至 2013 年 8 月，琴海石油已将欠款全部归还给公司，双方目前无债权债务关系。

2012 年 12 月公司作为出借方出借给李天赐 200 万元，双方在业务上没有任何合作，资金拆借的原因是资金周转的临时相互支持，公司未向李天赐收取利息及其他形式的资金占用费；公司改制为股份公司后，公司对往来款进行清理及催要，截至目前，李天锡已向公司归还了全部欠款，双方目前无债权债务关系。

上述资金往来发生在公司整体改制前，瑞斯福有限公司未履行必要的法律程序，也未向借款人收取利息。股份公司成立后公司已对前述资金往来行为进行了规范，并向相关借款人收回了全部的借款。

2. 公司作为借款人的相关资金拆借情况

根据公司出具的说明及提供的资料，北京万豪物业管理有限公司于 2011 年 9 月出借给公司 500 万元，万豪物业管理有限公司与公司业务上没有任何合作，资金拆借的原因是资金周转的临时相互支持，万豪物业未向公司收取利息及其他形式的资金占用费。2012 年 3 月公司已向万豪物业管理有限公司归还了 50 万元，截至目前，公司尚欠万豪物业管理有限公司 450 万元。上述资金往来发生在公司整体改制前，瑞斯福有限公司未履行必要的法律程序，双方也未约定利息。

3. 关于相关资金拆借合法合规性的问题

（1）关于公司与李天锡之间的借贷

根据最高人民法院《关于人民法院审理借贷案件的若干意见》以及《最高人民法院关于依法妥善审理民间借贷纠纷案件促进经济发展维护社会稳定的通知》，民间借贷是指公民之间、公民与法人之间、公民与其他组织之间的借贷，只要双方当事人意思表示真实，应认定有效，但利率不得超过银行同期贷款利率的四倍。公司与李天赐的往来应属于民间借贷的规范范畴，借贷是双方真实意思的表示，公司作为出借方不存在盈利目的，公司未向李天锡收取利息。因此，公司与李天锡之间的借贷没有违反相关法律法规的规定。

（2）关于公司与相关企业之间的借贷

根据中国人民银行《贷款通则》的规定，不允许企业之间相互借贷。公司作为出借人出借给任丘市琴海石油钻采经销处的资金，目前已收回全部本金，借贷行为已经得到了规范。上述借贷虽然不符合法律法规的要求，但是公司不会由此导致处罚并产生损失。

公司作为借款方与万豪物业发生的资金往来，公司承诺将在公司资金宽裕或万豪物业要求公司归还借款本金时归还。公司实际控制人邹怀森承诺，如因该项借贷造成公司损失，邹怀森本人愿承担相应后果，与公司无关。

公司与上述企业之间的资金拆借发生在公司整体改制为股份公司后，公司发生企业之间的资金往来将通过委托贷款的方式进行，并根据公司章程履行相应的董事会、股东大会审议决策程序，以规范资金拆借行为。据此，上述企业与企业之间的借贷虽然不符合《贷款通则》的规定，但是公司已经积极整改，因此，不会对本次挂牌造成实质性障碍。

6.3 公司合法合规问题及解决方案

依据规则及指引的规定，拟挂牌公司的治理结构、生产运营应当合法合规。拟挂牌公司主要存在以下问题：公司支出的信息咨询费等交易是否真实、合理？公司内部控制制度是否有效？生产经营是否合法？公司是否存在其他企业产品且是否存在任何纠纷或潜在纠纷？公司短期借款及应收票据中已贴现未到期的票据以及公司股权转让是否合法合规？这些问题是否影响拟挂牌企业的上市，应采取怎样的解决方案？

6.3.1 存在应付大额咨询费

徐州中矿微星软件股份有限公司存在应付大额咨询费。

【案例6.11】徐州中矿微星软件股份有限公司在挂牌过程中所遇到的问题：截止到2013年9月30日，1年以上应付账款余额较高的原因以及应付大额咨询费的具体性质，该咨询费相关的交易是否真实，是否存在客户佣金，并对公司是否符合“合法规范经营”进行说明。

问题剖析及解决方案如下。

1. 公司应付大额咨询费的性质包括营销技能培训费用、专业技术开发相关培训费用，以及技术认证咨询服务费用。与咨询费相关的交易真实，咨询费用项目内容与公司业务相匹配，不存在客户佣金。

2. 在公司前期经营中，公司产品在煤炭行业的信息化领域具有一定的竞争优势，但总体来讲，企业规模相对较小，营销能力偏弱，初期公司在淮海地区以产品质量为营销优势，多为客户主动上门，未专门设置营销人员。而公司在 2011 年度以及 2012 年上半年在整体形势乐观的情况下尝试着进行了全国性的市场推广行为，推广地区包括新疆、内蒙古、山西、陕西等地，并且发生了一定的市场推广相关费用，但是公司的市场推广效果并不显著。因此，公司前期经营中存在客户佣金的风险较小。

公司销售费用主要指公司目前 9 名销售人员的工资及奖金、推广产品及服务发生的相关费用。

3. 中矿微星有限的实际控制人、总经理、财务负责人均出具了声明，公司一直严格按照相关法律规进行产品销售，公司经营销售中不存在客户佣金行为。

随着今后公司规模的扩大及市场拓展，为避免可能出现的客户佣金，保证公司合法规范经营，公司的销售人员已出具《合法营销承诺函》，承诺无论是否公司授意，均不会通过客户佣金进行产品销售。销售人员如发生违法支付客户佣金的行为，公司有权与其解除劳动合同，并要求其退还相应的业绩奖励（如有）。

根据《关于禁止商业贿赂行为的暂行规定》的规定：“经营者的职工采用商业贿赂手段为经营者销售或者购买商品的行为，应当认定为经营者的行为。”“经营者违反本规定以行贿手段销售或者购买商品的，由工商行政管理机关依照《反不正当竞争法》第二十二条的规定，根据情节处以一万元以上二十万元以下的罚款，有违法所得的，应当予以没收；构成犯罪的，移交司法机关依法追究刑事责任。”

因此，尽管公司针对可能产生的客户佣金的法律风险做出了一定的安排，但由于上述安排仅为预防或事后处罚手段，而无法对销售人员的销售行为进行实时监控，仍然存在销售人员违规支付客户佣金的风险。根据公司的销售人员已出具《合法营销承诺函》，公司销售人员均表示已清楚知晓上述法律规定，如因销售人员的行为导致公司承担上述法律责任的，公司有权向销售人员追偿。

公司今后招聘的销售人员在入职时也将签订上述《合法营销承诺函》，且公司将对销售人员定期进行法律法规培训，加强员工的合法营销意识。

综上所述，公司已经尽其最大限度的注意义务，为杜绝客户佣金做出了相应合理的安排。

小结：通过说明公司的大额应付咨询费为培训费，然后对公司的销售业务情况进行说明，不存在客户佣金情况，消除了挂牌实质性障碍。

6.3.2 报告期内存在违法行为和行政处罚

湘财证券股份有限公司在报告期内存在违法行为和行政处罚。

【案例 6.12】湘财证券股份有限公司在报告期内存在违法行为和行政处罚，如何处理？

问题剖析及解决方案如下。

1. 公司及其分公司、子公司、证券营业部报告期内受到的 1,000 元以下的行政处罚如下所示。

（1）2011 年 2 月 14 日，湘财有限北京惠新东街证券营业部因未按照《中华人民共和国税收征收管理法》的规定在规定期限内变更税务登记，向北京市朝阳区地方税务局缴纳 500 元罚款。

（2）2011 年 10 月 26 日，云南省地方税务局直属征收局做出“云地税直征罚［2011］10020 号”《税务行政处罚决定书》，认为湘财有限昆明护国路证券营业部在 2009 年 1 月 1 日至 2010 年 12 月 31 日期间少代扣代缴个人所得税 1,027.86 元，对该营业部处以罚款 513.93 元。

（3）2012 年 1 月 9 日，东莞市国家税务局南城税务分局做出“南城国税简罚［2012］22 号”《税务行政处罚决定书（简易）》，认为湘财有限东莞莞太路证券营业部违规逾期未办理变更登记，对该营业部处以罚款 50 元。

上述证券营业部所受罚款的金额较小，对公司的持续经营不构成实质性影响；上述证券营业部的违法行为情节较轻，不具有严重的违法后果，因此，上述被行政处罚的行为不构成重大违法违规行为。

2. 公司及其分公司、子公司、证券营业部报告期内受到的 1,000 元以上的行政处罚如下。

（1）2013年7月22日，台州市地方税务局稽查局做出“台地税稽罚［2013］1号”《税务行政处罚决定书》，认为湘财有限台州市府大道证券营业部在2011年1月1日至2012年12月31日期间，未按规定扣缴个人所得税11,638元，对该营业部处以罚款8,146.6元。

台州市地方税务局直属分局出具书面证明，证明湘财有限台州市府大道证券营业部已按照上述税务处罚决定足额补缴了相关税款，上缴了全部罚款，被处以行政处罚的行为不属于重大税收违法行为。

（2）2013年9月25日，安徽省合肥市地方税务局稽查局做出“合地税稽罚［2013］81号”《税务行政处罚决定书》，认为湘财有限合肥长江中路证券营业部在2010年1月至2012年12月期间，少缴纳营业税2,615.25元、城市维护建设税185.59元；未按规定扣缴个人所得税17,887.87元，对该营业部处以罚款9,631.68元。

合肥市地方税务局征收管理分局出具书面证明，证明湘财有限合肥长江中路证券营业部已按照上述税务处罚决定足额补缴了相关税款，上缴了全部罚款，被处以行政处罚的行为不属于重大税收违法行为。

3. 尚未了结或可预见的重大诉讼、仲裁。

（1）经核查，公司报告期内不存在尚未了结或可预见的重大诉讼、仲裁案件。

（2）根据持有公司5%以上（含5%）股份的主要股东（追溯至实际控制人）的确认，持有公司5%以上（含5%）股份的主要股东（追溯至实际控制人）不存在尚未了结或可预见的重大诉讼、仲裁案件。

（3）根据公司的董事长、总裁的确认以及本所的审慎核查，公司的董事长、总裁不存在尚未了结或可预见的重大诉讼、仲裁案件。

综上所述，公司持有公司5%以上（含5%）股份的主要股东（追溯至实际控制人）、公司的董事长、总裁不存在尚未了结或可预见的重大诉讼、仲裁及行政处罚案件。上述行政处罚情况对公司本次申请挂牌不构成实质障碍。

小结：报告期内虽存在违法行为和行政处罚，但通过对每一项诉讼的具体情况进行说明，分析其重要性，消除了挂牌的实质性障碍。

第7章

农业企业挂牌问题及解决方案

农业板块的主要特点大致归结为几个方面：第一，中国农业无近忧有远虑，粮食的安全问题、数量安全问题、产品品质安全问题，就是食品安全问题；第二，从市场供求的角度判断，是供应紧张和需求升级；第三，随着中国农业的变革进入深水区，未来的投资机会也会更多。

生态农业的发展，基于生态文明建设的要求，安全食品的生产，特别是高端的绿色有机产品的生产，已经成为不可避免的趋势。政府最关心的粮食安全问题，老百姓最关心的食品安全问题，解决主要农产品对外依存度特别大的问题，都是农业企业发展的机会，同时也是投资者的机会。

此外，发展基金等机构投资者当初对新三板企业有所顾虑，但随着新三板市场的发展，其对新三板投资开始充满信心。发展基金可以直接与企业对接，不仅可以投资农业中的传统企业，还可以投资一些新组建的项目。

截至 2015 年 12 月 30 日，新三板挂牌公司所属行业类别为农林牧渔的公司（即我们广义所称的“农业企业”）共有 119 家。农业企业相对于其他一般企业，有其特殊性。如受生产周期、不可抗力因素影响相对于其他行业企业大，对于如何消除挂牌实质性障碍，为企业发展铺路，以下主要针对农业企业在挂牌过程中的常见问题及解决方案进行分析。

7.1 农业企业的劳动人事问题及解决方案

农业企业的生产经营易受气候条件、季节变化等因素的影响，故人员雇佣方面存在极大的不稳定性，人员流动大，用人方式大部分采用临时工。

7.1.1 临时用工而引起的相关社保和公积金等问题

受农业企业生产季节性特点、部分劳动环节技术含量低等因素影响，部分挂牌公司报告期内存在雇佣临时工情形。如挂牌公司临时用工比例较大，则存在人员流动性较高以及可能产生劳动争议的风险。此外，由于大部分雇员都是临时工，所以在农业企业普遍存在企业未为员工缴齐社保和公积金的现象。而根据《中华人民共和国劳动法》《中华人民共和国社会保险法》等法律法规的相关规定，企业需要为员工缴齐社保和公积金。

从全国中小企业股份转让系统反馈的意见回复，主要关注以下问题：（1）公司与临时工签订的合同类型及内容，该等用工形式是否符合《劳动合同法》《关于非全日制用工若干问题的意见》等相关法律法规的规定，公司是否符合“合法规范经营”的挂牌条件；（2）相关人员是否依法合规地缴纳社保或新农保；（3）缴纳情况是否符合相关法律法规，挂牌公司是否符合“合法规范经营”的挂牌条件；（4）是否存在主管部门处罚的风险及用工合同的纠纷；（5）规范劳动用工制度的解决措施及可执行性等相关问题。

如何解决临时用工而引起的相关社保和公积金等问题，就已成功挂牌公司对该问题的整改措施，主要归纳为：由企业补缴社会保险、社保局出具合法合规证明、企业控股股东和实际控制人出具相关承诺等。

如宁夏晓鸣农牧股份有限公司在规范用工时，不存在以下临时工使用情况。

1996 年 11 月 7 日劳动部办公厅下发的《〈关于临时工等问题的请示〉的复函》（劳办发［1996］238 号）规定，《劳动法》施行后，所有用人单位与职工全面实行劳动合同制度，各类职工在用人单位享有的权利是平等的。因此，过去意义上相对于正式工而言的临时工名称已经不复存在。

根据蛋鸡生产周期、行业特点和生物安全的要求，晓鸣股份公司在养殖环节采取封闭式管理，蛋鸡的一个饲养周期为 65 周左右，招收季节性用工和短期工不利于公司的经营。根据上述要求，公司在招收员工时，原则上不招收季节性用工和时间较短的临时性用工，而是严格遵守《中华人民共和国劳动合同法》的相关规定，与员工签订正式劳动合同，在合同中对双方的权利义务做出约定。因此，晓鸣股份不存在使用临时工的情况。

7.1.2 农业企业社保和公积金问题的案例分析

云南吉成园林科技股份有限公司在申请挂牌过程中因为临时用工情况遇到了社保和住房公积金问题，以下我们来分析该公司是如何解决的。

【案例 7.1】云南吉成园林科技股份有限公司对部分员工没有缴纳社保，

2014 年 11 月才开通公积金账户。请对公司的按劳动用工、社会保险和劳动福利情况进行说明。

问题剖析及解决方案如下。

1. 劳动用工

云南吉成园林科技股份有限公司现有全日制职工 197 名，公司与上述职工均签订了书面劳动合同，公司所采取的用工形式合法有效。

2. 社保保险和劳动保障

（1）社保保险

公司现持有吉成园林弥勒市人力资源和社会保障局于 2014 年 5 月 21 日取得核发的云社险弥勒字 532526100262 号《社会保险登记证》。

（2）社保保险缴纳情况

截止到 2014 年 9 月 30 日，公司为全日制职工缴纳社保情况如表 7.1 所示。

表7.1 吉成园林公司全日制职工缴纳社保情况表

险别	缴纳人数（人）	未缴纳人数（人）	未缴纳原因及风险防范措施
工伤保险	197	0	
失业保险	79	118	1.116名职工（系农民），拒绝公司为其缴纳失业保险并做出书面承诺。 2.2名职工陈德云、罗志明因满60岁无需缴纳失业保险
医疗保险	76	121	1.115名职工自行参加了农村合作医疗或城镇居民合作医疗（其中16人系后续参保人员）。 2.4名职工拒绝公司为其缴纳该社会保险险种并做出书面承诺。 3.2名职工陈德云、罗志明因满60岁无需缴纳医疗保险
生产保险	76	121	1.119名职工（系农民），拒绝公司为其缴纳生育保险并做出书面承诺。 2.2名职工陈德云、罗志明因满60岁无需缴纳生育保险
养老保险	78	119	119名职工自行参加农村养老保险

（3）住房公积金

有限公司阶段，公司未给职工缴纳住房公积金，但为职工提供免费宿舍。

云南吉成园林科技股份有限股份成立后，为规范完善公司的劳动保障制度，公司于 2014 年 11 月 13 日申请开立了住房公积金账户（账号：532526000382），并于 2014 年 11 月 14 日为已提供了个人资料的 45 位职工缴纳了住房公积金。目前，公司正在动员其他职工缴纳住户公积金并提供相关个人资料。

尽管公司在社保保险和住房公积金缴纳存在不规范行为，但公司成立至今，未因社保问题与职工发生过劳动争议或纠纷，也未受过相关行政处罚；吉成股份公司成立后，正按照劳动相关法律法规的要求，加强劳动用工管理，规范公司社保保险和住房公积金缴纳行为。同时，2014 年 11 月 21 日，公司股东吉成集团及和胜得共同出具《云南吉成园林科技股份有限公司股东承诺函》，表示如吉成股份因所存在的劳动用工瑕疵而产生劳动纠纷、被劳动部门处罚或被要求限期整改的，由此给公司造成的全部损失，均由两股东按各自持股比例予以全额补偿。上述损失包括但不限于社保保险实缴费用、行政罚款、劳动仲裁诉讼相关费用、赔偿款等。

综上所述，公司所存在的社保保险及住房公积金缴纳瑕疵不构成本次挂牌的实质性障碍。

2015 年 3 月公司顺利在股转系统挂牌。

小结：公司通过采取规范劳动用工管理，补缴社会保险和开立公积金账户，规范公司社会保险和住房公积金缴纳，消除挂牌的实质性障碍。

7.2 农业企业土地使用权瑕疵问题及解决方案

土地使用权的合法合规性是评判农业企业是否合法生产经营的重要标准，也是全国中小企业股份转让系统审查的重点问题。

综合各挂牌公司的反馈回复，全国股转系统在审核时重点关注以下几个问题：

1. 挂牌公司所使用的土地的性质和用途；

2. 挂牌公司土地承包、租赁关系的合法性、有效性，包括但不限于主体是否适合，是否涉及改变土地用途，是否需要并已经履行相关村民决策，以及政府部门的审批、登记手续；

3. 是否存在承包、租赁事项无效的风险，是否存在无法转为国有土地和取得新的使用权证的风险、是否存在公司集体土地被收回的风险，对挂牌公司持续经营是否会产生重大不利影响，以及公司针对风险的具体应对措施。

除挂牌公司按要求整改外，当地国土局等相关部门也会针对该企业的土地使用等情况出具合法合规证明。

相关法律法规可参考：《中华人民共和国土地管理法》《中华人民共和国农村土地承包法》《农村土地承包经营权流转管理办法》《基本农田保护条例》《森林法》等。

7.2.1 农业企业租赁土地问题

土地是农业企业开展生产经营最重要的生产资料，如何合法取得土地使用权是农业企业合法生产经营的重要考量因素，也是全国股转系统审核农业企业重点关注的问题。

目前，我国《中华人民共和国土地管理法》及实施条例、《中华人民共和国农村土地承包法》《农村土地承包经营权流转管理办法》《基本农田保护条例》等法律及地方性法规、规章或政策，对我国农村集体建设用地使用权、农村集体农用地使用权及农村集体未利用地（指荒山、荒沟、荒滩、荒坡等“四荒”土地）使用权的流转原则、流转方式、流转期限、审批程序予以明确规定。同时，对于其他地表资源（如草原使用权、林地使用权、海域使用权、滩涂使用权及水面养殖权）等也有相应的《草原法》《森林法》《海域管理法》《渔业法》等法律法规予以明确规定。

根据挂牌公司反馈答复，全国股转系统在审核时重点关注以下几个问题：

1. 挂牌公司所使用的土地的性质和用途；

2. 挂牌公司土地承包、租赁关系的合法性、有效性，包括但不限于主体是否适合，是否涉及改变土地用途，是否需要并已经履行相关村民决策，以及政府部门的审批、登记手续；

3. 是否存在承包、租赁事项无效的风险，是否存在无法转为国有土地和取得新的使用权证的风险、是否存在公司集体土地被收回的风险，对挂牌公司持续经营是否会产生重大不利影响，以及公司针对风险的具体应对措施。

挂牌公司在根据全国股转系统要求逐一反馈答复同时，当地主管土地资源管理部门会对挂牌公司在报告期内使用土地情况或者某一特别土地使用情况出具合法合规证明或者无重大违法违规证明。

7.2.2 农业企业租赁基本农田

贵州绿健神农有机农业股份有限公司租赁基本农田是否符合法律规定？以下我们来分析一下。

【案例 7.2】贵州绿健神农有机农业股份有限公司在挂牌过程中遇到的问题：（1）公司所使用的土地性质和用途；（2）公司土地承包、租赁关系的合法性、有效性，包括但不限于主体是否合格，是否涉及改变土地用途，是否需要并已经履行相关村民决策，以及政策部门的审批、登记手续；（3）是否存在承包、租赁事项无效的风险，是否存在无法转为国有土地和取得新的使用权证的风险、是否存在公司集体土地被收回的风险，对公司持续经营是否会产生重大不利影响，以及公司针对风险的具体应对措施。

问题剖析及解决方案如下。

2012 年 4 月，公司与独山县基长镇秀峰村村民委员会及陆运昌等 130 名农户签署土地承包经营权流转协议，流转 403 亩的农村集体土地用于种植铁皮石斛。通过到当地相关部门查询的结果，该地块的性质为设施农业用地。

根据《中华人民共和国农村土地承包法》第三十二条规定，通过家庭承包取得的土地承包经营权可以依法采取转包、出租、互换、转让或者其他方式流转。该条法律规定农民家庭承包经营的土地可以采取流转的方式进行。

对于土地承包经营权流转的受让方而言，根据《农村土地承包经营权流转管理办法》第九条的规定，“农村土地承包经营权流转的受让方可以是承包农户，也可以是其他按有关法律及有关规定允许从事农业生产经营的组织和个人。”“受让方应当具有农业经营能力。”根据公司营业执照记载的经营范围为：经政府授权的土地开发、农田治理；农业设施建设；高等农田建设；有机蔬菜、有机肥销售；铁皮石斛种植及销售；农业物资（不含农药）购销，中药材的种植等。公司是按有关法律及有关规定允许从事农业生产经营的组织和个人，公司已经开展铁皮石斛的种植，公司满足受让方具有农业经营能力。

根据《农村土地承包经营权流转管理办法》第二十一条的规定，“承包方流转农村土地承包经营权，应当与受让方在协商一致的基础上签订书面流转合同。……发包方和乡（镇）人民政策农村土地承包管理部门各备案一份。”合同约定，公司与农户签订的农村土地承包经营权流转合同一式四份，流转双方各执一份，发包方和乡（镇）人民政府农村土地承包管理部门各备案一份。另外，独山县基长镇人民政府和独山县基长镇人民政府秀峰村民委员会作为合同的鉴证第三方在上述农村土地承包经营权流转合同上盖章。

1. 根据《农村土地承包经营权流转管理办法》第六条的规定：“承包方有权依法自主决定承包土地是否流转、流转的对象和方式。”《中华人民共和国农村土地承包法》第三十四条规定：“土地承包经营权流转的主体是承包方。承包方有权依法自主决定土地承包经营权是否流转和流转的方式。”土地承包方村民出具的声明，上述土地承包经营权流转合同由农村土地承包方自主决定，是其真实意思表示，不存在单位和个人强迫或者阻碍承包方依法流转其承包土地的情形。

另外，公司与陆运昌等 130 名农户签署土地承包经营权流转协议主体适格，公司租赁土地之后并没有改变土地用途，上述合同已经履行了登记备案手续。因此，上述流转合同符合《中华人民共和国农村土地承包法》《农村土地承包经营权流转管理办法》等有关法律、法规的规定，公司与陆运昌等 130 名农户签署土地承包经营权流转协议不存在承包、流转事项无效的风险。

2. 公司与陆运昌等 130 名农户签署土地承包经营权流转协议主要用于农业生产，没有将上述地块转让国有土地从事建设，也无需取得新的土地使用权证，因此公司不存在无法转让国有土地和取得新的使用权证的风险。

综上所述，土地承包经营权流转协议主体适格，公司租赁土地之后并没有改变土地用途，上述合同已经履行了登记备案手续。上述流转合同符合《中华人民共和国农村土地承包法》《农村土地承包经营权流转管理办法》等有关法律、法规的规定，公司签署土地承包经营权流转协议不存在土地被收回的风险，不会对公司持续经营产生重大不利影响。

3. 为了规避公司目前用地情况单一可能会对公司持续经营能力造成的风险。公司正在积极地探索以“公司 + 基地 + 合作社 + 农户”的新型种植模式，公司已经与基长镇维寨铁皮石斛种植农民专业合作社签署了战略合作协议书，双方将合作开展 2000 亩仿野生铁皮石斛种植项目。

小结：公司说明了租赁土地的情况，提供了土地承包方村民出具的声明，且并未改变土地用途，所以公司不存在无法转让国有土地和取得新的使用权证的风险，消除了挂牌的实质性障碍。

7.2.3 农业企业租赁基本农田无法取得房产证的房屋建筑物

江苏沃田农业股份有限公司租赁基本农田用于蓝莓生产，但无法取得房产证的房屋建筑物，是否会对公司经营产生影响？以下我们来分析一下。

【案例 7.3】江苏沃田农业股份有限公司在挂牌过程中遇到以下问题：公司租赁基本农田用于蓝莓生产基地的情况？土地租赁协议是否合法有效？公司是否符合合法经营的挂牌条件？租赁基本农田是否符合《中华人民共和国土地管理法》和《中华人民共和国基本农田保护条例》等法律法规的规定？

问题剖析及解决方案如下。

1. 基本情况

根据公司陈述、提供的土地租赁合同、相关部门访谈记录及其他相关文件，公司向赣榆县厉庄镇谢湖村村民委员会、赣榆县厉庄镇新坝村村民委员会等村集体租赁 5,513.60 亩土地用于蓝莓种植，包括非基本农田 3,372.12 亩（占比为 61.16%）、基本农田 2,141.48 亩（占比为 38.48%）。

2. 公司租赁基本农田用于蓝莓生产基地的情况

公司租赁使用集体土地用于蓝莓种植，其中部分土地为基本农田。《中华人民共和国土地管理法》第三十六条规定：“非农业建设必须节约使用土地，可以利用荒地的，不得占用耕地；可以利用劣地的，不得占用好地。……禁止占用基本农田发展林果业和挖塘养鱼。”《基本农田保护条例》第十七条规定：“禁止任何单位和个人在基本农田保护区内建窑、建房、建坟、挖砂、采石、采矿、取土、堆放固体废弃物或者进行其他破坏基本农田的活动。

禁止任何单位和个人占用基本农田发展林果业和挖塘养鱼。”

《基本农田保护条例》第三十条规定：“违反本条例规定，有下列行为之一的，依照《中华人民共和国土地管理法》和《中华人民共和国土地管理法实施条例》的有关规定，从重给予处罚：

（一）未经批准或者采取欺骗手段骗取批准，非法占用基本农田的；

（二）超过批准数量，非法占用基本农田的；

（三）非法批准占用基本农田的；

（四）买卖或者以其他形式非法转让基本农田的。”

《基本农田保护条例》第三十三条规定：“违反本条例规定，占用基本农田建窑、建房、建坟、挖砂、采石、采矿、取土、堆放固体废弃物或者从事其他活动破坏基本农田，毁坏种植条件的，由县级以上人民政府土地行政主管部门责令改正或者治理，恢复原种植条件，处以占用基本农田的耕地开垦费 1 倍以上 2 倍以下的罚款；构成犯罪的，依法追究刑事责任。”

需要说明的是，尽管公司租赁基本农田种植蓝莓不符合《中华人民共和国土地管理法》第三十六条、《基本农田保护条例》第十七条的规定，存在法律瑕疵，

但是鉴于：

1. 根据《国土资源部关于印发试行〈土地分类〉的通知》，公司种植蓝莓用地属于农用地中的园地，不涉及改变农用地用途，不会毁坏基本农田的基础设施和生态环境，即公司不存在《基本农田保护条例》第三十三条所规定的情形。

2. 根据《基本农田保护条例》《国务院关于坚决制止占用基本农田进行植树等行为的紧急通知》（国发明电［2004］1 号）的规定，不准占用基本农田进行植树造林、发展林果业和搞林粮间作以及超标准建设农田林网。同时，根据《江苏省基本农田保护条例》，基本农田保护区主要包括下列耕地：“……（三）名、特、优、稀作物的生产用地……”根据沃田有限公司持有的江苏省农业委员会、江苏省海洋与渔业局核发的《江苏名牌家产品证书》，其“蓝宝宝蓝莓”为江苏省名牌农产品；根据江苏省园艺学会出具的《关于沃田蓝莓为名优特稀作物认定的批复》，专家组一致认为沃田蓝莓为江苏省符合名优特稀作物。根

据赣榆县人民政府核发的证明文件，沃田有限公司是该县特色水果重点农业龙头企业；根据连云港市赣榆区农业委员会核发的证明文件，沃田有限种植的“蓝宝宝”蓝莓为该县名、优、特、稀作物。据此，公司种植的蓝莓属于“名、特、优、稀作物”，公司租赁基本农田种植该作物符合《江苏省基本农田保护条例》中名、特、优、稀作物的生产田地属于基本农田保护区的规定，不会对本次挂牌构成实质性障碍。

3.《中华人民共和国水土保持法》（2011 年 3 月 1 日修订）第二十条规定“禁止在二十五度以上陡坡地开垦种植农作物。”第三十七条规定“已在禁止开垦的陡坡地上开垦种植农作物的，应当按照国家有关规定退耕，植树种草；耕地短缺、退耕确有困难的，应当修建梯田或者采取其他水土保持措施。在禁止开垦坡度以下的坡耕地上开垦种植农作物的，应当根据不同情况，采取修建梯田、坡面水系整治、蓄水保土耕作或者退耕等措施。”根据连云港市国土资源局出具的《证明》，公司目前租赁使用的基本农田都是二十五度以上陡坡地，属于规定的鼓励退耕还林的土地，且目前已纳入土地土地利用总体规划中。据此，公司在租赁使用基本农田（二十五度以上陡坡地）种植蓝莓符合退耕还林的规定。

4. 根据《连云港市土地利用总体规划（2006—2020 年）》（已经江苏省人民政府“苏政复［2011］31 号”文件批准）第二十三条的规定，土地利用结构调整目标为园地、牧草地总量保持稳定，林地面积和森林覆盖率稳步增长。根据连云港市国土资源局出具的证明，公司在其租赁的土地上种植蓝莓符合土地利用总体规划。据此，公司种植蓝莓符合土地利用总体规划。

5. 根据连云港市国土资源局和连云港市赣榆区国土资源局出具的证明、访谈提纲及记录，公司自 2012 年以来遵守国家有关土地管理的法律、法规，没有因违反有关土地管理法律、法规而受到处罚的记录，公司在其租赁的土地上种植蓝莓符合土地利用总体规划。

6. 公司控股股东、实际控制人徐烨已承诺：“沃田农业租赁的部分用于种植蓝莓苗木的土地涉及基本农田保护用地，存在法律瑕疵。同时鉴于公司目前租赁使用的土地都是二十五度以上陡坡地，属于规定的鼓励退耕还林的土地。本人承诺将积极配合有关政府部门完成所涉及的基本农田土地规划调整工作。在上述基本农田规划调整工作完成前，公司因所租赁土地涉及基本农田而被有关的政府部门处罚、被相关当事人要求赔偿或者产生其他损失的，本人将以连带责任方式全额补偿给沃田农业。”

综上所述，公司租赁基本农田用于种植蓝莓，用地存在法律瑕疵，但是其种植蓝莓不涉及改变农用地用途，租赁部分基本农田种植“名、特、优、稀”作物符合江苏省土地管理相关法规，并已经得到有关土地主管部门出具的用地合法、合规的证明，同时也符合土地利用总体规划，此外，公司控股股东、实际控制人徐烨做出了承诺，该等地块的使用不会对公司本次挂牌构成实质性障碍。

小结：虽然公司租赁基本农田用于种植蓝莓，用地存在法律瑕疵，但是其种植蓝莓不涉及改变农用地用途，租赁部分基本农田种植“名、特、优、稀”作物符合江苏省土地管理相关法规，并已经得到有关土地主管部门出具的用地合法、合规的证明，同时也符合土地利用总体规划，此外，公司控股股东、实际控制人徐烨做出了承诺，从而说明该等地块的使用不会对公司本次挂牌构成实质性障碍。

7.3 农业企业大量现金交易存在问题及解决方案

有的农业企业存在许多个人客户和供应商，在交易方式上往往采用现金交易，部分交易最终均未开具发票，存在较大的税务风险。

综合各挂牌公司的反馈回复，全国股转系统在审核时重点关注以下几个问题：

1. 挂牌公司现金交易的具体情况、金额及其占总收入（采购）金额的比重情况；

2. 存在坐支（如有）的具体情况、原因、合法合规性及其解决措施；

3. 合同签订、发票开具与取得、款项结算方式等销售流程、相关流转税及所得税的计提与缴纳情况等，如何保证收入（采购）的真实性和完整性，税收缴纳的合法合规性，以及内部控制措施的有效性，如何规范现金交易及其措施。

相关法律法规可参考：《中华人民共和国税收征收管理费》及实施细则、《中华人民共和国增值税暂行条例》及实施细则、《中华人民共和国企业所得税法》等。

现金收付问题是挂牌企业存在大量个人客户和供应商时难以避免的一个问题，也是必须予以规范的一个问题。一方面大量现金交易可能无法确保挂牌公司收入真实性、准确性和完整性；另一方面存在使用现金交易而未开具发票可能导致的税收缴纳问题。

河南民正农牧股份有限公司在申请挂牌的主办券商推荐报告的第 4 部分提请投资者专注的风险事项对规范现金交易及其措施进行分析。

【案例 7.4】河南民正农牧股份有限公司在挂牌过程中遇到以下问题：对公司与原材料供应商之间习惯使用现金结算的现金交易风险进行说明。

问题剖析及解决方案如下。

由于我国牲畜产品采购商多为各地中小养殖户，原材料供应商经营规模也较小，习惯使用现金结算；公司管理的猪场在农村偏远山区，周边金融体系极不完善，公司原材料采购和产品销售以现金结算的比例较高，存在以现金结算的方式。报告期内，公司已经逐步采取对具备条件的猪场安装 POS 机等措施减少现金交易的情况。

小结：公司通过说明现金交易存在的原因，并采用切实可行的方法如安装 POS 机等减少现金交易情况，规范内部控制，消除了挂牌的实质障碍。

7.3.1 农业企业主要客户和供应商是个人的问题

新三板挂牌农业企业受其发展规模、所处地理位置、交易习惯等因素影响，一般存在个人客户和供应商情形。与单位客户和供应商相比，个人客户和供应商在采购、供应能力、经营规模、规范经营情况等方面存在不足，一方面可能产生大量现金交易问题，另一方面可能无法确保挂牌公司收入真实性、准确性和完整性。

1. 针对个人客户

需重点关注：（1）挂牌公司结合业务特点及客户特点向个人客户销售的必要性，报告期内公司向个人客户销售收入总金额及占比；（2）挂牌公司针对个人客户的合同签订、发票开具与取得、结算方式等，挂牌公司销售循环相关的内部控制制度及执行的有效性；（3）主办券商及会计师需核查与挂牌公司销售循环相关的内控制度的有效性及挂牌公司执行情况，若存在现金收款的，需核查入账的及时性及完整性；（4）挂牌公司和客户的合作模式，公司是否对个人客户存在较大依赖；（5）主办券商及会计师针对挂牌公司销售的真实性及完整性执行的具体尽调及审计程序，确认的金额占总金额的比重，及取得的相关的内外部证据；（6）主办券商及会计师需针对挂牌公司销售的真实性、完整性、准确性以及是否存在资金体外循环的情形发表专业意见。

2. 针对个人供应商

需重点关注：（1）挂牌公司结合采购内容、个人及单位供应商的采购价格对比分析，说明挂牌公司从个人供应商采购的必要性；（2）挂牌公司向个人采购的金额及占比以及现金付款的金额及占比；（3）挂牌公司与个人供应商的合同签订情况以及与采购循环相关的内控制度；（4）挂牌公司和主要供应商的合作模式，是否对个人供应商存在较大依赖；（5）主办券商及会计师需核查与挂牌公司采购循环相关的内控制度的有效性及公司执行情况，针对挂牌公司采购的真实性及完整性执行的具体尽调及审计程序、确认的金额占总金额的比重，及取得的相关的内外部证据；（6）主办券商及会计师需针对公司采购的真实性、完整性、准确性以及是否存在资金体外循环的情形发表专业意见。

7.3.2 农业企业员工的私人卡问题

员工的私人卡问题，是和挂牌公司存在个人客户和供应商、现金收付情形伴随的问题，也是必须予以规范的一个问题。一方面员工的私人卡可能无法确保挂牌公司收入的真实性、准确性和完整性；另一方面存在资金被挪用或侵吞的风险。

需重点关注：（1）挂牌公司由关联方或业务员等代公司收款的具体情况、原因及其合理性，是否影响公司资金的独立性和完整性；（2）结合针对资金被挪用或侵吞的相关制度，分析如何保证收款入账的及时性及完整性以及解决措施。

河南民正农牧股份有限公司债权转股权的股权是公司的股东日常经营活动中借给公司累计形成的。

【案例 7.5】河南民正农牧股份有限公司在挂牌过程中遇到以下问题：河南民正农牧股份有限公司债权转股权的股权是公司的股东日常经营活动中借给

公司累计形成的。对公司历史沿革过程中债权转股权的真实合法性进行核查，对公司是否符合“股权明晰”的挂牌条件进行说明。

问题剖析及解决方案如下。

1. 债权形成的原因

股东张现伟对公司 1,600 万元债权和股东张免霞对公司 400 万元债权均是公司日常经营活动中累计形成的。民正有限公司成立于 2007 年 8 月，当时注册资本为 500 万元，规模较小，融资较为困难，为满足公司发展需要，解决融资难的问题，公司向当时股东筹借资金用于购买原材料、支付工程款项等。

2. 股东债权形成过程

（1）股东张现伟对公司的 16,248,400 元债权形成于 2009 年 8 月 28 日—2010 年 12 月 18 日、2011 年 11 月 23 日和 2013 年 2 月 3 日。其中 2009 年 8 月 28 日—2010 年 12 月 18 日出借款项共计 9,397,000 元，股东张现伟通过银行转账或垫付现金方式将上述款项用于补充民政有限公司生产经营所需流动资金，主要用于民政有限公司采购原材料。以上股东债权有借款协议、收款收据、转账凭证、过磅单、入库单、民政有限公司确认等书面文件作为借款债权凭证，上述书面文件由相关当事人签字或盖章。2011 年 11 月 23 日和 2013 年 2 月 3 日股东债权共计 7,032,400 元，股东张现伟通过垫付现金方式为民政有限公司垫付沼气工程款和沼气配套设施款，以上债权有借款协议、收款收据、民政有限公司 16,420.84 万元债权中的 1,600 万元债权转让股权，符合法律法规的规定。

（2）股东张免霞对公司的 400 万元债权形成于 2013 年 1 月 9 日、2013 年 2 月 5 日。其中 2013 年 1 月 9 日向公司出借款项 250 万元，2013 年 2 月 5 日公司出借款项 150 万元。张免霞通过垫付现金方式将上述款项用于补充民政有限公司生产经营所需流动资金，主要用于民政有限公司采购原材料，上述债权有借款协议、收款收据、转账凭证、过磅单、入库单，民政有限公司确认等书面文件作为借款债权凭证。

（3）对于本次债权转股权，民正农牧公司出具相关声明与承诺：“本公司股东张现伟、张免霞在本公司前身河南民政畜牧业养殖有限公司运营期间，为支持公司经营发展，采取了借款、垫付相关款项等方式向公司提供资金；因股东提供资金形成的股东与公司之间的债权债务关系真实、合法，2013 年 3 月 27 日股东将对公司债权转为公司股权行为真实、有效，对股东及股东具有法律约束力。”

股东张现伟出具声明与承诺：“本人在河南民政畜牧业养殖有限公司成立及运营期间，为支持公司经营发展，采取了借款、垫付相关款项等方式向公司提供资金；本人向公司提供的资金来源合法，为自有资金或本人拆借资金，不存在任何权利负担或可得任何第三方所主张权利；如因债权出资问题给公司、公司股东、公司债权人造成损害的，本人愿就此全部损害自行承担连带责任。”股东张免霞出具声明与承诺：“本人在河南民政畜牧业养殖有限公司成立及运营期间，为支持公司经营发展，采取了借款、垫付相关款项等方式向公司提供资金；本人向公司提供的资金来源合法，为自有资金或本人拆借资金，不存在任何权利负担或可得任何第三方所主张权利。”

综上所述，股东债权未占用民政有限公司的资金、资源、财产，未对公司、其他股东及公司债权人造成任何损害或潜在损害。本次债权转权经过豫中瑞评报字（2013）第 001 号《张现伟、张免霞拟以其拥有的对河南民政畜牧业养殖有限公司债权转为股权项目资产评估报告书》评估和洛泰验字（2013）第 048 号《验资报告书》验资。本次债权转股权真实、合法；公司符合“股权明晰”的挂牌条件。

小结：由于农业企业在创建的初期存在资金少、投入大的问题，资金来源很有可能是股东自身筹借的。同时农业企业普遍存在关联方或业务员等代公司收款的情况，所以要说明此部分债权未占用公司的资金、资源、财产时，需要从公司的运营制度及声明等多方面进行区分。

四川川娇农牧科技股份有限公司的现金管理不规范，主办券商的推荐报告是如何推荐的？以下进行分析。

【案例 7.6】四川川娇农牧科技股份有限公司现金管理不规范的风险披露如下：由于公司存在上下游个人客户，公司在少数生猪销售及原材料和零散低值易耗品的采购过程中采用现金进行结算，2012 年、2013 年、2014 年 1—6 月公司通过现金结算的金额分别为：5,748.79 万元、290.96 万元和 91.83 万元，占全部结算收入的比例分别为 25.16%、1.36% 和 1.11%。2012 年、2013 年、2014 年 1—6 月公司通过现金采购原材料的金额分别为：7,386.92 万元、378.82 万元和 115.37 万元，占各期购买商品、接受劳务支付的现金的比例分别为：46.07%、2.49% 和 1.47%；同时因现金收支情况的存在，公司相应存在现金坐支等不规范事项，报告期 2012 年、2013 年、2014 年 1—6 月公司现金坐支金额分别为：5,702.37 万元、210.98 万元和 72.83 万元，占全部结算收入的比例分别为 24.95%、0.99% 和 0.88%。

虽然公司报告期现金收付款项均已真实准确完整入账，且报告期内公司也逐步采取对具备条件的猪场安装 POS 机、统一采购原材料及办公用品等措施，以减少现金销售和采购，并针对实际发生的现金销售建立了相应的内部控制措施，对现金坐支行为进行规范，同时公司修订《资金管理办法》，对库存现金限额及资金使用进行了严格的规定，今后将减少现金收款比例，并规定今后不允许坐支现金，且公司对 2014 年下半年仍少量存在的现金管理方面的不足，出台了《现金管理整改办法》，对坐支现金行为进行针对性整改。严格实行收入和支出现金分开管理，报告期现金销售、采购及现金坐支比例占比得到有效降低，但未来如对现金交易的内部控制制度执行不到位，将会出现内部控制风险，对公司的经营业绩及财务数据的真实性、准确性造成不利影响。

小结：主办券商先对公司现金管理不规范的情况进行说明，然后对公司的改善措施及取得的成效也进行了说明，从而确认公司报告期现金收付款项真实性、准确性，消除了挂牌的实质性障碍。

7.4 农业企业委托外协生产的问题及解决方案

不同农业企业所处产业链条位置不同，部分农业企业存在将加工环节委托外协生产的情形。委托外协生产虽可提高生产效率，但也面临着潜在关联交易、形成重大依赖、定价不公允、质量不符合标准等风险。

需重点关注：（1）报告期内主要的外协厂商名称、选择标准及与挂牌公司的合作情况；（2）挂牌公司外协生产占挂牌公司生产成本的比例，与外协厂商的定价机制，挂牌公司是否对外协厂商存在依赖；（3）挂牌公司如何对外协产品实施质量检验控制；（4）挂牌公司控股股东、实际控制人及公司董事、监事、高级管理人员与外协厂商是否存在关联关系。

7.5 生产经营许可证问题及解决方案

取得主营业务所需的全部资质是公司合法合规经营和持续经营的必备条件。

对于种子农业企业而言，需根据《农作物种子生产经营许可管理办法》的相关规定依法取得农作物种子的生产许可证和经营许可证，并符合《种子法》《主要农作物审定办法》及《植物新品种保护条例》中关于品种权和植物新品种保护制度的相关规定。此外，对于存在种子进出口业务的挂牌公司，还需要办理《海关进出口货物收发货人报关注册登记证书》《对外贸易经营者备案登记表》《自理报检企业备案登记证明书》等证书。

根据挂牌公司反馈答复，全国股转系统在审核时重点关注以下几个问题：（1）是否具有经营业务所需的全部资质、许可、认证、特许经营权；（2）是否存在超越资质、范围经营的情况，是否存在相应的法律风险，公司的风险控制和规范措施，是否构成重大违法行为；（3）是否存在无法续期的风险，对公司持续经营的影响。

1. 对于种养殖企业来讲，需要获取的许可证主要有《取水许可证》《粮食收购许可证》《种禽畜生产许可证》《兽药经营许可证》《卫生许可证》《排污许可证》《全国工业产品生产许可证》《粮食流通许可证》。如：圣迪乐村（832130）、谢裕大（430370）。

2. 对于种子农业企业而言，主要需根据《农作物种子生产经营许可管理办法》的相关规定依法取得农作物种子的生产许可证和经营许可证，并符合《种子法》《主要农作物审定办法》及《植物新品种保护条例》中关于品种权和植物新品种保护制度的相关规定。如：联创种业（430625）。

3. 根据农药行业的相关法律法规，农药生产企业必须经工业和信息化部核准，且生产的农药产品必须同时具有“三证”，即农药登记证、生产许可证或生产批准证以及符合相应的质量标准。产品执行国家标准或行业标准的需获得生产许可证，执行企业标准的需获得生产批准证。如：久易农药（831006）、根力多（831067）、江苏中旗（831223）。

【案例 7.7】北大荒垦丰种业股份有限公司在挂牌过程中遇到以下问题：（1）公司业务是否符合国家产业政策要求，是否属于国家产业政策限制发展的行业、业务？（2）若为外商投资企业，是否符合外商投资企业产业目录或其他政策规范的要求？（3）分析产业政策变化风险。

问题剖析及解决方案如下。

1. 说明公司业务是否符合国家产业政策要求，是否属于国家产业政策限制发展的行业、业务。

公司主要从事农作物种子的研发、生产、加工、销售和服务。根据《产业结构调整指导目录（2011 年本）》（2013 年修订），“种子生产、加工、贮藏及鉴定”属于鼓励类发展产业，不属于限制类和淘汰类产业。因此，公司业务符合国家产业政策要求，不属于国家产业政策限制发展的行业业务。

2. 若为外商投资企业，是否符合外商投资企业产业目录或其他政策规范的要求。

公司为内资企业，不适用外商投资企业产业目录及其他相关的政策规范。

3. 分析产业政策变化风险。

除《产业结构调整指导目录（2011 年本）》（2013 年修订）外，自 2008 年以来，中央和国务院关于公司所处行业的政策性文件主要有表 7.2 所示的几种。

表7.2 中央和国务院关于公司所处行业的政策性文件

政策名称	核心内容
2012年中央一号文件《关于加快推进农业科技创新持续增强农产品供给保障的若干意见》（中发[2012]1号）	优化调整种子企业布局，推动种子企业兼并重组；建立种业发展基金，培育一批育繁推一体化大型骨干企业

续表

政策名称	核心内容
2013年中央一号文件《关于加快发展现代农业，进一步增强农村发展活力的若干意见》（国办函[2013]34号）	推进种养业良种工程，加快农作物制种基地和新品种引进示范场建设；继续实施种业发展等重点科技专项
2014年中央一号文件《关于全面深化农村改革加快推进农业现代化的若干意见》（中发[2014]1号）	做大做强育繁推一体化种子企业，培育推广一批高产、优质、抗逆、适应机械化生产的突破性新品种；推行种子企业委托经营制度，强化种子全程可追溯管理
2013年12月20日《国务院办公厅关于种业体制改革提高创新能力的意见》（国办发[2013]109号）	深化各业体制改革、提高企业自主创新能力，充分发挥市场在种业资源配置中的决定性作用，加快种子生产基地建设，逐步确立企业商业化育种的主体地位
2011年4月10日《关于加快推进现代农作物种业发展的意见》（国发[2011]8号）	建立商业化育种体系；推动种子企业兼并重组；加强种子生产基地建设；完善种子储备调控制度
2010年10月10日《关于加快培育和发展战略性新兴产业的决定》（国发[2010]32号）	着力培育生物育种产业，积极推广绿色农用生物产品，促进生物农业加快发展，推进生物制造关键技术开发、示范与应用
2008年11月13日《国家粮食安全中长期规划纲要（2008—2020年）》	加快优良农作物品种创新和推广，提高生物育种的研发能力和扩繁能力；鼓励种子企业逐步成为种子研发创新主体，鼓励资源整合，确保国家粮食安全
2012年12月26日《全国现代农作物种业发展规划（2012—2020年）》（国办发[2012]59号）	支持有实力的种子企业建立科研机构和队伍，构建商业化育种体系，培育具有自主知识产权的突破性优良品种；鼓励种子企业间的兼并重组，强强联合，实现优势互补、资源聚集，鼓励具备条件的种子企业上市募集资金

根据上述国家政策，种子企业是涉及国家粮食安全的重要基础性行业，国家对公司所处行业一直采取持续鼓励政策，而且该等鼓励政策在较长时间内会保持稳定。但若未来国家产业政策发生变化，则可能会影响公司的生产经营和发展。

小结：通过对公司的行业情况进行说明，并与相关的法规相对照，说明公司不属于产业政策限制类企业，从而消除了对挂牌的实质性影响。

7.6 过分依赖非经常性损益（政府补贴）问题及解决方案

受国家产业政策影响，大部分挂牌公司在报告期内均会获得一定的政府补贴。在盈利状况不佳的情况下，挂牌公司会对政府补贴形成的非经常性损益产生重大依赖，并引发挂牌公司能否持续经营的质疑。

需重点关注：（1）如挂牌公司盈利对非经常性损益产生依赖，需为重大事项提示补充披露；（2）主办券商及会计师需结合政府补助的具体内容核查公司政府补助的会计核算是否符合《企业会计准则》的要求，是否存在将需要资本化的政府补助计入当期损益的情形；（3）主办券商需针对公司非经常性损益占公司净利润的比重较高是否影响公司持续经营能力发表专业意见。

襄阳佰蒂生物科技股份有限公司的主办券商推荐报告中，对公司非经常性损益占公司净利润的比重较高是否影响公司持续经营能力发表专业意见的案例如下。

【案例 7.8】农业是国家重点扶持的产业，在税收，财政补贴等多个方面受到国家政策支持。对于无污染、无公害、环保可持续发展的农业产业，以及利用“退耕还林”土地的农业产业，还享受相关优惠和鼓励政策，而草莓产业作为保康县优势特色产业，在财政补贴、质量控制、品牌建设等方面受到地方政府的支持。由于国家和地方的政策扶持一定程度上有利于行业利润，减少甚至取消政策扶持可能会对行业盈利水平产生不利的波动风险。

小结：农业企业虽然得到的政府补贴比较多，但不能过分依赖非经常性损益。

7.7 农业企业生物资产问题及解决方案

一般情况下，按照《企业会计准则第 5 号——生物资产》，农业企业农产品根据其生产经营特点，在财务报表中可划分为消耗性生物资产和生产性生物资产。划分依据是否恰当，是否完全符合会计准则要求，对投资者了解公司存货情况、产能情况具有重要影响。

需重点关注：（1）生物资产的划分依据；（2）生产性生物资产的分类成新率及平均成新率；（3）生物资产初始入账价值如何确定、后续计量方法、营业成本的结转方法等，并结合业务特点、经营规模、生产流程等说明期末生产性生物资产期末余额的合理性；（4）挂牌公司存货增长与各期产量、收入增长是否匹配，针对生物资产的盘点方法、程序和分类结果等，生物资产跌价准备或减值准备的计提方法和结果；（5）主办券商及会计师需结合采购循环中合同签订、入库单、发票开具、款项支付等关键点核查生物资产采购的真实性；（6）主办券商及会计师需说明针对生物资产的存在、计价与分摊所执行的尽职调查及审计程序，并说明生物资产的确认与计量是否符合《企业会计准则》的相关规定。

【案例7.9】宁夏晓鸣农牧股份有限公司的审计报告中对生物资产的披露如下：本公司生物资产分为消耗性生物资产和生产性生物资产。

生物资产按照成本进行初始计量。外购生物资产的成本，包括购买价款、相关税费、运输费、保险费以及可直接归属于购买该资产的其他支出；自行繁殖或养殖的消耗性生物资产的成本包括出售前发生的饲料费、人工费和应分摊的间接费用等必要支出；自行繁殖的生产性生物资产的成本，包括达到预定生产经营目的（成龄）前发生的饲料费、人工费和应分摊的间接费用等必要支出（达到预定生产经营目的，是指生产性生物资产进入正常生产期，可以多年连续稳定产出产品、提供劳务或出租）。计入生物资产成本的借款费用，按照借款费用的相关规定处理：投资者投入生物资产的成本，按照投资合同或协议约定的价值确定。但合同或协议约定价值不公允的除外：生物资产在达到预定生产经营目的后发生的管护、饲养费用等后续支出，计入当期损益。

本公司对达到预定生产经营目的的生产性生物资产，按周计提折旧，并根据用途分别计入相关资产的成本或当期损益。

生物性资产折旧率依据该资产在生产周期中每周的产出/总产出数作为折旧率标准《类似总工作量法》。总产出数依据最终的健母雏数确定。本公司生产性生物资产为祖代鸡和父母代鸡，按周计提折旧，预计净残值为每只13元，自23周起开始计提折旧，祖代鸡至55周计提完毕，父母代鸡至65周计提完毕。

生物资产出售、盘亏或死亡、毁损时，将处置收入扣除其账面价值和相关税费后的余额计入当期损益。

小结：公司通过说明生物资产的确认与计量符合《企业会计准则》的相关规定，消除了对挂牌的实质性影响。

7.8 农业的行业政策和农业的行业情况

7.8.1 农业的行业政策

涉及农业的行业政策主要有以下几个方面。

1.《国务院关于支持农业产业化龙头企业发展的意见(国发[2012]10号)》"农业产业化龙头企业（以下简称龙头企业）集成利用资本、技术、人才等生产要素，带动农户发展专业化、标准化、规模化、集约化生产，是构建现代农业产业体系的重要主体，是推进农业产业化经营的关键。""支持龙头企业通过兼并、重组、收购、控股等方式，组建大型企业集团。支持符合条件的国家重点龙头企业上市融资、发行债券、在境外发行股票并上市，增强企业发展实力。"

2.2014年中央"一号文件"《关于全面深化农村改革加快推进农业现代化的若干意见》亮相，其中明确"支持符合条件的农业企业在主板、创业板发行上市，督促上市农业企业改善治理结构，引导暂不具备上市条件的高成长性、创新型农业企业到全国中小企股份转让系统进行股权公开挂牌与转让"。

3.《国务院办公厅关于加快转变农业发展方式的意见（国办发［2015］59号）》指出：需要转变农业发展方式、推进农业结构调整，促进种养殖业协调发展、支持农业企业发展。

7.8.2 农业的行业情况

农业企业的行业情况主要包括以下几个方面。

1. 农业企业是指从事农、林、牧、副、渔业等生产经营活动，具有较高的商品率，实行自主经营、独立经济核算，具有法人资格的盈利性的经济组织。

2. 分为两类。（1）按所有制性质不同分：国有农业企业、集体所有制企业、股份制企业、联营企业、私营企业、中外合资企业、中外合作经营企业等。（2）按经营内容不同分：农作物种植企、林业企业、畜牧业企业、副业企业、渔业企业、生产、加工、销售紧密结合的联合企业等。

3.《国民经济行业分类》（2011年修订）农业企业一般是"A农、林、牧、渔业”。

4.《产业结构调整指导目录》（2011年本），农业企业中的鼓励类主要有：1.中低产田综合治理与稳产高产基本农田建设；2.农产品基地建设；3.蔬菜、瓜果、花卉设施栽培（含无土栽培）先进技术开发与应用；4.优质、高产、高效标准化栽培技术开发与应用；5.畜禽标准化规模养殖技术开发与应用；6.重大病虫害及动物疫病防治；7.农作物、家畜、家禽及水生动植物、野生动植物遗传工程及基因库建设；8.动植物（含野生）优良品种选育、繁育、保种和开发，生物育种，种子生产、加工、贮藏及鉴定；9.种（苗）脱毒技术开发与应用；10.旱作节水农业、保护性耕作、生态农业建设、耕地质量建设及新开耕地快速培肥技术开发与应用；11.生态种（养）技术开发与应用；12.农用薄膜无污染降解技术及农田土壤重金属降解技术开发与应用；13.绿色无公害饲料及添加剂开发；14.内陆流域性大湖资源增殖保护工程；15.远洋渔业、渔政渔港工程；16.牛羊胚胎（体内）及精液工厂化生产；17.农业生物技术开发与应用；18.耕地保养管理与土、肥、水速测技术开发与应用；19.农、林作物和渔业种质资源保护地、保护区建设；动植物种质资源收集、保存、鉴定、开发与应用；20.农作物秸秆还田与综合利用（青贮饲料，秸秆氨化养牛、还田，秸秆沼气及热解、气化，培育食用菌，固化成型燃料，秸秆人造板，秸秆纤维素燃料乙醇、非粮饲料资源开发利用等）；21.农村可再生资源综合利用开发工程（沼气工程、“三沼”综合利用、沼气灌装提纯等）；22.平垸行洪退田还湖恢复工程；23.食（药）用菌菌种培育；24.草原、森林灾害综合治理工程；25.利用非耕地的退耕（牧）还林（草）及天然草原植被恢复工程；26.动物疫病新型诊断试剂、疫苗及低毒低残留兽药（含兽用生物制品）新工艺、新技术开发与应用；27.优质高产牧草人工种植与加工；28.天然橡胶及杜仲种植生产；29.无公害农产品及其产地环境的有害元素监测技术开发与应用；30.有机废弃物无害化处理及有机肥料产业化技术开发与应用；31.农牧渔产品无公害、绿色生产技术开发与应用；32.农林牧渔产品储运、保鲜、加工与综合利用；33.天然林等自然资源保护工程；34.碳汇林建设、植树种草工程及林木种苗工程；35.水土流失综合治理技术开发与应用；36.生态系统恢复与重建工程；37.海洋、森林、野生动植物、湿地、荒漠、草原等自然保护区建设及生态示范工程；38. 防护林工程；39. 石漠化防治及防沙治沙工程；40. 固沙、保水、改土新材料生产；41. 抗盐与耐旱植物培植；42. 速生丰产林工程、工业原料林工程、珍贵树种培育及名特优新经济林建设；43. 竹藤基地建设、竹藤精深加工产品及竹副产品开发；44. 森林抚育、低产林改造工程；45. 野生经济林树种保护、改良及开发利用；46. 珍稀濒危野生动植物保护工程；47. 林业基因资源保护工程；48. 次小薪材、沙生灌木及“三剩”物深加工与产品开发；49. 野生动植物培植、驯养繁育基地及疫源疫病监测预警体系建设；50. 道地中药材及优质、丰产、濒危或紧缺动植物药材的种植（养殖）；51. 香料、野生花卉等林下资源人工培育与开发；52. 木基复合材料及结构用人造板技术开发；53. 木质复合材料、竹质工程材料生产及综合利用；54. 松脂林建设、林产化学品深加工；55. 人工增雨防雹等人工影响天气技术开发与应用；56. 数字（信息）农业技术开发与应用；57. 农业环境与治理保护技术开发与应用；58. 海水养殖及产品深加工，海洋渔业资源增殖与保护；59. 生态清洁型小流域建设及面源污染防治；60. 农田主要机耕道（桥）建设；61. 油茶、油棕等木本粮油基地建设；62. 生物质能源林定向培育与产业化；63. 粮油干燥节能设备、农户绿色储粮生物技术、驱鼠技术、农户新型储粮仓（彩钢板组合仓、钢骨架矩形仓、钢网式干燥仓、热浸镀锌钢板仓等）推广应用；64. 农作物、林木害虫密度自动监测技术开发与应用；65. 森林、草原火灾自动监测报警技术开发与应用；66. 气象卫星工程（卫星研制、生产及配套软件系统、地面接收处理设备等）和气象信息服务。

农林业限制类主要是：1. 天然草场超载放牧；2. 单线 5 万立方米 / 年以下的普通刨花板、高中密度纤维板生产装置；3. 单线 3 万立方米 / 年以下的木质刨花板生产装置；4.1000 吨 / 年以下的松香生产项目；5. 兽用粉剂 / 散剂 / 预混剂生产线项目（持有新兽药证书的品种和自动化密闭式高效率混合生产工艺除外）；6. 转瓶培养生产方式的兽用细胞苗生产线项目（持有新兽药证书的品种和采用新技术的除外）；7. 松脂初加工项目；8. 以优质林木为原料的一次性木制品与木制包装的生产和使用以及木竹加工综合利用率偏低的木竹加工项目；9.1 万立方米 / 年以下的胶合板和细木工板生产线；10. 珍稀植物的根雕制造业；11. 以野外资源为原料的珍贵濒危野生动植物加工；12. 湖泊、水库投饵网箱养殖；13. 不利于生态环境保护的开荒性农业开发项目；14. 缺水地区、国家生态脆弱区纸浆原料林基地建设；15. 粮食转化乙醇、食用植物油料转化生物燃料项目；16. 在林地上从事工业和房地产开发的项目。

小结：在农业企业新三板挂牌时，首先，需要从农业企业的行业分类出发，审核重点是国家鼓励支持还是限制发展企业。

相关链接——与农业相关的法律法规如下：

1.《农业法》；

2.《农村土地承包经营法》；

3.《土地管理法》《土地管理法实施条例》；

4.《食品安全法》；

5.《土地复垦法》；

6.《中华人民共和国农村土地承包经营纠纷调解仲裁法》；

7.《国务院关于支持农业产业化龙头企业发展的意见（国发［2012］10号）》；

8.《农作物种子生产经营许可管理办法》；

9.《种子法》《主要农作物审定办法》及《植物新品种保护条例》；

10.《关于全面深化农村改革加快推进农业现代化的若干意见》；

11.《关于完善设施农用地管理有关问题的通知》（国土资发［2010］155号）；

12. 国土资源部《关于进一步支持设施农业健康发展的通知》（国土资发［2014］127号）。

7.9 新三板首例农业企业财务造假案

新三板首例农业企业财务造假案。现代农装科技股份有限公司因业绩“变脸”遭定增股东举报。

2015 年 5 月 14 日晚，现代农装科技股份有限公司发布《关于收到中国证券监督管理委员会调查通知书的公告》，公司由此成为继中海阳、国贸酝领、中科招商后的第 4 家发布此项公告的新三板企业。证监会对现代农装的调查函措辞与其他 3 家被查企业完全不同，是迄今为止唯一一家被查理由为“违法违规”且被“立案调查”的新三板企业。作为一家早在 2006 年 12 月便在新三板挂牌的老牌企业，现代农装因何被查?

案例分析如下。

现代农装科技股份有限公司是中国农业机械化科学研究院（下称“农机院”）下属的专业从事现代农业装备研发、生产和经营的高新技术企业，曾被新三板投资者寄以厚望。

2006 年在新三板挂牌以来，现代农装业绩 2007 年至 2012 年连续 6 年持续高速增长，营业收入从 2006 年的 4.57 亿元增长到 2012 年的 20.33 亿元，增长近 5 倍；净利润从 2007 年的 3,826 万元增长到 2012 年的 4,802 万元，增长 25%，其中 2010 年和 2011 年净利润更是高达 7,400 万元。

除了业绩水平堪比主板以外，其股东身份亦为市场所关注：证券业阚治东旗下的上海天一投资咨询发展有限公司、上海奥锐万嘉创业投资有限公司早在 2008 年一季度便已隐于幕后，成为彼时除控股股东农机院以外的第二、第三大股东，此后亦从未淡出前十大股东。事实上，在 2014 年 1 月新三板向全国大扩容之前，现代农装就以超过 20 亿元的总市值成为新三板市场的龙头老大。不仅如此，现代农装更是在新三板市场尝到了融资的甜头，这在当时并不火热的市场中可谓凤毛麟角。

现代农装于 2008 年 3 月进行了第一轮定向增资，金额为 5,500 万元；2011 年 8 月又完成了第二轮定向增资，以 6 元 / 股的价格向 40 名对象发行了 3,000 万股，实际募集资金 1.8 亿元。此后 2014 年 1 月 23 日发布的第三轮定向增资计划发行股份 4,000 万股，募集资金 3.24 亿元。额度之大，不仅创下当时新三板的单笔定增募资之最，也直逼彼时创业板、中小板 IPO 的融资水平。挂牌 7 年累计 3 次融资总共募集超过 5 亿元，彼时的现代农装亦由此成为三板的“吸金王”。早在 2012 年年底，现代农装的董事会就审议通过了有关在中小板上市的议案，使得市场普遍认为现代农装的财富故事即将兑现。最后一次 3.24 亿元的定增甚至曾被视为 2014 年“新三板转板第一股”的最后上车机会。

共 6 家 PE 参加了此次定增：恺惠科技创业股权投资合伙企业、东方禅控创业投资企业、南海区东方高新创业投资合伙企业、亿润创投、朗玛嘉华投资管理中心、申银万国创新证券投资公司。其中，东方禅控创投与南海区东方高新创投皆为阚治东旗下公司；申银万国创新证券投资公司亦为现代农装主办券商申银万国旗下公司。然而，现代农装 3 个月后公布的 2013 年年报却令所有人大吃一惊：巨亏近 6,900 万元，而在此之前公布的 2013 年年报中还显示盈利 1,574 万元、2012 年年报盈利 4,800 余万元。这意味着现代农装在近 3 年内将不再有希望转板中小板，本来应该浴火重生的“凤凰”竟转瞬之间变为“乌鸡”。

1. 虚假报述

现代农装在 2013 年年报中对于业绩“变脸”的原因归结为：“国内经济增速放缓、货币政策紧缩、国际市场复苏乏力、农机补贴政策调整及国际农机巨头纷纷涌向国内等因素。”

现代农装 2013 年年报中在经营情况一栏中明确指出：“报告期内……现归属于母公司股东净利润 1,135.26 万元，比上年同期 634.03 万元增加 79.06%。应收账款及其他流动资产可变现性强，不存在重大不良资产。”此外，在“财报附注详情”中亦载明：“公司主营农机产品，一般上半年属于生产、发货期，垫资较大，收入确认、回款集中在下半年。”

但最终本应是收入确认、回款的下半年，等来的竟是一纸巨亏。而在“风险与价值”一栏中，中报仅涉及“技术创新风险”，即“农业机械产品面临着持续的升级换代，对公司的持续创新能力提出了挑战，对产品质量和可靠性也提出了更高要求，这也在技术创新上给公司提出了新的要求”。2014 年年报中的国际国内经济因素、补贴政策取消因素、国外企业加入竞争等风险因素并未被提及。2014 年的这次定增不仅把通过公司持有股份的投资者套住，还把跟风搭车的诸多机构和“大佬”套住。部分中小股东在 2014 年年底无奈之中选择向证监会及股转系统举报了现代农装。

2. 大股东掏空公司资产

大股东还涉嫌掏空公司资产。现代农装于 2012 年收购的洛阳中收机械设备有限公司 100% 股权，交易价格为 2.9 亿元；以及于 2011 年 12 月收购的中机北方机械有限公司 56.29% 股权，交易价格为 5,000 万元。两次交易的对手方，都是现代农装的实际控制人、大股东农机院。

从 2013 年和 2014 年年报来看，这两家公司堪称现代农装业绩节节下滑的罪魁祸首。2013 年，中机北方和洛阳中收合计亏损 5,400 余万元；2014 年，两公司再次合计亏损 5,400 余万元。现代农装公告曾披露，洛阳中收在被收购前的 2,012 年 1 月到 2012 年 4 月间便已亏损 2,286.9 万元，2011 年全年亏损 784.49 万元。

大量中小股东质疑农科院涉嫌将劣质资产高价卖给非上市公众公司，掏空公众公司资产，侵吞中小股东的利益的问题。

因为这几家公司都是通过行政划拨给农机院的，农机院倒手便把不良资产装进了现代农装获取巨额利益，却致使公众公司业绩连年下滑。假如不是现代农装公司接盘承受损失，亏损的便会是农机院。

小结：新三板比较注重信息披露和真实性，新挂牌的新三板企业应尤为注意。

第8章

新三板的税务架构与筹划

新三板是一个资本交易的项目，其中的税务问题不容忽视。2015 年上半年税收增长十分不理想，只有 6%，且这 6% 的贡献全部来自于金融投资领域。股权交易这一块应该能占到相当大的比重，尤其是针对个人股权转让，所以税务筹划的空间比较大。

本章将介绍新三板的税务架构与筹划，比如原始股东卖出新三板股份时如何进行税务筹划；其次，还将介绍原始投资者通过协议转让、做市转让，如何交税和筹划，如何通过企业架构重设争取如西部大开发、新疆和西藏等地区的税收优惠等。

8.1 关于新三板的税收立法情况

目前，国家专门针对新三板的税收政策只有两个，一是印花税，二是个人所得税，都是 2014 年发布的。

8.1.1 针对新三板的印花税和个人所得税税收政策

国家专门针对新三板的税收政策只有两个：印花税和个人股息红利分红个人所得税。

1. 印花税。根据《关于在全国中小企业股份转让系统转让股票有关证券（股票）交易印花税政策的通知》（财税［2014］47 号）的规定，自 2014 年 6 月 1 日起，在全国中小企业股份转让系统买卖、继承、赠与股票所书立的股权转让书据，依书立时实际成交金额，由出让方按 1‰的税率计算缴纳证券（股票）交易印花税。

2. 个人所得税。2014 年 6 月 30 日，财政部发布《关于实施全国中小企业股份转让系统挂牌公司股息红利差别化个人所得税政策有关问题的通知》，实施新三板公司股息红利差别化个人所得税政策。

具体规定为：自 2014 年 7 月 1 日起至 2019 年 6 月 30 日，个人持有全国中小企业股份转让系统挂牌公司的股票，持股期限在 1 个月以内（含 1

个月）的，其股息红利所得全额计入应纳税所得额；持股期限在 1 个月以上至 1 年（含 1 年）的，暂减按 50% 计入应纳税所得额；持股期限超过 1 年的，暂减按 25% 计入应纳税所得额。上述所得统一适用 20% 的税率计征个人所得税。

8.1.2 新三板企业可以比照上市公司的税收政策执行

上述个人所得税政策完全是参照沪深两市有关的税收政策进行立法的。基于国家战略考虑，国家针对沪深两市实施了特殊的税收政策，对于其他情形，无特殊规定，原则上应按照企业所得税、个人所得税、个人股权转让等政策的一般规定处理。新三板企业大部分可以参照上市公司的税收政策执行。

根据《国务院关于全国中小企业股份转让系统有关问题的决定》（国发［2013］49 号）的规定，“市场建设中涉及税收政策的，原则上比照上市公司投资者的税收政策处理。”

1. 个人转让股票，暂免征收个人所得税

根据现行税法规定，对个人转让沪深上市公司股票所得是暂免征收个人所得税的。因此，如果按照这一规定处理，对投资者是一大利好。

2. 个人转让限售股需征税

针对限售股，根据财政部、国家税务总局和证监会联合发布《关于个人转让上市公司限售股所得征收个人所得税有关问题的通知》的规定，自 2010 年 1 月 1 日起，对个人转让上市公司限售股所得按 20% 的税率征收个人所得税。可见，上市公司针对限售股转让尚征税，新三板更无不征税的理由。

考虑到我国税收执行受到各种因素的影响，尤其是主管税务机关拥有很大的自由裁量权限，企业还是应该和主管税务机关事先沟通确认，以防范风险。

3. 股权转让征个人所得税情况

2014 年年底，国家税务总局颁布了《关于发布〈股权转让所得个人所得税管理办法（试行）〉的公告》（国家税务总局公告 2014 年第 67 号），对以下 7 种情形均按照股权转让征个人所得税：

（1）出售股权；

（2）公司回购股权；

（3）发行人首次公开发行新股时，被投资企业股东将其持有的股份以公开发行方式一并向投资者发售；

（4）股权被司法或行政机关强制过户；

（5）以股权对外投资或进行其他非货币性交易；

（6）以股权抵偿债务；

（7）其他股权转移行为。

并且，按照第 67 号文的规定，股权转让协议已签订生效的，扣缴义务人、纳税人应当依法在次月 15 日内向主管税务机关申报纳税。这个规定给个人股权转让带来了很大的风险和税负压力。同时，按照第 67 号文第九条的规定，“纳税人按照合同约定，在满足约定条件后取得的后续收入，应当作为股权转让收入”，因此，按照该规定，新三板中的“对赌协议”的安排对于将来可能“退回”的收益也要按规定纳税，但是，根据现有政策并无可以退税的规定。

8.1.3 股权转让税负的影响

由于税负是实实在在的现金流出，很多股权交易可能因此无法进行，目前针对个人股权转让没有像针对企业股东一样出台“特殊性税务处理”的规定，所以高昂的税负可能严重阻碍交易的推进。从最终的效果来看，这个税负最终会反应到交易的价格上，无疑买卖双方都是利益受损方。

目前我国正处于税收立法的频繁时期，包括营改增、税收征管法等重要立法正在进行，无论是对税务管理还是税务筹划，都提出了更高的要求，整体来看税务管理会更加有规划，企业不合规行为的法律风险会增加。

总结了 2014 年以来我国正在推进的重要税制改革，这些立法对投资、经营都带来了巨大的风险，如表 8.1 所示。

表8.1 税收制度立法对投资和经营影响表

税收制度	立法项目	影响	时间
立法法	明确："税种的设立、税率的确定和税收管理等税收基本制度"只能制定法律	明确税收法定原则	2015年3月15日审议通过
营改增	2015年全国消灭营业税	增值税发票刑事风险陡增	2015年10月
税收征管法	预约裁定制度；税额确认制度；纳税人识别号制度等	将"骗取税收优惠资格"纳入逃税的范畴，诸多变化对税收征管产生全国、深刻影响	《税收征管法》的修订版还未正式出台
针对自然人税收征管	股权转让、非货币性资产投资等全面征税	税负成本将成为股权转让等交易的重大阻力	2015年1月1日《股权转让所得个人所得税管理办法（试行）》实施
金融信托	健全税收立法和征管	将全面对委托人、受益人征税	只是出台了一些相关的边沿监管制度
跨境交易反避税	向境外支付特许权使用费等大额费用受到严格的审查	利用国际避税港等跃增转让定价税务筹划受阻	《一般反避税管理办法（试行）》2015年2月1日实施

上述税制改革中，尤其值得关注的是，《税收征管法》的修订和"营改增"的快速推进。根据最新发布的《税收征管法（征求意见稿）》，意见稿第97条将"骗取税收优惠资格"纳入"采取欺骗、隐瞒手段进行虚假纳税申报或者不申报，逃避缴纳税款"的行为，并规定"由税务机关追缴其不缴或者少缴的税款，并处不缴或者少缴的税款百分之五十以上三倍以下的罚款；涉嫌犯罪的，移送司法机关依法处理。"骗取税收优惠资格目前一般会承担补税、滞纳金的责任，税收征管法修改后，则有可能触犯刑事责任。

全面"营改增"后，在增值税体系下，"虚开""代开"等行为将被认定为刑事犯罪行为，如虚开增值税专用发票罪（《刑法》第二百零五条）；非法购买增值税专用发票、购买伪造的增值税专用发票罪（《刑法》第二百零八条）；伪造、出售伪造的增值税专用发票罪（《刑法》第二百零六条）等，上述情形，个人和单位所受的最高处罚可判无期徒刑。这对于很多单位利用不合规发票冲账等行为的处罚是一个重大的改变，营业税普通发票消失后，在增值税体制下，这种做法无疑会引发严重的法律责任。

8.2 新三板企业挂牌前的主要税务风险点

新三板企业挂牌前等历史遗留问题的主要税务风险点如图 8.1 所示。

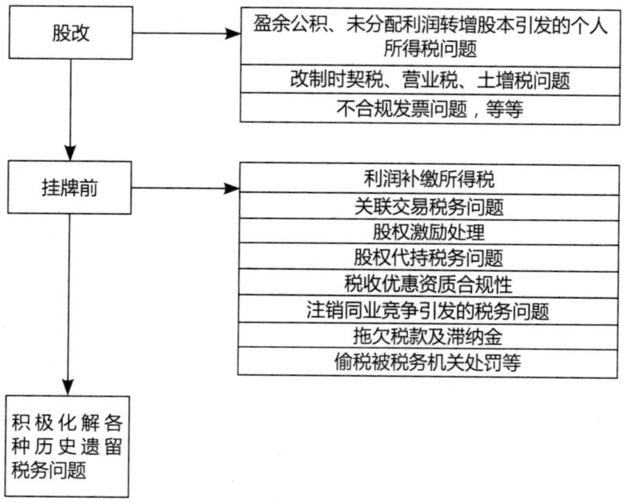

图 8.1 新三板挂牌前的主要税务风险

其中，特别要强调以下几项。

1. 存在欠税问题

挂牌前，公司存在欠缴税款行为。及时申报缴纳税款是企业的应尽义务，如果企业因为特定的原因不能及时缴纳税款，可以按照规定申请延期缴纳税款，否则会受到相应的行政制裁，并会成为挂牌新三板的障碍。

2. 存在补税行为

部分企业挂牌前为了提高账面利润，调增利润，从而补交税款，还有因为会计差错补交税款。企业挂牌前补交大量税款，需要有合理的说明，否则会构成挂牌新三板的障碍因素。而对于因会计差错，补交少量的税款，一般不会影响新三板挂牌。

3. 存在偷逃税行为

公司在以往的经营过程中存在偷逃税的行为。具有主观故意的偷逃税行为，会构成“新三板”审核中的实质性障碍，应避免偷逃税的发生。

4. 发票问题

发票无小事，无论是“股改”过程中发现不合规发票入账的历史遗留问题还是在挂牌后出现的发票问题，都有可能招致“行政处罚”甚至是“刑事处罚”，尤其是“营改增”后，增值税专用发票引发的“刑事风险”无论对公司高管还是公司本身，都具有不可估计的破坏力。

加强公司内部发票的规范性管理，尤其在开具、接收过程中，严格按照发票管理的程序，重点审核“账”“票”的一致性。

5. 个人股东盈余公积、未分配利润转增股本未缴纳个人所得税

“股改”过程中，个人股东将累积的盈余公积、未分配利润转增股本，未按照规定缴纳个人所得税。按照税法规定，该情形下应视同进行利润分配，需要按照 20% 的税率缴纳个人所得税。

6. 因涉税事项被税务机关处罚

企业因为违反相关税法规定，被税务机关行政处罚。应判断处罚行为是否构成重大违法违规行为，具体需要结合主观方面、涉案的金额等做出判断，由律师出具法律意见书，税务机关出具证明。

8.3 新三板企业挂牌后资本运作的税务风险

实践中，新三板企业挂牌后，都会借助资本市场的力量，做大做强，然而，2011 年以来，资本交易项目一直是国家税务总局指令性稽查项目，即必查项目。必查不代表每个企业都会被查到，税务局通常按照一定的比例进行抽查，这个比例通常是 2% ~ 3%。

根据近几年税务局稽查的实际案例，我们将新三板企业资本运营中的税务风险总结为六大方面，具体如图 8.2 所示。

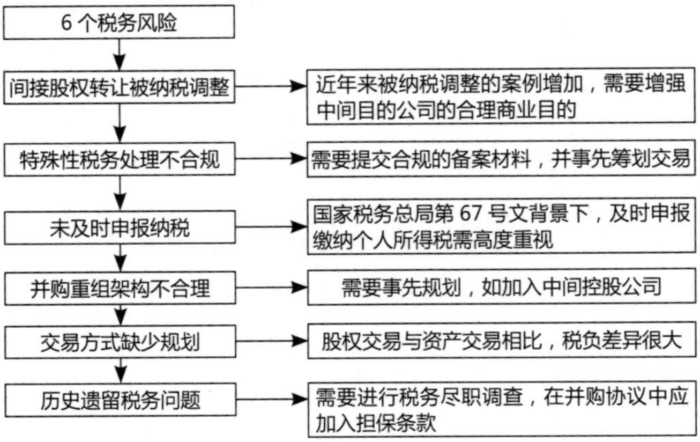

图 8.2 新三板企业资本运营的 6 个税务风险

以上 6 个问题都会给企业带来一定的税务风险，除了可能面临的补税、罚款、缴纳滞纳金外，还有可能因为税务问题，导致交易无法实施推进，这些案例也是经常发生的。

如果我们不提前进行税务筹划，很容易发生交易基本快要结束了，才发现要缴纳一笔大额的税金，再寻找筹划的途径，但由于征纳双方的信息完全透明化了，纳税义务也已经发生，可操作的空间已经很小，能做的只能是争取分期缴纳税款。

8.4 新三板企业的税务架构筹划问题

从前边的案例我们可以看到，一些企业由于没有规划税务架构，导致后来的资本运营及投资退出，承担了较重的税负，如双重税负——企业层面有一道税，个人层面还有一道税。

8.4.1 国外公司搭建的税务架构

国外公司在全球化投资的过程中，都是先搭建起架构，他们利用国际间的税负差异，以及各国税法及国家（地区）间税收协定的漏洞，在将税负率控制在极低的水平同时，通过转让定价等方式将巨额利润留存税负极低的国家（地区）。比如，苹果等国际巨头的海外销售税负率只有百分之几，非常之低。苹果公司全球运营架构如图 8.3 所示。

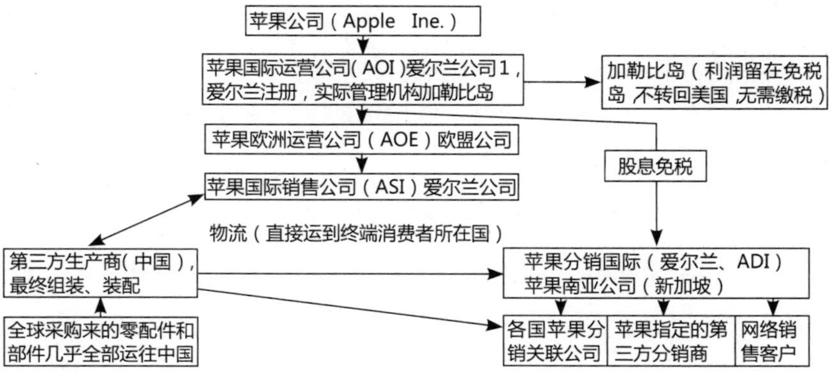

图 8.3 苹果公司全球运营架构

这个税务架构就是大名鼎鼎的“双层爱尔兰加上荷兰三明治架构”，它是苹果公司在 20 世纪 80 年代开发的一种税务战略，其目标是为苹果公司在其海外业务中最大限度节省税务成本。

包括谷歌、亚马逊、Facebook、惠普和微软等逾百家美国著名跨国公司都采用这一税务架构。据美国公平纳税联盟（CTJ）的数据显示，苹果和通用电气公司至少在避税天堂持有360亿美元应税利润，微软将近270亿美元，辉瑞240亿美元。

8.4.2 国外公司的税务架构避税原理

苹果公司的“双层爱尔兰加上荷兰三明治架构”税务架构，其主要的避税原理依赖于以下几个方面。

1. 美国企业海外子公司的经营所得，直到利润分配时才需要在美国缴税。

2. 即使是在爱尔兰注册的公司，只要其管理权和控制权都不在本国，就被认定为外国公司，不需要向爱尔兰缴税。爱尔兰企业所得税税率为 12.5%。

3. 欧盟成员国之间部分跨境交易所得免征预提所得税。

8.4.3 境内公司的税务架构

从境内来看，由于区域性税收等优惠政策的存在，各地也存在一定的税负差。2015 年国务院发布《关于税收等优惠政策相关事项的通知》（国发［2015］25 号），停止清理各地出台的税收优惠等政策，企业应该抓住这一契机，积极通过优化运营架构，争取享受到国家及地方税收、财政补贴等优惠政策，实现未来运营及投资退出阶段税负成本最小化。

对于投资类的公司而言，通过在低税负地区设置控股公司，可以投资退出以及资本运作时的低税负。

目前，对于新三板企业而言，随着国家对资本交易税务稽查、检查力度的加大，高昂的现金流税负成为很多企业资本运作阶段的首要障碍。在出现较大的税负时，才开始寻求税务筹划的方法，往往效果都不尽如人意或者冒着巨大的潜在法律风险。如果企业能够较早地关注自身的税务架构，尽早做出安排，则会收到意想不到的节税效果。

几年前，上市公司中国平安的原始股东利用西部的税收优惠政策减持限售股，享受了免征企业所得税的待遇，整个减持的收入高达数百亿元，节税数十亿元。他们主要是通过税收迁移的办法对股权代持公司进行了税务架构的调整，如图 8.4 所示。

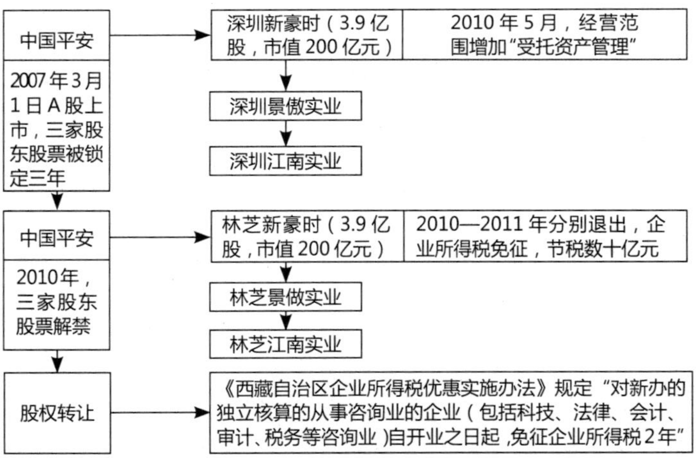

图 8.4 平安公司利用西部优惠政策避税

注意：中国平安利用的这一税收优惠政策，目前已经废止了。

我国为了发展中西部地区经济，鼓励产业转移，国家及省、市、县各层面已经出台了许多的税收优惠政策和财政补贴政策，造成境内不同区域的实际的税负差异，部分地区在一定意义上甚至具备了类似于“离岸中心”的功能。《中国区域税收竞争力研究报告 2015—2016》对境内的税收优惠等政策进行了全面的梳理。我们考察一个地区税收竞争力的主要指标有以下 3 个。

1. 税收优惠政策。从整体上来看，东中西部税收优惠的特点如表 8.2 所示。

表8.2 东中西部税收优惠特点

区域	税收竞争力分析	特点
东部地区	是经济特区、国家级新区及各类开发区和高新区最为集中的地区	区域性税收优惠越来越少，行业性税收优惠明显
中部及东北地区	一是东部沿海地区的优惠税收政策，中部地区基本没有享受； 二是比照执行西部大开发税收优惠政策的也只有湖北恩施州、湖南湘西	一般执行国家层面的统一政策，特定的园区有一定的优惠政策
西部地区	西部在开发税收优惠方面范围广、力度大；区域性税收优惠政策较多	区域税收优惠较多，与同业性税收优惠叠加

2. 税收返还与财政奖励。我国现行的分税制体制下，地方对其分享的税金有一定的支配权，加之国家转移支付制度的存在，地方政府在招商引资过程中，通过财政资金返还或奖励的方式，以吸引投资者。比如，重庆市为了发展“两江新区”，地方将分享税全部留存两江新区，具体如表 8.3 所示。

表8.3 重庆市税收优惠

税种	中央级	重庆市级	两江新区
增值税	75%	0	25%
企业所得税	60%	0	40%
营业税	0	0	100%
个人所得	60%	0	40%

3. 税收政策执行口径。目前，造成我国各地税收法律、法规、制度执行口径有差异的主要原因包括以下几个方面：第一，国家层面税收立法不完善；第二，税收执法机关及工作人员对税法的理解存在差异；第三，地方政府基于财政税收利益的考虑；第四，地方政府基于招商引资的考虑；第五，税务机关工作人员对执法风险的规避。各地有限合伙自然人 LP 股息、红利税收政策（截至 2015 年 4 月）具体如表 8.4 所示。

表8.4 各地有限合伙自然人LP股息、红利税收政策（截至2015年4月）

地区	个税政策（税率）	文件依据
北京	20%	《关于促进股权投资基金业发展的意见》（京金融办[2009]5号）
天津	20%	《关于促进股权投资基金业发展办法》（津政发[2009]45号）
上海	5%~35%	《关于本市股权投资企业工商登记等事项的通知》（沪金融办通[2011]10号）
深圳	20%	2015年2月深圳地税局发布《关于合伙制股权投资基金企业停止执行地方性所得税优惠政策的温馨提示》
长沙	20%	《鼓励股权投资类企业发展暂行办法》（长政办发[2011]29号）
武汉	20%	《促进资本特区股权投资产业发展实施办法》（武政办发[2011]110号）
新疆	20%	《新疆维吾尔自治区促进股权投资类企业发展暂行办法》（新政办发[2010]187号）

当前，西部地区（尤其是民族自治区）是我国税收等优惠最为集中的地区，如在新疆设立的符合条件的创投企业可以依法享受5年免征企业所得税的优惠，非常具有吸引力。

需要强调的是，这一优惠针对产业目录非常广泛，且是国家层面的立法，非常具有确定性和稳定性。

8.4.4 新三板如何利用税收优惠进行税务架构优化

新三板企业如何利用这些税收优惠进行架构优化呢？根据企业的类型不同，可以分为以下3种。

1. 企业经营导向的税务架构，如图8.5所示。

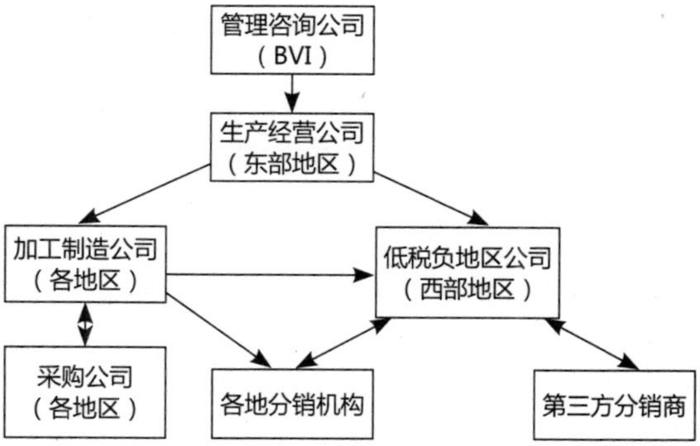

图 8.5 企业经营导向的税务架构

需要注意以下问题：

（1）低税负地区成立子公司的营业范围应符合税收优惠政策规定的产业；

（2）重点控制好加工制造公司与低税负地区公司交易纳税调整风险；

（3）各地分销机构成立分公司形式，以实现其销售收入和低税负地区公司合并缴纳企业所得税；

（4）整合公司目前在各地的采购、加工制造、物流、分销资源，优化供应链管理。

2. 企业资本运营导向的税务架构如图 8.6 所示。

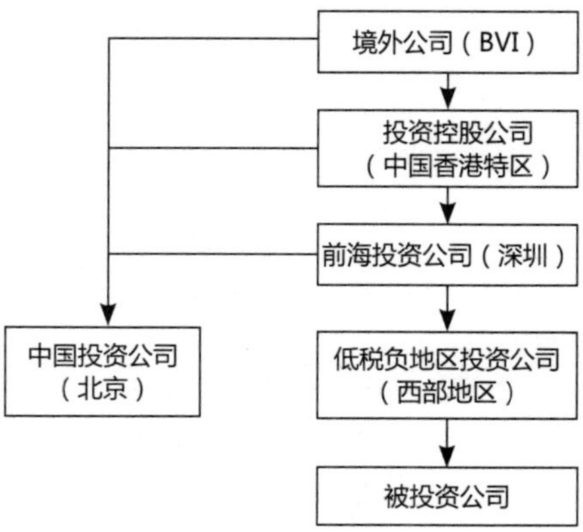

图 8.6 企业资本运营导向的税务架构

需要注意的问题是：

（1）由境内公司在离岸中心成立公司，将离岸中心作为国际资本运作的平台，实现隐蔽、安全的目的；

（2）在香港特区设置中间控股公司，实现股息汇回以及退出投资的节税效应，同时西部地区对港澳投资有优惠政策；

（3）利用深圳前海宽松的外汇、金融管制，设立境内投资运营平台；

（4）低税负投资公司的经营范围应进行规划，以享受税收优惠。

3. 财富管理导向的税务架构。主要是引入信托架构，可以实现以下目的：

（1）指定受益人，实现财富传承目的；

（2）利用信托的优势，实现对资本、资金、实业的有效管理；

（3）信托具有隐蔽的功能，提高财富安全性；

（4）规避国内潜在开征的遗产税。

8.4.5 引入境外架构

在上述架构中，除了积极利用境内税负差异进行架构搭建外，也引入境外架构，如在香港特区设置中间控股公司，如图 8.7 所示。

按照境内税法规定，境外投资方转让非居民中间控股公司股权，间接导致境内居民的企业股权被转让的情形，由于转让所得非来自境内，在境内不产生纳税义务。由此，基于未来国际并购及投资退出考虑，在境外搭建双层公司架构，第一层公司（母公司）注册地可以选择境外地区（如 BVI），第二层公司（子公司）注册于香港特区。由于香港特区的税制简单，无资本利得税，同时对香港特区之外产生的利润不征税，未来可以通过香港特区的平台公司开展国际并购。

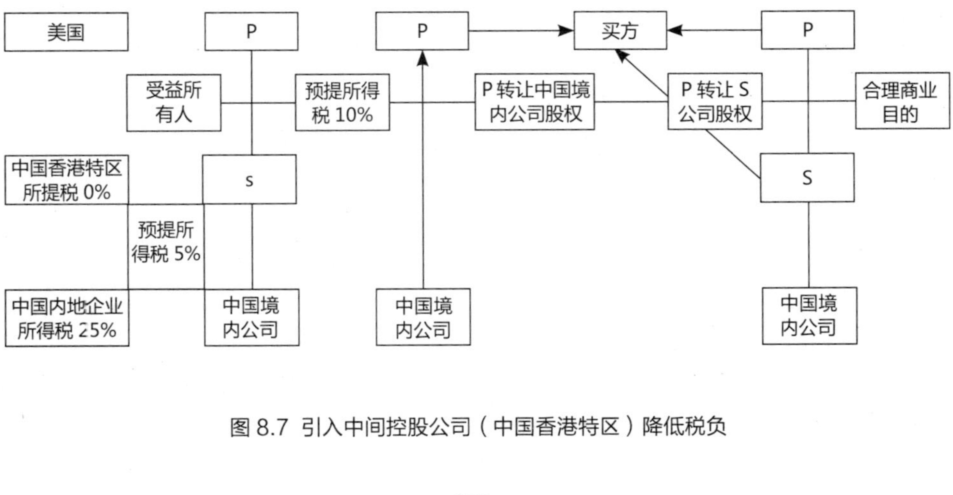

图 8.7 引入中间控股公司（中国香港特区）降低税负

上述架构的搭建需要有专业的分析和实操经验丰富的团队，尤其应该关注以下主要风险点，如表 8.5 所示。

表8.5 引入中间控股公司关注的主要风险点

事项	常见做法	法律风险
政策合法性	缺少对地方性税收等优惠政策的合法性审查	后续面临被国家清理的风险
投资协议	没有签署地方投资协议或投资协议涉税条款不明晰	税收返还不能兑现或执行困难，且容易引发争议
关联交易定价	定价不合理，也未向有关机构提交相关证明材料	引发税务机关调查和纳税调整
涉税事项管理	发票管理不规范，未及时申报缴纳税款	行政及刑事风险
材料准备与提交	申请或备案材料不规范，甚至伪造，变造材料获取税收优惠资格	行政及刑事风险巨大

8.5 新三板企业应对策略

8.5.1 新三板企业对不同税务风险的应对策略

新三板企业对于不同的税务风险，可以有以下几种应对策略：

1. 适用政策的合法性审查；
2. 国内外投资运营架构的调整与优化；
3. 投资协议的重要涉税条款的拟定；
4. 关联交易及转让定价管理；
5. 税务优惠申请及备案材料的规范性；
6. 增值税专用发票管理；
7. 涉税行政及刑事风险的法律控制。

8.5.2 国内外关联交易的税务管理

对国内外关联交易的税务管理可以从以下方面展开，如图 8.8 所示。

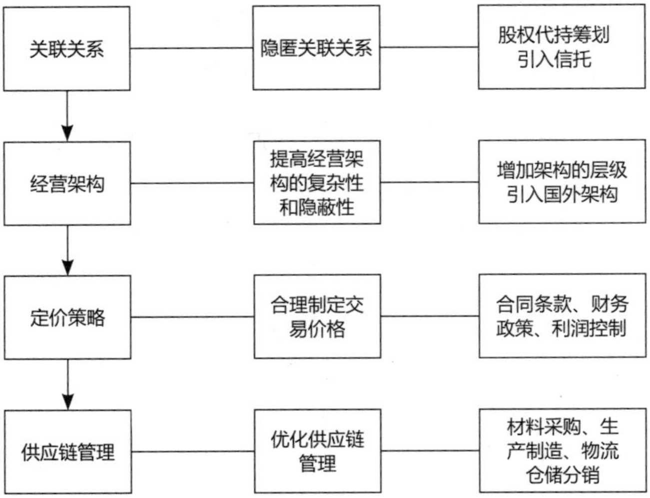

图 8.8 控制关联交易纳税调整风险

理想状态下，企业最优税务架构搭建应该“顶层设计”，然而现实中，受限于种种因素，事实上无法做到这一点。比较现实和理性的做法是，发现目前架构对下一步的扩张或资本运作有很大的阻碍，企业应尽早优化自身架构，不要一拖再拖，其主要原因如下。

1. 越早优化，对运营负面影响越小

企业发展到一定规模后，利益相关者众多，对组织架构的任何“手术”都可能发酵为对企业发展不利的影响因素。因此，企业应该在股东、债权人等利益相关人较少的时候进行架构的优化。

2. 越早优化，产生的税负成本越小

架构重塑的过程是一系列股权、资产重组和交易的过程，一般情况下，都会产生相应的税负；企业发展的规模越大，通常较原始的投入资本增值越大，进行并购重组产生的税负就会越高。

3. 越早优化，操作难度越小

税务架构的搭建需要签署相关的股转、资产转让协议，有时还需要签署股权代持协议，同时还要与工商、税务、地方政府招商部门等众多政府部门协调好，因此，企业税务架构搭建得越早，相应的工作难度和复杂性就会越低。

附录

全国挂牌新三板企业的财政补贴一览表

省份	地区	补贴金额	政策依据
上海	张江高科技园区	（一）改制补助最高不超过60万元； （二）挂牌补助最高不超过100万元	《上海市张江高科技园区科技孵化及加速发展扶持办法》
	浦东新区	（一）在新三板挂牌的，给予50万元补贴； （二）挂牌后IPO上市，在上海证监局备案后，给予30万元补贴； （三）收到证监会受理函后给予70万元补贴； （四）申请提交证监会审核后，给予50万元补贴； （五）新迁入浦东并在两年内上市，奖励50万元	《浦东新区促进金融业发展财政扶持办法实施细则》
	闵行区	成功挂牌的，奖励最高不超过50万元	《闵行区人民政府关于批转闵行区加快现代服务业发展扶持政策实施细则的通知》
	嘉定区	（一）补贴挂牌公司总额不超过200万元； （二）对于新落户于嘉定区的企业，额外补贴50万元	《上海市嘉定区人民政府关于鼓励企业进入代办股份转让系统和开展股权托管交易的实施意见》
	徐汇区	（一）对进入新三板挂牌的企业，由市区两级按照1：1的比例给予补贴； （二）对在股交中心挂牌的企业可由市区两级给予最高100万元补贴。如成功转板上市，可按累计不超过200万元给予差额补贴	《上海市徐汇区人民政府印发关于推进企业上市的扶持办法（试行）的通知》
	虹口区	（一）改制过程中的手续费，按实际发生额的50%给予扶持，最高金额不超过30万元； （二）改制过程中缴纳的所得税，按50%给予扶持，最高不超过70万元。挂牌、交易费用，按实际发生额的50%给予扶持，最高不超过50万元	《虹口区发展和改革委员会关于印发虹口区推进企业改制上市扶持细则（2013年修订版）的通知》
	青浦区	（一）因挂牌产生的中介费用，按50%给予扶持，累计不超过200万元； （二）区外迁至青浦成功挂牌的，再奖励50万元； （三）之前已成功挂牌的或在区外挂牌后迁至青浦并纳税的企业参照执行	《关于鼓励企业进入代办股份转让系统和开展股权托管交易的专项扶持办法》
	奉贤区	（一）挂牌过程中的中介费用，按实际发生额给予扶持，最高不超过100万元； （二）对将注册地迁至奉贤区张江分园或区内其他区域的外区企业两年内成功挂牌的，再给予20万元奖励	《上海市奉贤区人民政府关于印发〈奉贤区金融服务业财政扶持办法（试行）〉的通知》
	宝山区	挂牌产生的中介费用按发生额的50%给予扶持，最高150万元	《宝山区金融服务“调结构、促转型”专项资金使用管理办法》
	崇明县	（一）对成功挂牌的企业，按照实际中介服务费用发生额的50%给予扶持，最高200万元； （二）县外企业迁至崇明并成功在上海股交中心挂牌的，再给予50万元奖励	《崇明县关于鼓励企业开展股权托管交易暂行办法》
	普陀区	（一）成功挂牌的，改制补贴最高50万元，挂牌补贴最高70万元； （二）挂牌期间缴纳的监管费、信息披露费，连续三年每年给予10万元补贴	《普陀区金融产业专项扶持办法》
	金山区	（一）完成改制给予最高50万元的补贴； （二）成功挂牌再给予100万元的补贴； （三）转板上市的，不超过200万元给予差额补贴； （四）区外企业迁至区内并挂牌，再奖励50万元	《金山区人民政府关于印发〈金山区推进企业改制上市工作的实施意见〉的通知》

续表

省份	地区	补贴金额	政策依据
北京	北京中关村科技园区	(一)改制资助30万元； (二)挂牌资助30万元； (三)主办券商资助20万元	《中关村国家自主创新示范区企业改制上市和并购支持资金管理办法》
	东城区	(一)完成股改后奖励100万元； (二)挂牌成功后奖励50万元； (三)融资达到3,000万元及以上的奖励100万元	《东城区支持企业上市挂牌融资若干意见的通知》
	西城区	(一)与券商签订协议并备案登记后，补贴20万元； (二)申请被正式受理，补贴80万元； (三)成功挂牌的，补贴50万元	《北京市西城区鼓励和促进企业上市办法》
	丰台区	挂牌后奖励50万元，奖励主办券商10万元	《丰台区支持“新三板”挂牌企业发展实施细则（试行）》
天津	天津市	(一)对符合条件的科技小巨人企业，可获得不少于500万元补贴； (二)初始融资超过500万元，补贴50万元	《关于进一步促进科技型中小企业发展的政策措施》
		(一)完成股改的，给予不超过20万元补贴； (二)区县财政按1：1比例给予配套补贴	《科技型中小企业股份制改造补贴资金管理办法》
	南开区	在“新三板”挂牌交易的本区企业，一次性专项补助100万元	《南开区促进企业发展扶持资金政策》
重庆	重庆市	(一)对挂牌的企业给予挂牌费用50%且累计不超过100万元的补贴； (二)对在境内外交易所成功上市的企业给予累计不超过200万元财政奖励（含挂牌费用补贴）	《重庆市重点拟上市企业财政补贴和奖励暂行办法》
	重庆市高新区	(一)对挂牌的企业给予挂牌费用50%且累计不超过100万元、市区两级累计不超过150万元的奖励； (二)成功转板上市的奖励最高200万元	《关于进一步加快民营经济发展的实施意见》
江苏	对省内企业在“新三板”成功挂牌的，省财政给予每家挂牌企业30万元奖励		《江苏省财政厅关于促进金融业创新发展的若干意见》
	南京市	(一)股改完成后券商内核完毕材料报到发改委后，补贴80万元； (二)正式挂牌后，再补贴20万元； (三)成功融资的，再补贴20万元	
	南京市高新区	(一)完成内核、上报材料和挂牌交易，分别补贴50万元、50万元和80万元； (二)完成挂牌后，对企业股改时用未分配利润和公积金转增股本的，企业个人股东缴纳的个人所得税，园区给予地方留成部分的50%奖励，60万元封顶； (三)实现融资的且在园区投资达到80%或1亿元以上的，按照实际募集资金的1%给予奖励，最高50万元	《南京高新区企业“新三板”挂牌的工作指引》《关于进一步鼓励和扶持企业进入代办股份报价转让系统挂牌的（暂行）规定》
	南京市溧水区	(一)完成改制、主管部门备案、正式挂牌新三板以及进入新三板挂牌交易不同阶段分别资助10万元、20万元、30万元、40万元，同时享受市级财政补贴； (二)实现融资且投资在区内比例达80%或1亿元以上，按其实际募集资金的1‰奖励，最高50万元	《关于鼓励和支持企业“新三板”挂牌的若干意见》

续表

省份	地区	补贴金额	政策依据
江苏	苏州市	(一)企业改制时,缴纳的企业所得税按地方留成部分的70%补助; (二)企业改制时,涉及土地、房产等资产所有权办理变更登记时,按规定缴纳的契税,给予地方留成部分的50%补助; (三)企业改制时,因未分配利润、盈余公积金转增股本缴纳所得税数额较大的,缓征个人所得税。以缴纳个人股东用未分配利润、盈余公积金转增股本个人所得税点算起,两年内缓征,从第三年开始分年度缴清(第三年30%,第四年30%,第五年40%)。在规定的缓征期限内,发生股权转让时一并按规定缴纳个人所得税	《苏州市新三板挂牌企业三年培育计划》
	苏州工业园区	(一)分企业改制结束、递交申请材料和挂牌交易三阶段,分别补贴50万元、50万元、100万元; (二)转板上市的,再补贴300万元	《苏州工业园区管委会关于新三板政策的抄告单》
	苏州市姑苏区	(一)企业改制时缴纳的企业所得税按区级留成部分的70%给予补助; (二)成功挂牌后,给予50万—200万元补贴; (三)区外企业迁至区内并成功挂牌,再给予其他奖励	《关于鼓励企业进入资本市场的扶持办法》
	苏州市相城区	(一)企业改制时缴纳的企业所得税,给予区级地方留成部分的全额补助; (二)在企业改制时,涉及土地、房产等资产所有权办理变更登记时,按规定缴纳的契税,给予区级地方留成部分的全额补助	《关于推进新三板挂牌企业培育工作的实施意见》
	苏州市昆山市	(一)完成股改后,可获奖励资金100万元; (二)提交备案材料,可获奖励资金50万元; (三)成功挂牌交易,可获奖励资金100万元	《关于鼓励昆山高新区企业在"新三板"市场挂牌的若干政策(试行)》
	苏州市太仓市	(一)完成股改后,给予50万元奖励; (二)挂牌申请文件被受理后,给予50万元奖励; (三)成功挂牌后,再给予100万元奖励	《关于鼓励扶持企业在新三板、区域性股权交易市场挂牌的政策意见》
	无锡新区	挂牌后首次融资500万以上的奖励10万	《无锡市人民政府新区管理委员会关于推动企业上市挂牌的实施意见》
	无锡市滨湖区	(一)完成股改后奖励50万元; (二)成功挂牌的奖励30万元; (三)挂牌后首次融资的按照融资额度的2%予以奖励,最高不超过50万元	《关于大力推进我区中小企业场外市场股权融资工作的意见》
	无锡市南长区	企业在股改结束、过券商内核并报送挂牌备案文件、正式挂牌后,按50万元、100万元、150万元的额度分步奖励	《无锡市南长区关于鼓励和扶持企业上市的若干意见》
	无锡市惠山区	招商银行对已上市的"新三板"企业,给予每家企业最高达300万元的信用贷款	
	常州市高新区	(一)完成改制奖励50万元; (二)通过主管部门备案奖励50万元; (三)正式挂牌奖励50万元	《常州国家高新区新三板企业上市资助资金管理办法(试行)》

续表

省份	地区	补贴金额	政策依据
江苏	常州市武进区	（一）挂牌涉及的行政规费按规定的下限收取； （二）挂牌而涉及的税收地方留成部分，由区财政给予企业补贴； （三）对企业审计或评估中出现的净资产增值部分，依法补交的企业所得税地方留成部分，由区财政给予企业补贴； （四）企业成功挂牌后，自挂牌当年起三年内，以挂牌前一年实际入库的企业所得税为基数，其上缴的新增企业所得税地方留成部分，由区财政给予企业补贴； （五）企业为挂牌将未分配利润和资本公积转增为股本所缴纳的个人所得税区留成部分，在企业成功挂牌后，由区财政给予纳税人补贴	《常州市武进区关于加快企业在新三板等场外市场交易挂牌的意见》
	常州市天宁区	分阶段给予补贴共计150万元	《关于加快企业在“新三板”等场外市场交易挂牌工作的意见》
	南通市启东市	（一）完成股改奖励10万元； （二）递交材料奖励20万元； （三）成功挂牌奖励企业有功人员20万元	《启东市关于企业在新三板等场外市场挂牌交易的优惠政策》
	南通市海门市	（一）完成股改并注册登记奖励10万元； （二）备案材料被受理的奖励20万元； （三）成功挂牌奖励企业主要经营者及有功人员20万元	《海门市市政府关于大力推进企业上市的若干政策意见的补充意见》
	连云港市	（一）完成股改的，在主管部门备案确认并受理的，奖励10万元； （二）成功挂牌的奖励60万元； （三）募集资金60%以上用于本市生产性、经营性项目（房地产项目除外）建设的，按照募集资金额的3‰给予奖励	《市政府关于鼓励企业在“新三板”挂牌的意见》
	连云港经济技术开发区	成功挂牌的，奖励100万元	《连云港经济技术开发区关于鼓励和扶持企业上市及新三板挂牌的意见》
	徐州市	（一）完成股改并提交申请后，补贴20万元； （二）成功挂牌后补贴30万元； （三）募集资金80%（含）以上用于该市范围内生产性、经营性项目（房地产项目除外）建设的，按照融资额的5%比例给予奖励，最高不超过50万元	《关于充分利用资本市场推动企业“新三板”挂牌的意见》
	徐州市邳州市	（一）成功挂牌融资的企业，所募集资金80%（含）以上用于本市范围内生产经营性项目建设的，奖励30万元。同时，按固定资产投资额的5‰再次给予企业奖励，最高不超过50万元； （二）从企业挂牌当年起，企业年纳税额以不低于15%比例环比增长的，超过15%部分的地方留成由受益财政给予奖励	《关于推进企业到“新三板”、“E板”等场外资本市场挂牌融资工作的意见》
	淮安市	（一）申请文件被受理的奖励20万元； （二）成功挂牌后奖励100万元； （三）募集资金80%以上用于我市范围内生产性、经营性项目（房地产项目除处）建设的，按照融资额的2%给予奖励，最高不超过30万元	

续表

省份	地区	补贴金额	政策依据
江苏	盐城市	(一)2015年12月31日前挂牌奖励100万元; (二)2015年12月31日后挂牌奖励50万元; (三)成功转板上市奖励100万元	《盐城市人民政府办公室关于加快推进企业新三板挂牌的意见》
	盐城市盐都区	(一)2015年12月31日前挂牌奖励100万元; (二)2015年12月31日后挂牌奖励50万元; (三)成功转板上市奖励100万元	《中共盐都区委盐都区人民政府关于激励中小企业在“新三板”挂牌上市的意见》
	盐城市建湖县	(一)申请材料被受理的,给予前期实际支付工作经费50%的补助,总额不超过50万元; (二)成功挂牌后,含补助前期工作经费,给予累计不超过200万元补贴	《关于推进企业在“新三板”和股权托管交易中心挂牌的意见》
	扬州市高邮市	(一)完成股改的奖励20万元; (二)正式递交材料的奖励20万元; (三)成功挂牌的奖励50万元; (四)对前三家挂牌的企业,分别奖励50万元、40万元和30万元	《关于支持鼓励企业进入“新三板”和其他场外市场挂牌上市的政策意见》
	镇江市	挂牌成功可获奖励资金100万元	《关于推荐拟在“新三板”挂牌交易企业的通知》
	宿迁市	(一)申报材料被受理的奖励15万元; (二)成功挂牌的奖励30万元; (三)所融资金投资在宿迁市的,按融资额的0.1%比例给予奖励,最多不超过50万元	《宿迁市市政府办公室关于印发鼓励和扶持企业利用场外市场融资意见的通知》
浙江	杭州市高新区	(一)改制结束奖励30万元; (二)挂牌成功后奖励60万元	
	杭州市余杭区	(一)完成股改并提交申报材料的奖励30万元; (二)成功挂牌交易的再奖励50万元; (三)成功进行转板的,按相应奖励标准补足差额	《余杭区加快推进企业直接融资发展的若干意见》
	宁波市	对挂牌企业奖励50万元	《宁波市企业利用多层次资本市场发展专项资金管理办法》
	宁波市江东区	(一)与券商签订协议后奖励10万元; (二)材料被受理后奖励10万元; (三)成功挂牌后奖励60万元; (四)成功融资的,按融资额度的2%给予补助,最高不超过20万元	《关于新增我区企业到“新三板”挂牌融资扶持政策》
	宁波市江北区	(一)对企业因挂牌规范需要形成新增税收中的地方留成部分,补助资金不超过200万元; (二)前20家挂牌的(或实现外部股权融资500万元以上的),给予50万元奖励	《宁波市江北区人民政府办公室关于进一步支持金融产业促进区域经济发展的实施意见》
	宁波市北仑区	(一)企业因股改形成的新增地方财政贡献部分,经批准后给予全额奖励; (二)拟上市企业成功上市前一年度,年实现利润比上年增长15%以上的新增地方财政贡献部分,经批准后全额奖励,最高不超过1,000万元	《北仑区(开发区)2014年促进产业结构调整专项资金扶持政策》
	宁波市鄞州区	(一)因挂牌新增地方财政贡献部分,奖励不超过200万元; (二)成功挂牌后,奖励50万元	《加快金融创新促进鄞州经济社会转型升级十六条》
	宁波市镇海区	成功挂牌的补贴100万元	

续表

省份	地区	补贴金额	政策依据
浙江	温州市	（一）因股份制改造而需要补缴税款，可暂缓缴纳； （二）成功挂牌的奖励100万元； （三）成功转板上市的，按温州市人民政府《关于进一步加强企业上市工作的意见》统一执行。其中，各阶段性奖励不重复计算； （四）完成上市股改时补助30万元，完成上市辅导验收时补助70万元； （五）所融资金50%以上投资于本地的，对企业给予奖励。其中：融资额在5亿元人民币以内（含）的，奖励人民币100万元；融资额超过5亿元人民币的，每增加1亿元人民币再奖励人民币5万元。对企业实现买壳上市，注册地迁至温州，给予一次性奖励200万元	1.《温州市人民政府办公室关于鼓励和支持企业进入全国中小企业股份转让系统挂牌的意见》 2.《温州市人民政府关于进一步加强企业上市工作的意见》
	温州市瑞安市	成功挂牌奖励100万元	《关于进一步推进企业上市工作的意见》
	温州市永嘉县	（一）成功股改奖励10万元； （二）成功挂牌奖励100万元	《永嘉县人民政府关于鼓励和支持企业进入全国中小企业股份转让系统挂牌的意见》
	温州市苍南县	（一）成功挂牌的奖励100万元； （二）成功挂牌的企业迁入苍南县的，奖励50万元	《苍南县鼓励和支持企业进入全国中小企业股份转让系统挂牌实施意见》
	绍兴市	（一）市区企业在其改制和挂牌过程中增加的税收，市本级地方留成部分给予全额资助。其资产转让过户时，所征收的行政事业性收费在扣除工本费和上缴部分后，市本级财政留成部分全额资助，所缴纳的税收市本级地方留成部分全额补助； （二）成功实现国内外上市且总部在市区的，一次性给予融资额2‰的奖励。实现股权再融资的，在扣除控股股东及其行动一致人认购金额后，按净融资额的2‰给予奖励，最高不超过200万元； （三）实现国内A股买壳上市且注册地迁至市区的，一次性给予100万元奖励； （四）贡献特别重大的挂牌企业，补助30万元	《关于进一步促进经济转型升级若干政策的配套细则》
	绍兴市越城区	首次挂牌企业的每家奖励20万元	《越城区2014年经济奖励政策》
	绍兴市诸暨市	（一）成功挂牌的，给予30万元奖励； （二）因挂牌进行股改产生的地方财政贡献部分给予全额奖励，其中70%在股改完成后兑现，30%在实现上市（挂牌）后兑现	《关于开展三百工程的若干政策意见》
	湖州市	完成股改和挂牌的企业分别奖励50万元	
	湖州市德清县	成功挂牌的奖励200万元	
	湖州市长兴县	对挂牌企业的经营者奖励60万元，其所融资金在本地的投资额按2%予以奖励	
	湖州市安吉县	给予企业实际控制人奖励100万元	

续表

省份	地区	补贴金额	政策依据
浙江	嘉兴市秀洲区	(一)成功挂牌后奖励50万元; (二)挂牌后募集资金70%以上用于秀洲区项目建设的,按其募集资金额的1%给予奖励,每次最高不超过100万元人民币	《秀洲区推进企业上市和场外市场挂牌实施意见》
	嘉兴市桐乡市	(一)完成股改并与推荐券商签约,奖励40万元; (二)成功挂牌后奖励40万元; (三)挂牌后完成定向增资、股权转让或其他形式的资本运作,给予40万元奖励	《关于鼓励和扶持企业利用多层次资本市场促进我市经济快速发展的实施办法》
	嘉兴市海盐县	(一)完成股改的奖励25万元; (二)挂牌成功的奖励25万元; (三)通过融资募集资金在本县范围的实际投资额给予奖励,最高限额300万元	《海盐县加快推进企业股改上市发展的实施意见》
	台州市	(一)成功挂牌的奖励30万元; (二)成功挂牌的企业改制时对地方财政的贡献全额奖励给企业; (三)自挂牌当年起三年内,企业对地方财政作出的贡献每年增长超出上一年度15%的部分,全额奖励给企业; (四)对于每年实现股权融资累计达到1,000万元,并且80%投在台州辖区内的企业,按2,000万元(含)以下、2,000万—5,000万元、5,000万元(含)以上三档分别奖励20万元、30万元、40万元	《台州市人民政府关于扶持企业直接融资发展的若干政策意见》
	台州市温岭市	(一)成功挂牌的奖励80万元; (二)对从区域性股权交易中心转到新三板挂牌的奖励60万元; (三)对从区域性股权交易中心创新板直接转到新三板挂牌的企业奖励80万元; (四)经新三板转板上市的,再给予50万元奖励	《温岭市人民政府关于扶持企业直接融资发展的若干意见》
	丽水市	(一)完成股改并成功挂牌的奖励120万元; (二)对成功转板上市的奖励150万元	《丽水市人民政府关于加快推进企业直接融资工作的意见》
	丽水市云和县	(一)完成股改的奖励60万元; (二)成功挂牌的奖励70万元	《关于加快推进企业直接融资工作的若干意见》
广东	广州市	奖励前30家挂牌企业30万元	《广州高新技术产业开发区企业进入代办系统进行股份制转让奖励资金的申请和发放办法》
	广州市天河区	对挂牌的企业奖励累计不超过80万元	《广州高新技术产业开发区天河科技园/广州天河软件园促进园区优势产业发展的若干措施》
	深圳市高新区	挂牌成功后,依据相关票据实报实销,不超过180万元	
	深圳市龙华新区	(一)按照股份改制、成功挂牌予以不超过实际支出费用,分别最高50万元、160万元,总计最高210万元的资助; (二)成功转板上市的,按照挂牌和上市资助(一般企业资助240万元,战略性新兴产业重点企业资助300万元)的差额予以补齐	《龙华新区关于加快高新技术和战略性新兴产业发展的若干措施实施细则(科技企业上市资助类)》

续表

省份	地区	补贴金额	政策依据
广东	珠海市高新区	（一）完成股份制改造的，奖励20万元； （二）与主办券商签订协议并提交文件的奖励50万元； （三）成功挂牌的，奖励50万元； （四）首次实现融资，且募集资金主要投放在我区的奖励50万元； （五）每年享受各项扶持政策项下资金扶持的总额不超过该企业当年缴纳税收对高新区财政实际贡献的80%	《珠海高新区关于鼓励企业进入全国股份转让系统（新三板）管理办法（试行）》
	珠海市金湾区	（一）完成股改的奖励40万元； （二）通过券商内核的奖励30万元； （三）成功挂牌的奖励20万元，奖励企业法定代表人10万元	《金湾区促进“三高一特”产业发展暂行办法》
	佛山市南海区	首次挂牌的，给予50万元补助。企业挂牌后按累计融资金额分阶段给予企业领导班子及有关人员奖励： 1.累计融资资金1,000万元以下，奖励50万元； 2.累计融资资金达到1,000万—5,000万元（含1,000万元），奖励100万元； 3.累计融资资金达到5,000万元—1亿元（含5,000万元），奖励200万元； 4.累计融资资金达到1亿元（含1亿元）以上，奖励250万元	《佛山市南海区促进优质企业上市和发展扶持办法（修订）》
	佛山市顺德区	（一）完成股改奖励50万元； （二）主管机关正式受理挂牌文件奖励50万元； （三）成功挂牌后，根据首次募集资金规模按照以下三个档次进行奖励： 1.首次募集金额5,000万元以下（含5,000万元）的，奖励50万元； 2.首次募集金额5,000万元以上，1亿元以下（含1亿元）的，奖励100万元； 3.首次募集金额1亿元以上的，奖励200万元	《顺德区人民政府办公室关于印发顺德区企业上市扶持奖励办法（修订）的通知》
	东莞市高新区	（一）挂牌后备名单的企业，可获得资助总额达200万元； （二）对于前10名挂牌的企业，资助金额最高达300万元	
	肇庆市	（一）完成股改的奖励30万元； （二）材料被有关部门受理，奖励50万元； （三）成功挂牌的奖励50万元； （四）成功转板上市的享受市政府有关鼓励企业上市的优惠政策； （五）对迁入肇庆高新区的企业在该区成功挂牌交易的，同样适用本办法对应的扶持及奖励的政策	《关于印发肇庆国家高新技术产业开发区“新三板”挂牌上市企业扶持暂行办法的通知》
	江门市	（一）成功挂牌的市区企业，奖励30万元； （二）证监会正式受理挂牌材料的，奖励30万元； （三）成功挂牌的奖励20万元	《印发关于鼓励江门高新区企业改制进入代办股份转让系统实施意见的通知》
	江门市蓬江区	（一）证监会正式受理挂牌材料的，奖励30万元； （二）成功挂牌的奖励20万元	《蓬江区中小微企业科技金融奖励实施细则（试行）》
	茂名市	成功挂牌的奖励50万元	《关于支持企业上市和上市再融资的若干意见》
	中山市火炬开发区	（一）前10个完成股改的企业奖励150万元，其他给予10万元奖励； （二）申报并得到证监会受理的，奖励50万元；前十家成功挂牌的企业奖励100万元，其余奖励50万元； （三）挂牌后连续两年给予补助，最高不超过1,000万元	

续表

省份	地区	补贴金额	政策依据
福建	厦门市高新区	改制结束补贴30万元，挂牌成功补贴50万元，返还挂牌当年以及第二年与上一年比较的新增财政贡献（不超过50万元）	
	泉州市	（一）成功挂牌的奖励50万元； （二）市科技计划优先支持挂牌的非上市公司的创新项目，支持金额不低于20万元	《关于推动泉州高新技术产业开发区非上市企业进入全国中小企业股份转让系统挂牌工作的若干意见》
	泉州市晋江市	一次性奖励80万元	
	龙岩市	（一）改制完成后奖励10万元； （二）成功挂牌的奖励30万元； （三）首次融资的按实际投资龙岩市资金总额的2‰进行奖励，最高限额为100万元	《关于印发龙岩市鼓励和支持企业赴“新三板”等股权交易市场挂牌融资若干意见的通知》
河北	石家庄高新区	（一）完成改制的奖励50万元； （二）成功挂牌的再奖励50万元	《石家庄国家高新区“新三板”企业上市资助资金管理办法》
	承德市	（一）成功挂牌的奖励不低于50万元； （二）转板上市的再奖励50万元	《承德市人民政府关于鼓励中小企业在“新三板”市场挂牌上市的实施意见》
	廊坊市	（一）成功挂牌的奖励100万元； （二）由区域性股交中心转板到新三板的奖励50万元	《廊坊市人民政府关于印发廊坊市鼓励企业到多层次资本市场上市规定的通知》
	衡水市	成功挂牌的奖励50万元	《衡水市人民政府关于加快推进企业上市工作的意见》
	衡水市枣强县	成功挂牌的奖励50万元	《枣强县人民政府关于鼓励和扶持企业上市的若干意见》
山西	太原市	成功挂牌的奖励165万元	
吉林	长春市高新区	（一）股改阶段给予10万—20万元的补助，并对企业改制过程中企业所得税区留用部分给予补贴； （二）实现挂牌给予50万—100万元奖励，对主办券商给予10万元奖励	《鼓励企业进入代办股权转让系统暂行办法》
	通化市	（一）成功挂牌的奖励30万—50万元； （二）转板上市的再奖励30万元	《通化市人民政府关于推进企业上市和挂牌工作的意见》
	延边州	（一）与中介机构签订协议奖励20万元； （二）完成股改的奖励40万元； （三）募集资金全部在州内投资的给予扶持。其中，第一户扶持资金100万元，第二户扶持资金80万元，从第三户始扶持资金50万元	《延边州人民政府关于扶持企业在全国中小企业股份转让系统挂牌的实施意见》
辽宁	大连市	（一）“四板”挂牌企业拟在新三板挂牌的，按照确定保荐机构、完成挂牌两个环节分别给予补贴不超过40万元和60万元； （二）转板补贴额度最高为100万元； （三）在新三板成功挂牌的，补贴160万元	《大连市企业上市补贴专项资金管理办法的再次补充通知》
	鞍山高新区	分4次发放补贴240万元	
	抚顺市	新三板挂牌奖励50万元	
	阜新市	新三板挂牌奖励100万元	
	葫芦岛市	新三板挂牌奖励50万元	《关于贯彻落实省政府促进当前经济稳增长十五条措施实施意见》

续表

省份	地区	补贴金额	政策依据
黑龙江		新三板挂牌奖励200万元	《黑龙江省人民政府关于印发黑龙江省促进经济稳增长若干措施的通知》
	哈尔滨市	新三板挂牌奖励50万元	《哈尔滨市人民政府印发关于进一步扶持中小企业发展的若干政策的通知》
	哈尔滨市高新区	（一）完成股改后奖励30万元； （二）材料通过主办券商内核奖励20万元； （三）成功转板的奖励50万元	《哈尔滨高新技术产业开发区支持企业上市专项资金管理办法（暂行）》
	大庆市高新区	成功挂牌新三板可给予120万元奖励	
	七台河市	（一）挂牌成功的企业，奖励50万元； （二）挂牌后，在创业板或主板（中小板）上市的，分别奖励50万元和100万元	《七台河市推进企业进入全国中小企业股份转让系统工作实施方案》
	黑河市	（一）企业与中介机构签订协议后，奖励30万元。未实现挂牌由企业全额返还； （二）挂牌后实现转板上市的，奖励30万元； （三）爱辉区、黑河边境经济合作区、五大连池风景区对域内企业实现挂牌的，应给予不低于以上奖励标准30%的奖励资金	《黑河市鼓励企业上市和挂牌扶持奖励办法》
陕西		成功挂牌的企业最高奖励50万元	
	西安市高新区	（一）完成股改制奖励50万元； （二）成功挂牌后奖励100万元； （三）企业改制时，非货币性资产经审计评估增值转增资本部分，用未分配利润和盈余公积转增股份，依法缴纳的企业所得税及个人所得税，按其纳税额高新区留成部分的60%予以奖励，最高100万元； （四）企业挂牌后，三年内（含挂牌当年）按企业所缴纳营业税、企业所得税、增值税高新区留成部分的50%予以奖励； （五）企业挂牌后在资本市场定向增发成功融资的，对企业管理团队按融资额的1%予以奖励，单个企业累计不超过50万元； （六）主办券商的项目团队奖励10万元	《西安高新区关于鼓励企业进入全国中小企业股份转让系统挂牌交易的暂行办法》
山东	济南市高新区	（一）申请经受理的奖励50万元，正式挂牌后再奖励20万元； （二）转板上市的，奖励100万元	《济南高新区关于扶持企业改制上市工作的意见》
	青岛市高新区	完成改制并通过券商内部审核的，按不超过实际发生费用的70%给予补助，每个企业最高补助金额不超过70万元	《关于支持我市企业在全国中小企业股份转让系统挂牌有关事项通知》
	淄博市高新区	给予挂牌公司50万元补贴	
	潍坊市高新区	（一）企业改制、挂牌过程中，因正常调整以前年度应纳税所得额而补交的企业所得税地方留成部分给予等额补助； （二）企业在改制、挂牌过程中，因资产过户上缴税收地方留成部分给予等额补助； （三）正式挂牌后奖励180万元； （四）企业挂牌后3年内成功融资且融资额2,000万元（含）以下的，奖励2万元；融资额2,000万—5,000万元（含）的，奖励5万元；融资额超过5,000万元的，奖励10万元	《高新区推进科技型中小企业"新三板"挂牌的若干规定》
	烟台市	成功挂牌的奖励200万元	
	济宁市	分阶段予以补助，最高200万元	《关于推进济宁高新区申报"新三板"扩容试点园区的实施方案》

续表

省份	地区	补贴金额	政策依据
山东	威海市	(一)成功挂牌的，奖励企业高管30万元； (二)转板上市，其融资额不满5亿元的，奖励企业高管30万元；其融资额在5亿元以上的，奖励企业高管50万元	《威海市推进企业上市融资暂行办法》
	日照市	成功挂牌的奖励150万元	《关于进一步加快全市金融业创新发展的实施意见》
	德州市	成功挂牌的奖励最高80万元	
	菏泽市	成功挂牌的奖励20万元	《菏泽市人民政府关于加快推进企业上市工作的意见》
河南	郑州市	成功挂牌的奖励50万元	《加快推进企业上市工作的意见》
	洛阳市	成功挂牌的奖励30万元	
	洛阳市高新区	(一)完成改制的奖励20万元； (二)通过券商内核奖励每家20万元。对区内前5家挂牌的企业奖励80万元；对第6家至第10家挂牌的企业奖励70万元；对于10家之后挂牌的企业，奖励60万元； (三)成功转板的，奖励200万元	《洛阳高新区管委会关于进一步加快企业上市和挂牌交易的意见(暂行)》
	新乡市	成功挂牌的前5家企业奖励50万元，第6—10家企业奖励30万元	《新乡市人民政府关于加快推进企业在全国中小企业股份转让系统挂牌的意见》
	焦作市	(一)成功挂牌的奖励50万元； (二)转板上市的再奖励50万元	《焦作市人民政府关于加快推进企业进入多层次资本市场的意见》
	濮阳市	(一)在挂牌当年给予不少于50万元的奖励； (二)转板上市的企业，申报材料经受理的，奖励50万元；对已成功上市且募集资金70%以上在市内投资的，奖励150万元，对通过增发配股实现再融资的上市公司高管人员给予适当奖励	《濮阳市人民政府关于鼓励企业进入全国中小企业股份转让系统挂牌交易的指导意见》
	漯河市	成功挂牌的奖励100万元	《关于鼓励和扶持漯河市非上市股份有限公司进入全国中小企业股份转让系统挂牌的暂行办法》
湖北	武汉市高新区	(一)完成股改的奖励20万元； (二)备案材料被受理的，奖励20万元； (三)成功挂牌的，奖励80万元； (四)成功转板上市的，省市区三级给予535万元奖励(省级奖励200万元，市级奖励150万元，区级奖励185万元)	《武汉东湖新技术开发区关于充分利用资本市场促进经济发展的实施意见》
	黄石市	成功挂牌且募集资金70%以上用于本市范围内投资项目的，按照融资额的1%给予补贴奖励，单个企业奖励上限总额为80万元，其中，大冶市、阳新县政府承担所辖受奖企业奖励总额的60%；各城区政府和黄石经济技术开发区管委会承担所辖受奖企业奖励总额的40%	《黄石市人民政府办公室关于印发加快多层次资本市场建设发展若干意见的通知》
	十堰市	(一)成功挂牌的奖励50万元； (二)一次性直接融资额度超过5,000万元的再奖励企业10万元，超过1亿元的，奖励30万元	《十堰市人民政府关于加快多层次资本市场建设发展的若干意见》
	荆州市	前30家挂牌企业，奖励 50万元	《荆州市人民政府关于加快发展多层次资本市场的实施意见》
	宜昌市	(一)完成股改并经管理部门正式受理备案后，奖励30万元； (二)正式挂牌且募集资金70%以上用于在本市募投项目的，奖励50万元； (三)其税收在县市(含夷陵区，下同)的，正式挂牌且募集资金70%以上用于在本市募投项目的，奖励40万元	《市人民政府关于支持鼓励企业进入“新三板”和其他场外市场挂牌上市的若干意见》

续表

省份	地区	补贴金额	政策依据
湖北	襄阳市	（一）成功改制的，奖励10万元； （二）材料被受理的，奖励30万元； （三）正式挂牌后，奖励40万元	《关于鼓励和促进企业在“新三板”挂牌上市的若干意见》
湖南	长沙市	挂牌前后给予50万元和30万元的补助	《长沙市人民政府办公厅关于鼓励企业在场外市场挂牌有关事项的通知》
	株洲市高新区	最高补贴100万元	
	湘潭市高新区	成功挂牌的补贴120万元（完成股改35万元，完成资料报会35万元，完成挂牌50万元）	《鼓励扶持企业利用资本市场发展暂行办法》
	邵阳市	成功挂牌并首次定向增发融资成功，奖励50万元	《关于鼓励企业赴新三板等资本市场挂牌融资的通知》
江西		（一）完成股改和注册登记的奖励20万元； （二）申请材料被正式受理奖励50万元	《江西省人民政府办公厅关于推动中小微企业利用全国中小企业股份转让系统发展的实施意见》
	南昌市	（一）完成股改并注册登记的奖励50万元； （二）申请材料被受理的奖励100万元	
	九江市	（一）完成改制的奖励20万元； （二）挂牌成功的奖励50万元	
	上饶市	（一）完成改制的奖励20万元； （二）挂牌成功的奖励50万元	《关于推荐拟在“新三板”挂牌交易企业的通知》
	吉安市	（一）与中介机构签订协议并完成股份制改造、提交申请材料并取得受理回执，奖励15万元； （二）成功挂牌奖励35万元； （三）各受益财政应于企业成功挂牌或上市后，按照不低于市财政奖励资金1.6倍（80万元）的比例予以配套奖励	《吉安市人民政府关于落实支持企业上市和“新三板”挂牌有关政策的通知》
	赣州市	（一）完成股改和注册登记的奖励20万元； （二）申请材料被受理的奖励50万元； （三）前10名的企业奖励50万元	《关于加快推进企业进入全国中小企业股份转让系统挂牌的实施意见》
	萍乡市	（一）完成股改和注册登记的奖励20万元； （二）申请材料被受理的奖励50万元； （三）前10名的企业奖励50万元，之后的奖励40万元	《萍乡市人民政府办公室关于进一步加快萍乡金融业发展的实施意见》
安徽	合肥市	企业进入新三板融资的，给予50万元补助	
	合肥市高新区	可分阶段获得最高70万元的财政补贴	
	芜湖市	（一）完成股改并注册的，奖励20万元； （二）成功挂牌的，奖励30万元； （三）成功实现融资的，奖励70万元	《鼓励企业进入全国中小企业股份转让系统挂牌交易暂行办法》
	蚌埠市	（一）成功挂牌的奖励40万元，进入全省第一批挂牌的另行奖励20万元； （二）成功募集资金的按照募资总额的2‰给予奖励	《蚌埠市人民政府关于支持进入全国中小企业股份转让系统和安徽省股权托管交易中心挂牌交易有关事项的通知》
	马鞍山市	（一）完成股改造及注册，奖励50万元和20万元； （二）成功挂牌，奖励100万元，若在第一批挂牌，再给予20万元奖励； （三）成功实现股权融资并全部投资马鞍山市的，给予投资额2%的奖励，最多不超过30万元	《关于印发马鞍山市鼓励企业进入全国中小企业股份转让系统和安徽省区域性股权交易市场挂牌交易暂行办法的通知》
	安庆市	在新三板成功挂牌的企业，奖励150万元	
	黄山市	在新三板成功挂牌的企业，奖励50万元	

续表

省份	地区	补贴金额	政策依据
安徽	淮北市	（一）完成股份制改造的，奖励10万元； （二）获得监管部门审查备案的，奖励20万元； （三）成功挂牌的，奖励20万元； （四）成功获得融资并全部投资淮北本地的，按融资额的1%，给予最高不超过100万元奖励	
	池州市贵池区	最高可获得50万元奖励	
	阜阳市	（一）对完成股改造并注册登记的，属于市属企业的，市政府给予30万元的补助，属于县（市、区）属企业的，市政府给予15万元的补助； （二）成功挂牌的，属于市属企业的，市政府给予60万元的奖励，属于县（市、区）属企业的，市政府给予30万元的奖励； （三）挂牌后融资用于实体经济的，属于市属企业的，市财政按所募集资金总额的0.5%予以奖励，最高不超过100万元，属于县（市、区）属企业的，市财政按所募集资金总额的0.3%予以奖励，最高不超过50万元	《阜阳市人民政府办公室关于印发阜阳市鼓励企业进入全国中小企业股份转让系统和区域性股权交易市场挂牌交易暂行办法的通知》
	宿州市	（一）企业因挂牌所产生的券商或推荐商费用及审计、法律、评估等费用，由市政府全额支付； （二）成功融资并全额投资于宿州本地的，按照200万元在扣除市政府前期支付的费用后给予一次性奖励	《宿州市人民政府关于鼓励企业进入“新三板”和场外市场挂牌融资工作的意见》
	亳州市	（一）完成股改及注册的奖励30万元； （二）成功挂牌的奖励70万元； （三）成功实现股权融资并全部投资在亳州市的企业，给予融资金额2%的奖励，但最高不超过30万元	《亳州市鼓励企业进入全国中小企业股份转让系统和安徽省区域性股权交易市场挂牌交易暂行办法》
四川	成都市高新区	成功挂牌的分阶段给予最高100万元补贴	《关于促进企业发展壮大的优惠政策》
	绵阳市高新区	（一）完成股改的，奖励30万元； （二）成功挂牌的，奖励50万元	
贵州	贵阳市	成功挂牌的，奖励150万元	《贵阳市企业进入全国中小企业股份转让系统（即“新三板”）扶持奖励办法（试行）》
	贵阳市花溪区	（一）完成股份制改造的奖励30万元； （二）主管机构正式受理后奖励30万元； （三）企业成功挂牌后奖励15万元	《花溪区企业进入全国中小企业股份转让系统扶持奖励办法》
	贵州市乌当区	（一）完成股份制改造的奖励20万元； （二）主管机构正式受理后奖励25万元； （三）企业成功挂牌后奖励30万元	《乌当区企业进入全国中小企业股份转让系统扶持奖励办法（试行）》
云南	昆明市高新区	对成功挂牌的，给予管理团队30万元奖励	《昆明高新技术产业开发区鼓励企业上市及投融资发展暂行办法》
内蒙古		（一）成功挂牌的奖励50万元； （二）实现首次融资的，按照融资额的1.5%给予费用补贴，最高不超过100万元	《内蒙古自治区人民政府关于进一步推进多层次资本市场融资的若干意见》
	包头市高新区	最多将获得100万元的资金补助	《包头稀土高新技术产业开发区鼓励企业证券市场挂牌上市补助资金管理办法》

续表

<table>
<tr><th>省份</th><th>地区</th><th>补贴金额</th><th>政策依据</th></tr>
<tr><td rowspan="2">新疆</td><td colspan="2">在新疆股权交易中心成功挂牌的企业可享受40万元补助，交易中心挂牌企业成功转板至全国新三板可再享受财政补助20万元</td><td>《自治区企业上市政策引导专项资金管理办法》</td></tr>
<tr><td>乌鲁木齐市高新区</td><td>成功挂牌的，最高可奖励140万元</td><td>《乌鲁木齐高新技术产业开发区（新市区）企业进入代办股份转让系统资助资金暂行管理办法》</td></tr>
<tr><td rowspan="3">宁夏</td><td colspan="2">对2014年、2015年、2016年在“新三板”挂牌的企业，分别奖励100万元、50万元、30万元</td><td>《自治区人民政府关于加快资本市场建设的若干意见》</td></tr>
<tr><td>银川市</td><td>（一）股份制改制阶段奖励30万元；
（二）申报挂牌上市阶段奖励50万元；
（三）正式挂牌后奖励70万元</td><td></td></tr>
<tr><td>中卫市</td><td>挂牌成功的，先享受自治区政策，对在2014年、2015年、2016年在新三板挂牌的，由区、市县财政分别按50%给予100万元、50万元、30万元的奖励，再由企业纳税地财政一次性奖励100万元</td><td>《中卫市人民政府关于中小企业直接融资扶持政策》</td></tr>
<tr><td rowspan="5">广西</td><td>南宁市</td><td>（一）拟挂牌获国家监管部门受理后奖励20万元；
（二）正式挂牌奖励30万元</td><td>《南宁市鼓励企业进入代办股份转让系统暂行办法》</td></tr>
<tr><td>南宁市高新区</td><td>（一）与券商、相关中介机构签约后奖励20万元；
（二）改制完成奖励30万元；
（三）申请获受理后奖励50万元；
（四）正式挂牌奖励50万元</td><td>《关于鼓励企业改制并进入代办股份转让系统挂牌的暂行办法》</td></tr>
<tr><td>柳州市</td><td>（一）改制阶段按实际发生费用给予最高40万元的奖励；
（二）成功挂牌后，给予90万元的奖励，给予主办券商20万元奖励</td><td>《支持非上市企业进入证券公司代办股份转让系统奖励资金管理暂行办法》</td></tr>
<tr><td>防城港市</td><td>挂牌成功的，可获得最高达200万元奖励</td><td>《防城港市鼓励企业进入全国中小企业股份转让系统挂牌交易暂行办法》</td></tr>
<tr><td>玉林市</td><td>（一）完成股改的，奖励20万元；
（二）获监管部门受理的，奖励30万元；
（三）正式挂牌的，奖励100万元</td><td>《玉林市鼓励中小企业改制并进入全国中小企业股份转让系统挂牌暂行办法》</td></tr>
</table>